Es leuchtet uns ein heller Stern

Geschichten zur
Advents- und Weihnachtszeit

Herausgegeben von
Renate und Jörg Ohlemacher

Verlag Ernst Kaufmann

Die Deutsche Bibliothek – CIP-Einheitsaufnahme

Es leuchtet uns ein heller Stern: Geschichten zur Advents- und Weihnachtszeit / hrsg. von Renate und Jörg Ohlemacher. – Lahr: Kaufmann, 2001
ISBN 3-7806-2544-X

1. Auflage 2001
© 2001 Verlag Ernst Kaufmann, Lahr
Dieses Buch ist in der vorliegenden Form in Text und Bild urheberrechtlich geschützt. Jede Verwertung ist ohne Zustimmung des Verlags Ernst Kaufmann unzulässig und strafbar. Dies gilt insbesondere für Nachdrucke, Vervielfältigungen, Übersetzungen, Mikroverfilmungen und die Einspeicherung und Verarbeitung in elektronischen Systemen.
Printed in Germany
Umschlaggestaltung: JAC, unter Verwendung eines Fotos von Andreas Beck
Mit Initialen von Stefan Heß
Hergestellt bei Bercker GmbH, Kevelaer
ISBN 3-7806-2544-X

Inhalt

Vorwort 5

Komm nun wieder, schöne Zeit – von Boten und Zeichen

Tagebuch-Notiz   *Walter Helmut Fritz* 8
Das Sparschwein   *Regine Schindler* 8
Die Geschichte vom Heiligen Nikolaus   *Ilka Kirchhoff* 11
Sankt Nikolaus und sein Esel   *Wilhelm Scharrelmann* 12
Ottar und der Stern   *Marie Hamsun* 16

Licht macht die Finsternis hell – vom Kind in der Krippe

Das Bild der tausend Wünsche   *Renate Schupp* 24
Der Weihnachtsgast   *John Gordon* 29
Die Schwefelhölzer   *Axel Hambraeus* 38
Die Weihnachtsgäste   *Axel Hambraeus* 46
Die gute Nacht   *Bertolt Brecht* 57
Die Dinkelsbacher Weihnacht   *Gudrun Pausewang* 58
Wolfgang aus dem Heim   *Tilde Michels* 66
Mister Larrybees Leuchtturm   *Josef Reding* 71
Das andere Weihnachten   *Dietrich Mendt* 78

Fürchtet euch nicht! – von Engeln und Hirten

Der Engel mit dem Gipsarm   *Renate Schupp* 84
Die Geschichte vom Hirten Mathias   *Gerhard Schneider* ... 87
Wir aus Betlehem   *Gerhard Schneider* 90
Der kranke Engel   *Regine Schindler* 94
Der Gang zur Christmette   *Eugen Roth* 101
Das Gottschauen   *Leo Tolstoi* 108

Und das nicht nur zur Weihnachtszeit – vom Schenken und Freuen

Schildkrötengeschichte *James Krüss* 112
Ein flandrischer Hirtenhund *Françoise Sagan* 119
Die Versuchung *Renate Sprung* 125
Das Wunder *Marie Luise Kaschnitz* 131
Wie die Liebe Gottes durch ein Schweinskotelett
   zu einem Menschen kam *Robert Farelly* 136
Das Paket des lieben Gottes *Bertolt Brecht* 142
Kaschubisches Weihnachtslied *Werner Bergengruen* 146
Zwischenfall im Hürtgenwald *Fritz Vincken* 147
Lüttenweihnachten *Hans Fallada* 152
Janine feiert Weihnachten *Werner Wollenberger* 159
Der Weihnachtsmann im Niemandsland *James Krüss* 162

Und die Finsternis hat's nicht begriffen – von Trauer und Schmerz

An der Endstation *Herbert Rosendorfer* 168
Die Legende vom vierten König
   Nach einer russischen Legende 174
flucht nach ägypten *Kurt Marti* 179
Die drei dunklen Könige *Wolfgang Borchert* 179
Der Schulaufsatz *Robert Stromberger* 182
Die Krone des Mohrenkönigs *Otfried Preußler* 184
Das Weihnachtslamm *Herbert Ernest Bates* 193

Was Sie schon immer einmal von Weihnachten
wissen wollten – oder
Wie kommen Ochs und Esel in den Stall? 200

Impulse, Motive, Zusammenhänge 219

Quellenverzeichnis 235

Vorwort

Einladung zum Lesen und Vorlesen

Wie kann man heutzutage die Advents- und Weihnachtszeit gestalten? Unser Buch lädt zu einem Versuch ein, der sich an vielen Stellen schon bewährt hat: Lesen und Vorlesen. Man soll ja nicht behaupten, Kinder wie Erwachsene seien dafür heute nicht mehr empfänglich. Nur eine Bedingung muss erfüllt sein: Die Geschichten müssen spannend sein. Das heißt, sie müssen einen inneren Spannungsbogen auf die Leser und Hörer übertragen. Das gelingt am besten, wenn zum einen bei gewichtigen Lebensfragen eingesetzt wird und zum anderen die Advents- und Weihnachtsbotschaft in ihrem Kern erhalten bleibt. Es muss sich dann erweisen, ob die Botschaft von Advent und Weihnachten zu diesen Lebensfragen einen eigenen Beitrag leistet.

Von solchen Gesichtspunkten ist die Auswahl dieser Sammlung bestimmt. Das Ursprüngliche der alten Erzählungen und Geschichten der Bibel, ihre Motive und Aussagen wollen in den Formen unserer Zeit wieder durchscheinen.

Neben der Auswahl der Texte sind dem Buch noch zwei Abschnitte angefügt. In dem einen geht es um die Sacherklärung der biblischen Überlieferungen: Wo sind sie zu finden, wie ist ihr Zusammenhang und was wollen sie zur Sprache bringen? – In dem anderen werden Hilfen für diejenigen gegeben, die eine Geschichte für bestimmte Zwecke erschließen wollen.

Wir hoffen, dass Sie selbst „Ihre" Geschichten entdecken und sie gerne weitergeben.

Zu Advent und Weihnachten 2001 *Renate und Jörg Ohlemacher*

Komm nun wieder, schöne Zeit – von Boten und Zeichen

Tagebuch-Notiz

Unsere Nachbarin erzählt:

Als ihr Mann am Nikolaustag nach Hause kam, gab ihm ihre achtjährige Tocher mehrere Blätter, die sie in den vergangenen Wochen für ihn gemalt hatte, eine Dorfstraße mit rodelnden Kindern, einen verschneiten Wald, die Mutter im Fenster, winkend.

Er wurde etwas verlegen, beteuerte, dass er sich freue, und fügte nach einer kleinen Weile hinzu:

Mir sagte der Nikolaus, dass er auch etwas für dich hat, aber er kann es mir erst morgen mitgeben, schade.

Ach was, meinte das Mädchen, die Läden sind noch eine halbe Stunde geöffnet, komm, kauf mir gleich etwas.

Walter Helmut Fritz

Das Sparschwein

imon ist allein zu Hause. Er wartet auf Mama und Papa. Sicher kommen sie bald. Warum sie immer so lange arbeiten? Simon wartet.

Da klingelt es an der Wohnungstür. Simon öffnet nicht. Es könnte der fremde böse Mann sein. Simon soll nie öffnen, wenn er allein ist. Da klingelt es wieder. Simon steht hinter der Tür. Er streichelt die Katze und sagt leise: „Wir sollen nicht öffnen, Flora." Da klingelt es zum dritten Mal. Simon schleppt den Küchenhocker zur Tür und schaut durch das Guckloch hinaus. Vor der Tür stehen drei Kinder, kaum größer als er. Drei Kinder! Warum darf er Kindern nicht öffnen? Der fremde böse Mann ist es also nicht! Simon schließt die Tür auf.

Ja, es sind wirklich Kinder. Simon kennt sie nicht. Und sie reden in einer merkwürdigen Sprache. Alle drei reden durcheinander. Ihre Gesichter sind irgendwie fremd, auch die schwarzen krausen Haare. Die beiden Mädchen sind sehr ernst; der kleine Junge, der wohl ihr Bruder ist, lacht. Er hat sehr weiße Zähne und dunkle Haut. Die Kinder tragen den Deckel einer großen Pappschachtel. Darauf liegen kleine und große Adventskränze. „Eine kaufen, eine kaufen, eine kaufen" – das ist das Einzige, was Simon immer wieder versteht. Dann sagen die Kinder: „Bitte, bitte, bitte kaufen!"

Simon tritt von einem Fuß auf den andern. Einen Adventskranz kauft doch die Mutter! Und woher soll er das Geld nehmen? Simon schüttelt den Kopf. „Mutter nicht da", sagt er. „Kein Geld!" Er zeigt seine leeren Hände. Aber die Kinder gehen nicht weg. Das größere Mädchen sagt: „Unser Vater in fremde Land, Krieg. Unser Mutter krank. Kein Arbeit. Braucht Geld. Bitte kaufen, bitte!"

Wieder tritt Simon von einem Bein aufs andere. Wenn doch Mama und Papa nach Hause kämen! Er denkt nach. Kann er Kinder nach Hause schicken, die kein Geld haben und eine kranke Mutter …? Und nicht einmal richtig sprechen können sie! Vielleicht sind das Flüchtlinge oder Asylbewerber – Simon versucht das schwierige Wort, das er von Papa und Mama schon oft gehört hat, zu denken; sagen kann er es nicht. Er fragt nur: „Wie heißt ihr denn und wo wohnt ihr?" Die Mädchen haben ihn verstanden. Sie schütteln aber den Kopf. Auch der kleine Junge schüttelt den Kopf. Seine weißen Zähne lachen im dunklen Gesicht, doch er sagt: „Nichts sagen, nichts sagen, Polizei!" – Polizei? Was haben die Kinder mit der Polizei zu tun?

Wenn doch nur Papa und Mama kämen! Die drei fremden Kinder bleiben stehen. Immer wieder sagen sie: „Geld, bitte kaufen, kaufen!" Simon lacht dem kleinen Jungen zu. Wieder tritt er von einem Bein aufs andere. Böse sehen diese Kinder nicht aus! Nur ihre Kleider passen ihnen nicht und sie sind schmutzig.

Wenn doch nur Papa und Mama kämen, denkt Simon schon zum hundertsten Mal. Doch ganz plötzlich denkt er noch etwas anderes. Er denkt: „Sparschwein". Ja, er hat doch Geld. Eigenes Geld. Vielleicht braucht er Mama und Papa gar nicht? „Warten", sagt er nur und holt schnell sein Sparschwein vom Bord über seinem Bett. Hinter den Plüschtieren ist es versteckt.

Als er zurückkommt, stehen die drei fremden Kinder immer noch wie angewurzelt vor der Tür. Beim Klappern der Münzen lachen sie und Simon löst den dicken Korken, der das Schwein unten verschließt. Er öffnet das Schwein über dem kleinen Teppich vor der Tür und lässt die Münzen hinausfallen. Ja, auch einige große Münzen sind dabei.

Sofort bückt sich das ältere der beiden Mädchen. Mit seinen zarten Fingern zählt es das Geld – und schnell verschwinden alle Münzen in seiner Manteltasche. „Danke, danke", sagen die Kinder und überreichen Simon den größten und schönsten ihrer Adventskränze. „Unser Mutter gemacht, schön, frisch", sagen sie. Schnell und leise verlassen sie das Haus. Der kleine Junge winkt von unten. Er zeigt nochmals seine schneeweißen Zähne und die schwere Haustür geht hinter ihm langsam zu.

Simon legt den Adventskranz auf den Küchentisch. Er verschließt sein leeres Sparschwein. Er stellt es hinter die Plüschtiere. Ja, es ist leer. Soll er traurig sein? Soll er lachen, weil sich die fremden Kinder gefreut haben?

Simon wartet. Später kommen Papa und Mama nach Hause. Die Mutter findet den Adventskranz nicht besonders schön. Und die Sache mit der Polizei gefällt Papa überhaupt nicht. „Vielleicht sind es Fremde, die versteckt hier leben? Geflohen aus einem fernen Land? Die Polizei darf nichts von ihnen wissen."

Mama und Papa sitzen stumm und traurig am Küchentisch. Simon wird es ganz unheimlich. Aber dann, nach einer Ewigkeit, zündet Mama die erste Kerze an und sagt: „Gut hast du das gemacht, Simon, trotz allem. Wir wollen den Fremden doch helfen, gerade in der Weihnachtszeit. Und dein Sparschwein ..."

„Das Sparschein ist jetzt überhaupt nicht wichtig", sagt Simon. Alle drei schauen in die brennende Flamme der Kerze.

Regine Schindler

Die Geschichte vom Heiligen Nikolaus

om Heiligen Nikolaus wissen wir sehr wenig: Dass er Bischof von Myra war (das ist eine Stadt, die in der heutigen Türkei ist), dass er um das Jahr 350 n. Chr. starb (also vor mehr als 1600 Jahren). Und wir kennen sehr viele Geschichten, die berichten, wie viel Gutes er den Menschen tat. Diese Geschichten wurden immer wieder und weiter erzählt, vielleicht wurde etwas hinzugefügt, noch wunderbarer gemacht. Sicher ist, dass die Menschen solche Geschichten nur von ganz außergewöhnlichen Personen weitergeben.

Eine dieser Nikolauslegenden möchte ich euch erzählen:

Lange hatte es in Myra nicht mehr geregnet. Das Getreide vertrocknete auf den Feldern, die Tiere und die Menschen hungerten. Es gab nichts mehr, was man hätte essen können.

Da kamen eines Tages Schiffe in den Hafen von Myra, voll beladen mit Korn.

Das hörte der Bischof Nikolaus. Schnell lief er zum Hafen (obwohl Bischöfe eigentlich nur sehr würdevoll schreiten!). Und er war noch ganz außer Atem, als er den Schiffsführer fragte: „Guter Mann, die Menschen in Myra hungern. Könnt ihr uns einen Sack Getreide abgeben?" „Aber wo denkt ihr hin?", antwortete der Seemann. „Das Korn muss ich nach Konstantinopel bringen. Es ist ganz genau gewogen, da darf kein bisschen fehlen."

Inzwischen waren einige Einwohner Myras zum Hafen gelaufen. Hungrig und blass standen sie bei ihrem Bischof. Würde er den Schiffsführer überreden können, ihnen auch nur etwas abzugeben? Aber das wäre bestimmt nicht genug für alle ...

Da hörten sie, wie Nikolaus sagte: „Gib uns von deinem Korn. Du tust es für die Hungernden. Das wird dein Schaden nicht sein." Und wirklich ließ der Schiffsführer einige Säcke an Land bringen. Nikolaus verteilte alles.

Als die Schiffe in Konstantinopel ankamen, wurden sie entladen, die Säcke wurden gezählt und gewogen. Es fehlte nichts!

Die Menschen in Myra aber lebten von diesem Korn zwei Jahre lang. Es war sogar noch genug da, um die Felder neu zu bestellen. Dann regnete es wieder und die Hungersnot hatte ein Ende.

Die Menschen aber erzählten überall von dem guten Nikolaus und sie sagten: „Lieber Heiliger Nikolaus, hilf uns, dass wir alle Menschen so lieben, wie du es getan hast."

Ilka Kirchhoff

Sankt Nikolaus und sein Esel

Zu der Zeit, als der gute Sankt Nikolaus noch alljährlich in den Tagen vor Weihnachten mit seinem Eselchen durch die Dörfer und Städte zog, war er einmal in einer dunklen Dezembernacht zu einer der verlassensten Dörfer im Teufelsmoor unterwegs. Wie er dabei über den Berg nach Worpswede und auf die gepflasterte Dorfstraße kommt, merkt er, wie das Tier, das ihn schon auf so mancher Fahrt begleitete, auf einem Fuß lahmt, und wie er nachschaut, was es damit für eine Bewandtnis hat, sieht er, dass sich eins der silbernen Hufeisen gelockert hat, die es trägt.

Wie er nun vor die Schmiede zieht, um den Schaden wieder gutmachen zu lassen, liegt der Schmied zu der späten Stunde schon längst im Schlaf, will auch wegen einer solchen Kleinigkeit, und einem unbekannten Kunden zuliebe, nicht wieder aus dem Bett, sodass der Alte unverrichteter Dinge weiter muss.

Besorgt um das Tier, das unter seinen Säcken lahm und müde hinter ihm hertrottet, achtet der Alte wenig auf den Weg, und kaum, dass er eine Viertelstunde weit ins Moor hinausgewandert ist, verirrt er sich dort in der rabenschwarzen Nacht so sehr, dass er zuletzt weder vorwärts noch rückwärts weiß.

Nun hat er wohl ein Laternchen bei sich gehabt, aber so hoch er es auch hebt, findet er sich doch in dem engen Lichtkreis nicht zurecht und kann hinterher noch von Glück sagen, dass er nicht unversehens in einen Moorgraben geraten ist, der so breit und finster vor ihm liegt, dass ihm nichts anderes übrig bleibt, als daran entlang zu wandern und zu sehen, wohin er kommt.

Das wäre nun alles weiter nicht so schlimm gewesen, wenn nicht der Esel bei jedem Schritt in den weichen Moosgrund gesunken wäre und zuletzt fast nicht mehr weiter kann. Aber so einem Freudenbringer wie dem Alten muss auch das Abwegigste noch irgendwie zum Guten geraten, und er wundert sich darum gar nicht, als er bald darauf ein leeres Torfschiff auf dem Wasser liegen sieht. Zufrieden steigt er darin ein, zieht das erschöpfte Tier nach sich und beginnt in der Freude, seinem Weggenossen eine Ruhepause gewähren zu können, den Graben hinunterzufahren.

Nach einer traumstillen Fahrt, zuletzt über überschwemmtes Land hinweg, kommt er so an einen Moordamm und in ein Dorf, das so weltvergessen unter dem Schein der Sterne liegt, dass er meint, er habe es noch nie gesehen. In den Häusern ist freilich nirgends mehr Licht, und als er doch versucht, an den Türen Hilfe für sein Tier zu erbitten, meint man in den dumpfen Schlafbutzen, dass sich jemand einen Scherz machen will, dreht sich auf die Seite und schläft weiter. Ist jemand vielleicht schon mit einem Esel durchs Moor gezogen und dazu bei dunkler Nacht?

Beim zweiten und dritten Haus geht es dem Alten um nichts besser; aber im letzten, der kleinsten Häuslerwohnung, ist noch Licht, und als er dort an die Tür klopft, steckt eine junge Frau den Kopf heraus. Die hat am Abend eine frischmilchende Kuh bekommen und muss nun während der Nacht noch wieder melken, wenn alles seine Richtigkeit kriegen soll.

Als ihr der Alte nun seine Not mit dem Esel klagt, meint sie, dass es ein reisender Händler ist, der da draußen steht, lässt ihn darum nach dem ersten Erschrecken über den späten Besuch auf die Diele, sucht auch einen Hammer und ein paar Hufnägel, damit der Alte am Herd den Schaden notdürftig bessern kann, und hält ihm bei der ungewohnten Arbeit die Laterne.

Froh über die Hilfe, klopft der Alte denn auch den Beschlag wieder fest, kühlt dem Esel das geschwollene Gelenk, will aber nicht wieder gehen, ohne sich in seiner Weise dankbar gezeigt zu haben, und fragt sie, womit er ihr eine Freude machen könne, er habe so vielerlei in seinen Säcken, dass sie nur zu wünschen brauche.

Die junge Frau meint, dass es nur ein Scherz ist, was der Alte da redet, bietet ihm eine Tasse warme Milch an und fragt, er komme doch weit her, ganz von Bremen vielleicht?

Nein, ein Stück weiter noch, antwortet er und lächelt in seinen Bart.

Dann vielleicht gar von Hamburg?

Nun, er kann ihr das nicht so genau sagen. Es ist ja auch nicht weiter wichtig, sie soll nur anfangen, sich etwas zu wünschen.

Ach, meint sie, nun will er mir etwas verkaufen, aber ich habe kein Geld und mag es ihm nicht einmal sagen. Dabei denkt sie an die Tasse auf dem Wandbord und die paar Groschen, die sie darin verwahrt.

Der Alte aber, der ihre Gedanken errät, sagt ihr, dass sie sich keine Sorge machen soll, denn alles, war er bei sich führe, habe er nur mitgenommen, um es zu verschenken.

Aber das glaubt sie nun erst recht nicht, nein, will ihn aber auch nicht kränken und steht nur und lächelt.

Da bleibt ihm denn nichts anderes, als einen seiner Säcke vor ihr aufzutun und sie hineinschauen zu lassen.

Aber so weihnachtlich ihr über dem Anblick auch wird und so viel Glanz sich vor ihr auftut, dass ihr fast der Atem darüber vergeht – es ist alles doch nicht das, was sie sich im Stillen wünscht. Denn wenn sie es verlauten lassen darf, wären ihr ein Kleidchen für ihr Kind und ein Paar Schuhe, wenn es im kommenden Jahr nun laufen lernen wird, noch lieber als die schimmernde Herrlichkeit da vor ihren Augen.

Aber so große Dinge kann sie nicht erwarten, nein, und sie hat es nur so hingesagt, und er solle nur um Gottes willen nicht denken, dass sie so unbescheiden sei.

Aber der Alte lächelt nur und knüpft dafür nun den andern Sack auf – ein richtiger Segeltuchsack ist es gewesen, der jedes Wetter hat vertragen können – und nimmt heraus, was sie sich wünscht: ein Kleidchen, rot gewürfelt und mit einer silbernen Litze am Halsausschnitt, und ein Paar Erstlingsschuhe aus blankem Leder und mit goldenen Knöpfen, und legt ihr die Sachen hin, als müsste das so sein.

Ach, das träume ich ja bloß, sagt sie, und weiß nicht, ob sie lachen oder weinen soll. Gibt es auch jemand, der bei dunkler Nacht stundenlang durchs Moor läuft, nur um den Leuten unter ihren Strohdächern etwas zu Weihnachten zu schenken? Und nun gar so schöne Dinge? Aber ansehen muss sie die Sachen immer wieder und wieder und kann sich von dem Anblick so wenig trennen, dass sie sich erst abwendet, als der Kleine in der Wiege neben dem Herd zu weinen beginnt und sie ihn herausnehmen muss. Dann setzt sie sich auf den Binsenstuhl am Herd, und der Alte, der ihr zusieht, weiß nicht, ist es ein Glanz von innen her oder ist es nur der Widerschein des Herdfeuers, der aus ihrem Gesicht erstrahlt? Aber wie er so steht, kommt es wie ein Erinnern über ihn, ein Erinnern an eine der Kammern seiner ewigen Heimat, in denen die Ereignisse der Welt aufbewahrt werden, so, wie die Himmlischen sie sehen – und er kann nicht anders, er muss seinen Mantel, blau wie der nächtige Himmel über der Hütte, der jungen Frau über die Schultern legen und vor ihr das Knie beugen, die hier in Armut und Einsamkeit ihr Kind nährt.

Dann tappt er leise, den Esel hinter sich, ins Freie hinaus, und die junge Mutter, eingesponnen in lauter Traum, hört kaum, dass die Tür geht.

Draußen aber ist nun der Mond aufgegangen und legt einen breiten Streifen von Licht über das überschwemmte Moor, als ginge eine Straße geradewegs von der nachtdunklen Erde zu den

Sternenwiesen des Himmels hinauf, auf der der Alte nun wieder auf gewohntem Weg aufwärts zu steigen beginnt, seinen Esel, der immer noch ein wenig hinkt, am Zaum hinter sich führend.

Wilhelm Scharrelmann

Ottar und der Stern

"Ottar ist so dumm", sagten die andern Schulkinder. In jeder Schule muss es natürlich einen Dümmsten geben – hier war es Ottar. Er war ziemlich neu, ein kleiner Kerl aus der Stadt, den die Mutter in dieser vortrefflichen Gegend bei ebenso vortrefflichen Leuten untergebracht hatte, als sie krank wurde. Sie musste in ein Krankenhaus und konnte sich deshalb nicht um ihn kümmern. Vater hatte er keinen – das war durchgesickert.

Die Lehrerin hörte eines Tages in der Schule die Äußerung, dass Ottar so dumm sei. Einige Schüler der dritten Klasse standen in der Pause beisammen und waren viel, viel klüger; fanden sie wenigstens.

Da bekam die Lehrerin plötzlich die tiefe Furche zwischen den Augenbrauen und hinter dem Kneifer blitzte es scharf. „Still, Kinder!", sagte sie. „Ich bin nicht sicher, ob nicht Ottar einer der Klügsten von euch allen ist. Er ist nur anders. Marsch, weiter! Nicht herumstehen und den neuen Kameraden verleumden!" ...

Es war kurz vor dem Fest. Überall in den Häusern begann es nach Weihnachten zu riechen und zu schmecken, in allen Ecken wurde geflüstert, Koffer und Schränke wurden abgeschlossen. Und alle Kinder waren ganz, ganz brav ... Der Weihnachtsbaum war aus dem Wald geholt worden und stand duftend da, bis er zum strahlenden Mittelpunkt geschmückt werden sollte.

In der Schule erzählte die Lehrerin am letzten Tag vor den Weihnachtsferien von dem Kindlein, das in einem Stall geboren und in eine Krippe gelegt wurde, von den Hirten, die ihre Schafe hüteten und sahen, wie sich der sternenübersäte Himmel öffnete. Engel erschienen und sangen. Sie erzählte auch von den drei weisen Männern aus dem Osten, die einen großen, glänzenden Stern erblickt hatten und ihm auf seiner Wanderung gefolgt waren, bis er über dem niedrigen, kleinen Stall in einem fremden Land stehen geblieben war.

Ottar vergaß ganz und gar, wo er war, denn als die Lehrerin die Erzählung beendet hatte, stand er auf und ging zu ihr hin, obwohl es mitten in der Unterrichtsstunde war. Sie trug an einer goldenen Kette um den Hals ein kleines Goldkreuz, an dem er zu fingern begann, und fragte: „Bist du sicher, dass das alles wahr ist?"

„Ja, natürlich."

„Das mit dem Stern auch? Da haben sie wohl in der Nacht wandern und am Tag schlafen müssen?"

„Ja, wahrscheinlich."

Die anderen fingen zu kichern an, denn es war nicht gebräuchlich, sich in dieser Gegend so zu benehmen. Sie pflegten in der Schule still zu sitzen und keine unnötigen Fragen zu stellen oder gar am Goldkreuz der Lehrerin zu fingern.

Sie fand aber, dass er es tun konnte, denn sie untersagte das Kichern, während Ottar auf seinen Platz zurückging – verlegen und errötend.

In Langset schmückte der Vater selbst den Christbaum. Er war schon eine endlose Zeit allein im Zimmer drinnen, während die Mutter sich mit dem Weihnachtsmahl beschäftigte und alle Kinder die Ohren spitzten und warteten.

„Du kriegst auch etwas", sagten sie zu Ottar. „Hab nur keine Angst." Ottar lächelte; sie waren heute so lieb ... er aber wartete auf etwas ganz Bestimmtes. Er wartete auf einen Brief von seiner Mutter, denn seit dem letzten war es jetzt schon so lange her. Und in dem Brief würde sicher stehen, dass sie viel wohler war und bald nach Hause kommen durfte. Sie musst ihm doch zu Weihnachten schreiben, dessen war er ganz sicher. Der Brief würde bald kommen. Er hatte gar nichts dagegen, nach einem oder ein paar Arm voll Holz hinausgeschickt zu werden, denn dabei konnte er nach dem Postboten Ausschau halten.

Der Brief war aber schon gestern gekommen; Ottar wusste es nur nicht. Er kam nicht von der Mutter selbst, nein. Und nun hatten sich die Leute in Langset dahin geeinigt, dass es Zeit genug sei, wenn der Junge nach dem Fest von dem Brief erführe. Dann allerdings musste es anders werden, denn Ottars Mutter hatte für den Jungen nur bis Weihnachten bezahlt. Und es war wohl kaum anzunehmen, dass sie etwas hinterließ, womit die weitere Bezahlung erfolgen konnte. Jetzt sollte er aber die Weihnachtstage bei ihnen feiern – sie waren ja keine Unmenschen.

So allein er auch da draußen mit seinem Holz in der Dämmerung über den Hof ging – in Wirklichkeit war er noch viel einsamer, als er wusste. Denn im Krankenhaus war seine Mutter kurz vor Weihnachten gestorben.

Viel Holz trug er nicht auf einmal herein, aber die Arme waren voll beladen, und der Schnee biss in die blau gefrorenen Finger, die das Holz umklammerten. Er musste bestimmt die Handschuhe anziehen ... Als er am Fenster vorbeiging, sah er den Weihnachtsbaum, um den der Vater beschäftigt war; er hielt seine Glaskugeln und gute Kuchenmänner in den Holzfäusten – es war bestimmt unerlaubt, ihm zuzusehen, weshalb Ottar gewissenhaft den Blick abwandte.

Da – plötzlich sah er den Stern. Droben zwischen den Wolken kam ein großer, goldener Stern am blassblauen Himmel dahergesegelt. Ottar ging es wie ein Stoß durch den ganzen Körper. Er blieb still stehen und umklammerte die Holzscheite, das Herz klopfte, dass es ihm beinahe die Kehle zuschnürte. Konnte es wirklich wahr sein, konnte das ...? Jetzt war er hinter den Wolken verschwunden, aber im nächsten Augenblick war er wie durch einen Schleier wieder sichtbar; langsam glitt er dort oben seine Bahn entlang. Das konnte nichts anderes sein als der Weihnachtsstern! Der Stern der Weisen, der damals im Osten entzündet worden war und über das Himmelszelt wanderte. Da war er wieder! Denn die gewöhnlichen Sterne standen doch still. Außer wenn manchmal einer als Sternschnuppe herunterfiel.

Als Ottar sich klar darüber war, dass es der Stern der Weisen sein musste, den er sah, wurde er so aufgeregt, dass er das Holz einfach fallen ließ, durch die Hoftür hinauslief und die Richtung einschlug, die der Stern wies.

Er versuchte, den Kopf so weit wie möglich in den Nacken zu legen und den Stern nicht aus den Augen zu lassen, während er lief. Er stolperte aber über die hohe Schneekante längs des Weges, fiel hin und stand wieder auf. Er musste sich damit begnügen, nur dann und wann hinaufzuschauen. Zwischen den Höfen lagen große Abstände und der Weg lag wie ausgestorben da. Auf jedem Hof war es still, denn hinter den Fensterscheiben hatte man die Lichter der Weihnacht bereits entzündet. Drinnen waren alle zum Fest versammelt, alle, die zusammengehörten: Vater, Mutter und die Kinder. Sie hielten einander an den Händen und sangen und taten alles, um an diesem Abend recht lieb zueinander zu sein. Nur Ottar stapfte in der Dämmerung allein auf dem Weg dahin. Er dachte aber gar nicht daran, dass er zu bedauern war, auch daran nicht, dass man ihn in Langset vielleicht suchte, dass es immer dunkler wurde und dass er nicht für einen weiten Marsch angezogen war. Sogar der Brief, auf den er so gewartet hatte, war jetzt aus seinen Gedanken verschwunden. Ihn erfüllte bis aufs Äußerste ein großes, ungekanntes Glücksgefühl: Der Stern der Welten war noch einmal entzündet worden – für ihn! Wo wollte er mit ihm hin? Führte er ihn zur Mutter oder vielleicht wieder zu einem Stall mit einem Kind in der Krippe – was wusste er? Klopfenden Herzens eilte er dem Wunder entgegen, dünn bekleidet und ohne Fäustlinge im eisigen Nordwind.

Ottar war ziemlich weit gelaufen, als er warm und atemlos immer langsamer wurde. Er war in eine unbekannte Gegend gekommen, ja in ein anderes Land. Es wurde jetzt kalt, merkte er, denn er begann zu frieren und bekam Zähneklappern; hungrig war er auch, fühlte er plötzlich. Der Stern aber wanderte dort oben ruhig von Süden nach Norden, er sah ihn manchmal. Aber nie wollte er sich senken oder über einem Haus oder einer Hütte am Weg stehen bleiben. Ottar steckte die Hände in die Taschen und ging weiter. Der Wind trieb ihm den Schnee ins Gesicht, sodass er den Kopf senken musste. Er hob den Blick nicht mehr so oft zum Stern empor. Aber er wusste, dass er dort oben war.

Inzwischen war es ganz dunkel geworden. Die Tannen längs des Weges waren gleichsam in dichteren Reihen aufmarschiert. Er merkte jetzt, dass er tiefen Wald zu beiden Seiten haben musste. Wäre der Stern nicht gewesen, würde er sicher Angst bekommen haben. Er erhob den Kopf, um sich seines Begleiters zu vergewissern – da blieb er wie gebannt stehen. Da war nicht nur ein Stern, sondern ein ganzer Haufen! Droben zwischen den Wolken zog jetzt eine ganze Schar desselben Weges.

Mit einem Male gingen ihm die Augen auf und er erkannte den unbarmherzigen Zusammenhang: Die Wolken waren gewandert – die Sterne aber standen still. Auch der Weihnachtsstern stand still, er war nur klarer und größer als die anderen und zitterte ein wenig, als ob er fröre.

Dass er sich so täuschen konnte! Es war ja jetzt ganz deutlich!

Etwas in ihm zerbrach, die Spannung ließ nach, das Wunder war nur ein Trug. Brennend heiß um die Ohren, obwohl es ihn gleichzeitig vor Kälte schüttelte, stand er allein in dem schwarzen Wald. Ottar ist dumm, Ottar ist dumm! Er ging im Takt mit den Worten, während er den Weg fortsetzte. Umkehren und heimgehen konnte er nicht, denn dann hätte er erklären müssen ... und das konnte er nicht.

Und doch lag Ottar eine halbe Stunde später in einem warmen Bett und erzählte einem Mann und einer Frau, die bei ihm saßen, wie alles gekommen.

Das war so zugegangen: Nils und Oline hatten sich eben an den Weihnachtstisch gesetzt, als es leise und vorsichtig an die Tür pochte. Es hätte ein Vogel sein können, der mit seinem Schnabel pickte. Ihr kleiner Hof lag wohl am Weg – aber wer konnte am Heiligen Abend so spät noch unterwegs sein? Sie erschraken nicht wenig, als der Kleine hereinkam, ein erschöpftes Wesen aus der Dunkelheit und der Kälte da draußen.

„Verzeiht ... ich bin wohl fehlgegangen", stammelte er verwirrt. Hier war es so schön warm und behaglich, es roch so gut nach Braten, die zwei am Tisch sahen so gutmütig aus und in einer Ecke des Zimmers stand ein kleiner Weihnachtsbaum mit Lichtern. Das konnte wohl nicht stimmen ...

Dann zeigte es sich, dass es doch stimmte. Die zwei alten Leute hatten alles, was zum Weihnachtsfest gehörte, außer so einem kleinen Ottar. Und da stand er nun bei ihnen im Zimmer, hungrig wie ein Wolf, um mit dem guten Weihnachtsessen bei ihnen gesättigt zu werden, durchgefroren, um durch die Wärme bei ihnen aufgetaut zu werden, und gerade so todmüde, dass er gleich zu Bett gebracht werden musste.

Sie fragten ihn vorsichtig aus, während sie sich um ihn bemühten und ihn allmählich warm bekamen. Was er ihnen erzählte, berührte ihre Herzen ganz wunderlich. Was er nicht erzählte, errieten sie. Ein Kind, das in der Welt so einsam war, dass es am Weihnachtsabend allein in den Wald ging, war zu ihnen gekommen. Während er so im Bett lag und mit ihnen plauderte, fiel er plötzlich in Schlummer, so ruhig, als wäre er ein Vogeljunges, das ins Nest zurückgekehrt war.

Am Tag darauf kam ein Bote aus Langset. Der Vater war es selbst.

Es war ein großer Aufstand gewesen, als Ottar verschwunden war und sie nur die Holzscheite im Schnee auf dem Hof fanden. Der Weihnachtsabend war auf dem Hof ganz ins Wasser gefallen, nur des fremden Jungen wegen. Die ganze Umgebung war aufgeschreckt worden, aber erst heute war man so weit nach Norden gekommen, wie bis zu Nils und Oline. Und jetzt sollte der Ausreißer wieder mit nach Langset – bis auf Weiteres wenigstens.

„Nein", sagte Ottar bestimmt. Es entfuhr ihm – bang sah er von einem zum anderen. Dann verkroch er sich wie eine erschreckte Katze unter dem Bett.

Es gab keine Schläge. Der Vater ging allein nach Hause. Nils begleitete ihn in den Gang hinaus und man hörte, dass sie miteinander etwas besprachen. Es ist schwer zu sagen, wer zufriedener war, der, der ging, oder die, die zurückblieben.

„Hierauf müssen wir uns einen Herzensstärker zu Gemüte führen", meinte Mutter Oline und holte die Kaffeekanne und einen großen Teller mit Weihnachtskuchen. Dann setzte sie sich freundlich und behäbig an den Tisch und goss ein. Vater Nils, lang und knochig, kam herbei und ließ sich auf der Bank nieder; man merkte, dass er ein warmer Freund von Kaffee und Weihnachtskuchen war. Ottar hatte bereits seinen festen Platz neben ihm. Er hielt ein tüchtiges Stück Kuchen in der Hand, vergaß aber, hineinzubeißen – sein Blick wurde immer ferner.

„Du musst essen, mein Junge, damit du groß wirst und deine Beine bis auf den Boden reichen wie die meinen", sagte Nils.

Da schaute Ottar ihn an, als wäre er plötzlich aus dem Schlummer geweckt worden. „Ich möchte nur eins wissen."

„Na, was denn?"

„Ob es nicht doch der Weihnachtsstern war!"

Marie Hamsun (gekürzt)

Licht macht die Finsternis hell – vom Kind in der Krippe

Das Bild der tausend Wünsche

ie Mutter kniete mitten im Zimmer auf dem Fußboden und betrachtete ganz versunken einen großen Bogen braunes Packpapier, den sie vor sich auf dem Teppich ausgebreitet hatte.

„Was ist das?", fragten die Kinder und schauten ihr neugierig über die Schulter.

Das zerknitterte Papier war über und über mit kleinen ungelenken Buntstiftzeichnungen bedeckt.

„Wer hat das denn gemalt? Und auf solchem Papier?" Die Kinder fanden das packpapierne Kunstwerk sehr zum Lachen.

„Ich habe es gemalt", sagte die Mutter, „und es gab eben kein besseres Papier! Es war in der ganz schlechten Zeit nach dem Krieg."

„War das damals, als ihr in Benningen wohntet?"

„Benningen, ja. Aber von Wohnen konnte keine Rede sein. Wochenlang wurden wir herumgeschubst, von einem Notquartier ins andere. Niemand wollte uns Flüchtlinge haben – und gar noch jemanden mit zwei Kindern.

Großmutter lief sich ihre letzten Schuhsohlen ab nach einer Wohnung oder wenigstens einem Zimmer für uns drei. Und kurz vor Weihnachten bekamen wir dann unverhofft eine Stube in einer alten Soldatenbaracke zugewiesen – eine eigene Stube, die wir mit niemandem teilen mussten. Wie froh wir da waren! Jetzt hatten wir sogar wieder einen eigenen Herd, auf dem Großmutter für uns kochen konnte. Vorausgesetzt natürlich, wir trieben irgend etwas Kochbares auf und etwas, womit man ein Feuer machen konnte.

Schon am ersten Tag regnete es uns durchs Dach. Irgend jemand nagelte Teerpappe auf die undichte Stelle, doch beim nächsten Regen tropfte es dafür an einer anderen Stelle durch. Großmutter stellte Büchsen auf, damit es keine Überschwemmung auf dem Fußboden gab.

Einmal mussten wir nachts aufstehen und die Betten verschieben, damit die Decken nicht nass wurden. Und ein andermal, als Onkel Robert und ich mittags aus der Schule kamen, stand Großmutter mit dem Regenschirm am Herd und kochte. Sie hielt den Schirm in der einen Hand und mit der anderen hantierte sie an den Töpfen."

„Ist das wirklich wahr?", lachten die Kinder. „Großmutter kochte mit dem Regenschirm?"

„Ihr könnt sie ja danach fragen. Ich glaube, sie fand es nicht sehr lustig."

„Und an Weihnachten? Regnete es da auch?"

„Nein! Ein paar Tage zuvor begann es zu schneien und es wurde bitterkalt. Es zog erbärmlich durch alle Ritzen und wir mussten unsere Mäntel anbehalten, wenn wir nicht gar zu jämmerlich frieren wollten.

Am Morgen des Heiligen Abends hielt Großmutter es nicht mehr länger aus. Sie nahm unseren Kohlensack und wir zogen los, um Kohlen zu besorgen. Hinter den Baracken standen amerikanische Kasernen, und dort gab es einen Schuppen, der bis obenhin voll Kohlen war. Leider stand Tag und Nacht ein Posten davor. Aber jetzt war uns schon alles egal. Wir warteten, bis der Posten einmal wegschaute, schlüpften schnell hinein und schaufelten unseren Sack voll."

„Was?", riefen die Kinder entsetzt. „Ihr habt Kohlen geklaut am Heiligen Abend?"

„Ja!", sagte die Mutter. „Und wir hatten noch nicht einmal ein schlechtes Gewissen dabei – nur Angst, es könnte uns jemand unsere kostbare Beute wieder abnehmen. Und am Nachmittag rückte tatsächlich amerikanische Militärpolizei an und durchsuchte unsere Baracke."

„Oh!", stöhnten die Kinder und rissen die Augen auf vor Aufregung.

„Niemand wusste, was sie eigentlich suchten. Aber wir dachten natürlich sofort an die Kohlen. Der Schreck fuhr uns in alle Knochen. Wo sollten wir sie verstecken in unserer kahlen Stube? Da nahm Großmutter kurz entschlossen den Sack, warf ihn ins Bett und legte sich gleich dazu."

„Was? Großmutter legte sich mit dem Kohlensack ins Bett?"

„Ja! Sie zog die Decke bis ans Kinn und vor lauter Angst sah sie tatsächlich sterbenskrank aus, sodass der Amerikaner, der gleich darauf hereinkam, mit einer Entschuldigung die Tür wieder zumachte, ohne sich weiter umzusehen."

„Oh, Mann!", riefen die Kinder erleichtert. „War Großmuter nicht ganz schwarz?"

„Wahrscheinlich, aber damals machten wir uns gerne schmutzig für ein paar Kohlen. Als es draußen wieder ruhig war, schürte Großmutter das Feuer im Herd, dass die Flammen nur so tanzten. Und wir Kinder standen andächtig dabei, hielten die Hände über die Herdplatte und spürten wohlig, wie uns das Feuer langsam erwärmte. Wir holten unsere Stühle und setzten uns um den Herd und Großmutter erzählte uns Geschichten von früher, als sie selbst noch klein gewesen war. Und dann sagte Onkel Robert die Weihnachtsgeschichte auf, die er für die Schule hatte lernen müssen. Und wir sangen alle Weihnachtslieder, die wir auswendig konnten. Als es anfing zu dämmern, schickte Großmutter uns hinaus auf den Gang. Wir hörten, wie sie drinnen herumwirtschaftete, und waren furchtbar neugierig. Nach einer Weile durften wir wieder hereinkommen. Da stand auf dem Tisch ein ganz richtiges kleines Weihnachtsbäumchen. Großmutter hatte es mit allerlei selbstgebasteltem Schmuck behängt und an den Zweigen steckten rote Kerzen. Ich merkte erst später, dass nur drei davon wirklich brannten, die anderen bestanden aus zusammengerolltem rotem Papier, dem Großmutter oben kleine Wattespitzen aufgesteckt hatte. Es sah ziemlich echt aus."

„Bekamt ihr keine Geschenke?"

„Doch! Und das war eine ganz große Überraschung für uns, denn wir wussten ja, dass Großmutter kein Geld hatte, um etwas zu kaufen. Sie musste es sich irgendwo erbettelt haben; einen

Märklin-Baukasten für Onkel Robert und ein Mäppchen mit Buntstiften für mich. Im Baukasten fehlten zwar ein paar Schrauben und meine Buntstifte waren verschieden lang, aber mich störte das kein bisschen. Ich freute mich wie ein König."

„Wirklich?", zweifelten die Kinder. „Aber Buntstifte sind doch nichts Besonderes."

„Vielleicht – wenn man es gewöhnt ist, welche zu haben!"

„Und sonst hast du nichts bekommen?"

„Nein!"

„O je, das war ein trauriges Weihnachten für dich."

„Nein, gar nicht! Ich war sehr froh. Wir hatten eine warme Stube – das war allein schon eine Freude wert. Und zum Abendessen teilte uns Großmutter das Brot einmal nicht zu, sondern wir durften essen, so viel wir wollten. Und wenn ich's recht bedenke, so war da eigentlich alles, was zu Weihnachten gehört: Es war Friede auf Erden. Und Großmutter war da, in deren Liebe ich mich geborgen fühlte, wie sehr auch die ganze Welt durcheinander war. Und ich hatte meine Buntstifte, die mir mehr Weihnachtsfreude bescherten als manches teure Geschenk, das ich später bekam."

„Jetzt wirst du gleich sagen, dass Weihnachten damals eigentlich viel schöner war als heute, weil die Kinder sich noch an kleinen Dingen sooo sehr freuen konnten und nicht so maßlose Wünsche hatten wie heutzutage!"

Die Mutter lächelte. „Nein, nein! Jede Zeit hat ihre Wünsche. Meint ihr, wir hatten keine? Ach du meine Güte! Und maßlos waren sie auch. Seht euch nur mein Bild an; ich habe es an jenem Abend mit meinen Buntstiften gemalt. Großmutter musste mir das größte Blatt geben, das sie hatte. Und darauf malte ich alle meine Wünsche. Den ganzen Abend malte ich und am Ende war der große Bogen doch noch zu klein.

Großmutter schaute mir zu und nannte meine Gemälde ‚das Bild der tausend Wünsche'!"

Die Kinder schauten auf das Bild nieder und auf einmal verstanden sie den Sinn, der in dem Durcheinander steckte. In der

Mitte stand ein Haus mit einem Garten und einem Zaun ringsherum. Der dicke Rauch, der aus dem Schornstein quoll, sollte wohl zeigen, dass hier niemand frieren musste. Und Hunger brauchte auch keiner zu leiden, denn übers ganze Papier verteilt gab es Würste und Brezeln und Äpfel und Kuchen. Da gab es Sachen zum Anziehen und Puppen, einen Schlitten und einen Schulranzen – und viele Dinge, von denen Mutter heute selbst nicht mehr sagen konnte, was sie darstellen sollten.

Am Rand, so als träte er gerade in das Bild hinein, stand ein Mann in einer Uniform und mit einer komischen Brille.

„Das soll wohl Großvater sein?", rieten die Kinder.

„Ja. Wir hatten seit seinem letzten Urlaub nichts mehr von ihm gehört. Jeden Tag erhofften wir uns ein Lebenszeichen von ihm. Wir waren überzeugt, dass alles wieder gut würde, wenn er erst wieder da wäre. Großvater war eigentlich mein Hauptwunsch."

Die Mutter strich das runzlige Papier glatt und faltete es bedächtig zusammen. „Großmutter hat es durch all die Jahre hindurch aufgehoben. Und jedes Jahr zu Weihnachten schauten wir nach, wie viel Wünsche inzwischen wahr geworden waren. Es sind alle in Erfüllung gegangen. Manche erst nach vielen Jahren, aber manche auch schon bald. Wir hatten Glück, trotz allem."

„Und warum hebst du das Bild jetzt noch auf?", fragten die Kinder.

„Damit ich mich erinnere", sagte die Mutter und stand auf. „Man wird so leicht vergesslich, wenn es einem gut geht."

Renate Schupp

Der Weihnachtsgast

wei Tage vor Weihnachten – in New York! Ich trat auf die Straße und sah mich um. Immer war mir etwas unheimlich in dieser Gegend zu Mute – so weit „unten" in Manhattan. Aber da hausten nun mal meine „Sieben Buchjäger", Antiquare, die schon oft alte, längst vergriffene Bücher für mich aufgestöbert hatten. Auch diesmal hatte ich ein lange gesuchtes Buch wie einen kostbaren Schatz unter den Arm geklemmt, zog die etwas morsche, schmutzige Haustür hinter mir zu und blickte straßauf und straßab. Nur wenige Menschen waren zu sehen. Es fing an zu dämmern. Ich blickte zum Himmel auf: Es sah nach Schnee aus. Bald segelten die ersten trockenen Schneekristalle durch die Luft. Etwas beklommen eilte ich die Querstraße entlang, um in belebte Gegenden zu kommen. Bei der nächsten Ampel fiel mir ein kleiner Junge auf, der sich mit einem für seine Größe riesigen Weihnachtsbaum abmühte. „Wo will der Baum mit dir hin?", fragte ich scherzend.

Ein blasses Gesicht mit zwei großen blauen Augen sah mich argwöhnisch, fast etwas trotzig an. Dann senkte er den Blick, ohne zu antworten, und tastete nach einem besseren Griff um den Stamm des Tännchens. Dabei rutschte ihm ein weißer Pappkarton unter dem Arm hervor und fiel auf den Bürgersteig. Sofort legte er den Baum hin, hockte sich nieder und schüttelte horchend an dem verschnürten Karton. Anscheinend hörte er nichts Verdächtiges, denn er hob die Tanne und den Karton befriedigt auf und überquerte gleichzeitig mit mir die Straße. Auf der anderen Seite geriet sein Karton wieder ins Rutschen.

„Soll ich dir ein Stück weit tragen helfen?", schlug ich vor.
Er nickte stumm.
„Wohin musst du ihn bringen?"
Er nannte eine Avenue ziemlich hoch im Norden.
„Wohnst du denn dort?", fragte ich.

„Meine Tante und – mein Onkel", sagte er. „Wir haben früher hier in der Nähe gewohnt, meine Mutter und ich."
„Lebt deine Mutter nicht mehr?"
Er schüttelte den Kopf.
Ich nahm den Baum in die Linke. So hoffte ich, dem etwa sechsjährigen kleinen Mann, der rechts von mir ging, etwas näher zu kommen.
„Konnten denn deine Verwandten den Baum nicht in der Nähe ihrer Wohnung kaufen?"
„Die wollen ja keinen!", stieß er hervor.
Auf einmal brach der ganze Kummer aus ihm heraus. „Aber ich will einen, wir haben immer einen gehabt, und ich weiß doch, wo wir den Baum immer gekauft haben, Mutter und ich. Ist mir gleich, was die denken! Ich stelle ihn einfach in mein Zimmer! Ich habe bei Woolworth Kugeln gefunden, beinah so schöne wie unsre alten!" Er sah zu mir auf, als erwarte er mein Interesse für seinen Baumschmuck. „Jetzt kann ich ihn wieder tragen", sagte er. „Besten Dank!"
„Ich habe aber Zeit", erklärte ich ihm. „Mein Bus geht erst morgen."
„Ein Greyhound?", fragte er. „Die kenn' ich – ich weiß, wo der Greyhound-Terminal ist. Wir haben sie oft uns angesehen. Fahren Sie weit?"
„Aufs Land hinaus. Ziemlich weit. Bei uns liegt schon Schnee im Wald. Dort wohnen wir, meine Frau und ich."
„Gibt's da auch Rehe? Meine Mutter hat gesagt, die kleinen Kinder glauben, dass der Weihnachtsmann für seinen Schlitten ein Gespann mit Rehen hat. Aber ich glaube nicht mehr an den Weihnachtsmann. Mutter hat gesagt, ich bin zu groß dafür. Rehe gibt's natürlich, ich zeichne manchmal welche – in meinem Malbuch."
„Malst du viel?"
Er nickte stumm. Unsere Unterhaltung wurde immer häufiger durch Passanten und Heimkehrer unterbrochen. Ich erregte öfter

Anstoß mit dem Baum – aber der Kleine strebte unentwegt weiter. Die Straßen wurden breiter – es war eine gute Wohngegend.

„Warum sind deine Verwandten tagsüber so lange fort?", fragte ich.

„Die sind Schauspieler. Sie sind bloß drei Monate hier, dann gehen sie wieder nach Hollywood."

„Gehst du mit?"

Er warf mir einen Blick zu. Dann sagte er: „Ich will nicht."

Wir standen vor einem Appartementhaus, das eine gewisse Eleganz nicht nur vortäuschte. Der Kleine stemmte die Tür auf und steuerte auf den Lift zu. Er sah mich zweifelnd an. „Wollen Sie mit raufkommen?"

„Stop, Sonny!", lachte der schwarze Portier, der sein Fenster aufgestoßen hatte und uns mit rollenden Augäpfeln und blitzenden Zähnen nachrief: „Was ist los?"

„Nix ist los! Hab einen Gast!", sagte der kleine Junge kurz angebunden, wie er es den Erwachsenen abgelauscht haben mochte. Der Portier grinste und schob sein Guckfenster wieder zu. Während wir uns mit dem Weihnachtsbaum in einen der beiden Aufzüge drängten, konnte ich den Kleinen im hellen Licht der Deckenbeleuchtung besser sehen, doch den Kopf hatte er gesenkt. Dann sagte er: „Ich heiße gar nicht Sonny. Ich heiße Gerald. Gerald A. Bishop. Das A. bedeutet Arthur." Dabei schaute er auf, und nun sah ich, was für strahlend große blaue Augen er hatte, die unter seinem weißblonden, etwas struppigen Haar ernst und erwartungsvoll dem fremden Mann ins Gesicht blickten, der seinen Weihnachtsbaum trug.

„Ich heiße Victor Graham", antwortete ich. Er nickte. Der Lift hielt, wir stiegen aus, und während er einen Schlüssel an einer endlos langen Kette aus der Hosentasche zog, sah ich, das in einem Blechrahmen eine Visitenkarte steckte – mit dem Namen eines nicht ganz unbekannten Schauspielers, der vorübergehend „off Broadway" in einem Schauspiel mitwirkte. Dass ich es wusste, hing einfach mit meinem Beruf zusammen. Ich war Dramatiker.

Gerald hatte inzwischen Licht gemacht und seinen Karton vorsichtig auf den Flurtisch gelegt. Dann nahm er mir den Baum ab und lehnte ihn gegen die Garderobe. Ich sah mich um: Zwischen dem Vorflur und dem großen Wohnraum war keine Tür. Die Wohnung war modern, aber kalt und unpersönlich.

„Wollen Sie sich nicht ausruhen?", schlug Gerald vor. „Es war ziemlich weit für Sie! Mir macht es nichts aus – ich bin's gewohnt!"

Anscheinend wurde er jetzt, da er den Baum in Sicherheit wusste, etwas gesprächiger. „Ich bin's auch gewohnt weit zu laufen", entgegnete ich, „weil ich auf dem Lande wohne und es weit bis zum Dorf habe."

„Soll ich Ihnen mal die Kugeln zeigen?", fragte er, holte den Karton und setzte sich wieder, ihn vorsichtig öffnend. Ich hätte es mir fast denken können: Es waren regelrechte Hausgräuel – nicht etwa einfache Glaskugeln, sondern Gebilde mit einer Delle, in der eine Blume oder ein Tier oder gar eine ganze Landschaft zu sehen war.

„Teuer?", fragte ich.

Er nickte, sah die Kugeln liebevoll an und sagte: „Wir hatten noch schöneren Schmuck, auch Glöckchen, die sich über Kerzen drehten und bimmelten, und Zwerge und rote Pilze!"

„Wo sind die jetzt?", wagte ich behutsam zu fragen.

„Sie hat's alles weggepackt!"

„Deine Tante?"

Er nickte. Dann stülpte er vorsichtig den Deckel über seine Schätze – und im gleichen Moment flog draußen eine Lifttür zu, ein Schlüssel wurde herumgedreht und ein schwarz-weißes Ungetüm raste bellend ins Zimmer, stutzte, knurrte und sprang mir mit den Vorderpfoten auf die Schultern. Ich saß wie angenagelt.

„Micky, lass das!", schrie mein kleiner Freund und versuchte, die Dogge am Halsband wegzuzerren. Doch dafür hatte er nicht genug Kraft, und schon rief auch Geralds Onkel: „Was ist denn hier los? Was suchen Sie hier? Was fällt dir ein, Gerald, fremde Leute ins Haus zu lassen?"

„Rufen Sie sofort den Hund weg!", entgegnete ich ärgerlich.

„Wie kommt die Tanne hierher?", fragte die Dame, eine schlanke Blondine.

Bei dem Aufruhr war Gerald der Karton aus der Hand gefallen und hatte sich geöffnet. Wütend fuhr er den Herrn an: „Da! Sieh mal, du! Du hast mir meine schönste Kugel zertrampelt!"

„Micky! Micky!", rief die Dame, und der Hund ließ endlich von mir ab, stand aber noch misstrauisch vor mir, sodass ich mich nicht zu rühren wagte.

„Vielleicht darf ich Ihnen jetzt erklären, weshalb ich hier bin?", fragte ich spöttisch und erhob mich, worauf der Hund von neuem zu knurren begann.

Ich berichtete mit wenigen Worten und die Dame blickte Gerald zornig an.

„Wir haben dir doch gesagt, dass wir keinen Weihnachtsbaum in dieser fremden Wohnung wünschen! Du musst endlich einsehen, dass nicht alles nach deinem Kopf geht. Deine Mutter hat dich eben ..."

„Lass das jetzt, Laura!", sagte ihr Mann, der gesehen hatte, wie der Kleine die Fäuste ballte.

Ich hätte mich verabschieden sollen, aber ich brachte es nicht fertig. Ich hatte Mitleid mit dem kleinen Kerl. Irgend etwas bewog mich, den lächerlichen Anblick wettzumachen, den ich wohl bei der Attacke des Hundes geboten hatte. Ich zog meine Brieftasche heraus und gab dem Schauspieler meine Karte.

„Victor Graham", las er flüchtig. Dann noch einmal: „Victor Graham? Was? Sind Sie etwa ... Denk dir, Laura, es ist Mr. Graham, der mit seinem Stück den großen Erfolg off Broadway hatte!"

Die beiden waren wie umgewandelt. „Bitte legen Sie Ihren Mantel ab!" – „So dürfen Sie nicht gehen!" – „Machen Sie uns die Freude, einen Drink anzunehmen!", redeten beide abwechselnd auf mich ein, während Gerald, unbekümmert um das neue Gezeter, aber besorgt um seine schönen Kugeln, den Karton in Sicherheit brachte.

Bald saßen wir in bequemen Ledersesseln. Das Ehepaar konnte sich nicht genugtun, sich im besten Licht vor mir zu zeigen. Sie sprachen von der anstrengenden Arbeit im Theater, von dem Unglück, das der Mutter des Kleinen zugestoßen war, sodass sie „nun auch noch diese Belastung" hatten, und dass sie zum Heiligen Abend in einer Matinée auftreten und hinterher zu einer Party gehen müssten. „Und am ersten Feiertag haben wir selber vierundzwanzig Gäste – was sollen wir da mit einem Baum?"

„Ist die Mutter verunglückt?", warf ich leise ein.

„Ja, auf der Straße. Beim Überqueren. Nicht auf dem Fußgängerstreifen. Genauso eigenwillig wie der Junge! Wir wissen gar nicht, wo wir Gerald solange lassen sollen. Die Wohnung ist zu klein – "

Gerald schleppte gerade seinen Baum mit siegesgewisser Miene durchs Zimmer und stieß die Tür zu seinem kleinen Raum auf. „Halt, Gerald, es geht nicht, dass du den Baum in dein Zimmer stellst! Erstens ist es viel zu eng und zweitens soll es übermorgen als Garderobe dienen."

„Ich will aber!" Plötzlich rannte Gerald auf mich zu und warf mir die Arme um den Hals. Ich nahm sie sachte herunter, streichelte ihn und zog ihn auf meinen Schoß, was er sich gefallen ließ, denn er weinte.

„Geben Sie ihn mir während der Festtage als Weihnachtsgast!", schlug ich vor. „Dann haben Sie eine Sorge weniger – und meine Frau wird sich freuen. Wir wohnen auf dem Lande, in Baysham, allein. Ich fahre morgen."

Gerald hatte den Kopf gehoben und sah mich an. „In den Wald?", fragte er atemlos. „Fahren Sie in den Wald? Zeigen Sie mir die Rehe?"

Ich nickte. Das Ehepaar blickte sich an. Die junge Frau warf einen kühlen Blick auf Gerald. Offenbar war sie nicht kinderlieb. In ihrer blonden Blässe wirkte sie seltsam kalt und unmenschlich.

„Es wäre uns eine große Erleichterung", sagte ihr Mann. „Wir können ihn wieder abholen, wenn hier bei uns der Trubel vorbei ist – damit Sie den Weg nicht zweimal machen müssen!"

Ich gab ihm meine Telefonnummer und meine Adresse. Gerald umklammerte meinen Arm mit beiden Händen. „Gehen wir – jetzt gleich?", fragte er ungeduldig. „Ich muss aber meine Kugeln mitnehmen ... und, oh ... der Baum ... geht der in den Bus?" Er war dem Weinen nahe.

„Der Baum nicht, aber wenn du mir helfen willst, holen wir eine große Tanne aus meinem Wald", sagte ich. „Gleich morgen Nachmittag!"

Gerald strahlte. Die junge Frau blickte ihn stirnrunzelnd an. Dann wandte sie sich liebenswürdig an mich: „Wann geht Ihr Bus? Können Sie den Jungen abholen?"

Wir vereinbarten alles für den nächsten Morgen und sie luden mich ein, im neuen Jahr als Ehrengast zu einer Party zu ihnen zu kommen.

Ich nickte. Ich hatte andere Sorgen. Was würde meine Frau zu der Überraschung sagen? Ich musste sie gleich morgen früh anrufen und sie vorbereiten. Vielleicht war der Kleine ein Allheilmittel für sie? Der Gedanke an Doris ließ mich schlecht schlafen. Immer wieder legte ich mir die Worte zurecht, die ich am Telefon benutzen wollte.

Während ich am nächsten Morgen auf die Verbindung wartete, sah ich Doris in Gedanken vor mir. Vielleicht saß sie schon in der Frühstücksnische, die zu den gemütlichsten Räumen unseres New-England-Hauses gehörte. Im Geist sah ich das Haus, die dunkelrot gestrichenen Holzplanken mit den weißen Verzierungen, die Jack für uns geschnitzt hatte. Jack war früher als Schiffszimmermann auf einem „Windjammer", einem der letzten alten Segelschiffe, gefahren, und als er zu alt wurde, hatte er sich in unserem Dorf zur Ruhe gesetzt und die schönsten Schnitzereien angefertigt: Girlanden aus Früchten und Blumen krönten unsere Haustüren, an den Pfosten lugte ein Fuchs aus dem Blattwerk, eine Schlange ringelte sich um einen Apfelbaum. Gerald würde staunen, dachte ich.

Das Telefon neben meinem Hotelbett läutete, wie es auch bei uns in Baysham durch die Küche schrillen mochte. Wahrscheinlich stand Doris jetzt auf, ging zum Telefon und nahm mit einer ihrer lässigen Bewegungen den Hörer ab. – „O du bist's Victor? Du kommst doch hoffentlich? Es ist zu einsam ohne dich! Gerade fängt es wieder an zu schneien. Die Vögel flüchten sich schon unters Vordach ... Wie? Die Blaumeisen und ein Roter Kardinal ... Ja, ich fahre ins Dorf und hole dich ab, natürlich! An der Post. Was? Du bringst jemanden mit? Ach, warum denn? Ich mag keine fremden Leute, das weißt du doch! Was? Anders als andere? Weihnachtsgebäck und Kuchen, sagst du? Warum? Wie lange bleibt er? Und wo soll der Herr schlafen? Im grünen Gästezimmer? Ja, ich werde den Radiator aufdrehen. Aber Victor ... Also gut! Viertel nach zwei."

Ich hatte ihr nicht gesagt, dass Gerald kein Herr, sondern ein sechsjähriger Junge war. Teils war es Feigheit, teils Zufall. Ich durfte sie nicht gleich zu sehr erschrecken. Im Geiste sah ich, wie sie den Hörer auflegte und einen langen Blick auf das Foto warf, das neben dem Apparat auf dem Tischchen stand.

Es zeigte ein kleines Mädchen mit dunklem Haar und schwarzen Brombeeraugen, das einen Teddy ans Herz drückte und zutraulich lächelte. Wir hatten vor einem Jahr unser Töchterchen verloren. An Polio. Die Ärzte hatten gesagt, wenn sie am Leben geblieben wäre, hätte sich ein Gehirnschaden ausgewirkt ... Und doch, es war ein schlechter Trost. Doris konnte nicht darüber hinwegkommen. Aber vielleicht ... Meine Hoffnung auf Gerald ließ sich nicht unterdrücken.

Und sie wuchs, meine Hoffnung, als ich den kleinen Jungen abholte und dann im hellen Tageslicht neben ihm im Greyhound-Bus saß. Er strahlte – wie von innen leuchtend. Als der Bus anfuhr, nahm er meine Hand und presste sie an seine Wange. Dann seufzte er tief und lachte.

Ein Menschenkind hatte ich glücklich gemacht –, ob es mir auch bei Doris glücken würde? Während wir über die eiligen Landstraßen fuhren, flog mein Herz ihr entgegen, die ich noch tiefer liebte, seit wir um unser Kind trauerten. Ich dachte an ihre großen braunen Augen. Früher konnte sie tanzen in stillem Leuchten.

Ich hing meinen Gedanken nach, Gerald störte mich nicht. Atemlos beobachtete er alles, was an den Fenstern vorbeizog. Als ich ihn fragte, ob er denn nie auf Reisen gewesen sei, schüttelte er den Kopf, ohne den Blick vom Fenster abzuwenden. „Vielleicht ganz früher, als Dad noch da war?"

„Wo ist dein Vater jetzt?"

„Weg", sagte er. „Manchmal habe ich gedacht, vielleicht kommt er ja, weil ich jetzt so allein bin. Aber in unsere Wohnung sind andere Leute eingezogen und Dad ist nie mehr wiedergekommen."

Plötzlich packte er meinen Arm. „Sieht Ihre Frau so aus wie Tante Laura?"

Ich lachte, obwohl ich betroffen war. „Ganz anders, ganz ganz anders", versicherte ich ihm. Er blickte mich forschend an, und mein Gesichtsausdruck schien ihn zu befriedigen.

Als der Bus eine Lunchpause einschob, beobachtete ich mit Vergnügen, wie wenig scheu Gerald war. Mit der Mischung aus Ernst und Unschuld sah er bezaubernd aus.

Endlich näherten wir uns dem Dorf, an dessen Außenrand unser Haus lag. Der Bus hielt. Gerald kletterte hinter mir die Stufen hinunter und trug sein Köfferchen. Er folgte mir zum Wagen. Doris war ausgestiegen, um den Kofferraum aufzuschließen. Dann drehte sie sich um – und sah neben mir den kleinen Gast. Sie griff sich ans Herz.

Ehe ich etwas sagen konnte, war Gerald schon auf sie zugelaufen. „Besten Dank, dass ich kommen durfte, Mrs. Graham. Ich habe nämlich ... meine Mutter ist nämlich ... " Er sah sie an und betrachtete ihre traurigen Augen. „Ich habe Ihnen etwas mitgebracht!" Und schon kniete er auf dem verschneiten Postplatz, öffnete seinen Koffer und holte den weißen Karton mit den Weihnachtskugeln hervor. Er beobachtete die Wirkung, die sein Geschenk bei Doris hervorrief. Als sie lächelte, seufzte er, halb zufrieden und halb Abschied nehmend von seinem Schatz.

Am Tag nach Weihnachten fand ein langes Telefongespräch mit New York statt. Das junge Schauspielerpaar begriff erfreulich rasch, dass wir Gerald als lieben Gast ein paar Jahre bei uns behalten wollten. Sie baten nur, dass ich die Regelung mit den Behörden übernehmen möge.

Und Gerald? Für ihn waren wir schon am ersten Tag Vic und Doris geworden.

John Gordon

Die Schwefelhölzer

er Pfarrer Emeritus Isak Wallander war ein rüstiger alter Herr. Wie viele andere emeritierte Pfarrer hatte er sich in Uppsala niedergelassen, wo seine hohe Gestalt jeden Sonntag auf der Pfarrerbank in der Domkirche zu sehen war.

Aber eine Weihnachtsmette in der Domkirche hatte Wallander noch nie mitgemacht. Er besaß fünf Kinder, drei Söhne und zwei Töchter, alle mehr oder weniger glücklich verheiratet, und er weilte jede Weihnachten der Reihe nach bei einem von ihnen auf Besuch.

Jetzt war die Reihe an das vierte Kind gekommen, den Sohn Erik, der Zivilingenieur war und in Stockholm wohnte.

Und dort saß nun Wallander in einem bequemen Ledersessel im Arbeitszimmer seines Sohnes, in einer altmodischen, aber gemütlichen Wohnung, vier Treppen hoch am Kåkbrink gelegen. Von dort war eine prächtige Aussicht über den Mälarsee. Der kurze Tag ging zu Ende, die Laternen am Kai entlang glänzten wie Perlenketten aus Sternen, und aus dem blaugrauen Himmel rieselten die ersten Schneeflocken hernieder.

Marie, die Frau seines Sohnes, war damit beschäftigt, den Weihnachtsbaum im Esssaal zu schmücken. Die beiden kleinsten Kinder halfen ihr, aber das älteste Mädchen, Inga, war beim Großvater geblieben. Es war noch etwas scheu vor ihm, zählte es doch erst sechs Jahre, aber es war sehr neugierig, denn es war ja auch ein kleines Mädchen.

„Hat Großvater keine Frau?", fragte es, während es am Sessel stand und mit einem Lederknopf der Armlehne spielte.

„Ich habe eine Frau gehabt", antwortete Wallander, „aber sie ist daheim bei Gott."

„Bei wem?"

„Bei Gott."

„Wo wohnt der?"

Der Pfarrer Wallander hatte häufig in seinem Leben das Wort Gott ausgesprochen. Aber als er nun den Namen im Hause seines Sohnes Erik nannte, konnte er ihn nur mit größter Mühe hervorbringen. Es klang wie ein fremder Ton in diesem Hause, denn er wusste, dass sowohl der Sohn als auch seine Frau recht fortschrittliche Atheisten waren. Er sah ein, dass sie in ihrer strengen Wahrheitsliebe ihren Kindern keinen Glauben geben konnten, den sie selbst nicht besaßen. Aber jetzt stand die kleine Inga neben ihrem Großvater, sah ihn mit ihren klaren Kinderaugen an und wiederholte ihre Frage: „Wo wohnt Gott denn?"

Und Wallander antwortete einfach und treuherzig: „Gott wohnt im Himmel."

Inga sah aus dem Fenster. Es war jetzt fast Nacht und ein blauschwarzer Himmel ohne Sterne. Man sah nur die irdischen Lichter. Wallander merkte, wie die Augen des Kindes groß und erstaunt blickten. Es lag ein solcher Ernst in dem Blick, dass es dem Alten ans Herz griff.

„Erzähle von Gott", sagte das Kind.

Wallander legte seinen Arm um Ingas Schultern und zog sie an sich.

„Hast du Großvater lieb?", fragte er.

„Ja", flüsterte Inga.

„Warum hast du Großvater lieb?"

„Weil du so freundlich bist", sagte Inga.

„Sieh mal", sagte Wallander, „Gott ist noch viel freundlicher als Großvater. Großvater wird nicht immer leben, aber Gott lebt immer. Großvater kann nicht alles sehen und nicht alles hören, aber Gott sieht und hört alles. Großvater hat nur fünf Kinder, aber alle Menschen sind Gottes Kinder. Großvater kann nicht alles, aber Gott kann alles."

„Hast du Gott gesehen?", fragte Inga.

„Niemand hat Gott je gesehen", antwortete Wallander. „Nur ein Einziger hat Gott gesehen."

„Wie heißt der?"

„Er heißt Jesus."

„Hast du Jesus gesehen?"

„Nein, aber ich habe Bilder von ihm gesehen. Auf einem Bild ist er ein kleines Kind. Manchmal liegt er in einer Krippe. Manchmal sitzt er auf dem Schoß seiner Mutter. Seine Mutter heißt Maria."

„Meine Mama heißt fast ebenso, sie heißt Marie."

„Und ein Bild gibt es von ihm, wo er an seinem Kreuz hängt."

„Das habe ich im Fenster der Buchhandlung gesehen", sagte Inga. „Ich wollte Mama fragen, was das sei, aber Mama zog mich vom Fenster fort. Warum hing er am Kreuze?"

„Die Menschen taten ihm Böses an. Sie wollten nicht, dass er mit ihnen über Gott sprechen sollte."

„Woher weißt du das alles von Gott?", fragte Inga.

„Das steht in einem Buch, das die Bibel heißt", antwortete Wallander.

„So ein Buch haben wir auch", sagte Inga. „Ein riesig dickes, schönes Buch, aber ich darf es nicht anfassen, hat Papa gesagt. Willst du mir nicht aus dem Buch über Gott vorlesen?"

Licht macht die Finsternis hell – vom Kind in der Krippe 41

„Wir müssen wohl Papa erst fragen", sagte Wallander. In dem Augenblick hörte man, dass jemand ins Haus kam. Inga stürzte hinaus.

„Papa, Papa", rief sie. „Großvater hat mir von Gott erzählt. Darf Großvater mir aus der Bibel von Gott vorlesen?"

Ingenieur Wallander kam herein und begrüßte seinen Vater. Die beiden Männer schüttelten sich herzlich die Hand, Vater und Sohn, und doch in vielem einander fremd. Es war das erste Weihnachtsfest, das Wallander im Haus dieses Sohnes zubrachte, und wie sehr er sich auch gefreut hatte, hierher zu kommen, hatte er doch einer Weihnacht in diesem Heim mit Bangen entgegengesehen, da man sie hier anders feierte, als er gewohnt war. Aber ihm war, als habe er eine kleine Gefährtin in seiner Enkelin Inga gefunden.

Sie durfte neben ihm am Weihnachtstisch sitzen, wo das traditionelle Eintunken in die Weihnachtsbrühe nicht fehlte. Sie saß still und stumm, sah bisweilen nachdenklich und träumerisch in seine Augen. Was für ein Kind, dachte der Alte, was für ein merkwürdiges kleines Kind.

Aber nach dem Mittagessen kam sie wieder mit ihrer Bitte: „Lieber Papa, lass Großvater mir aus dem Buch über Gott vorlesen."

Ingenieur Wallander verhärtete sich gleichsam vor ihrer Bitte. Er sah etwas unschlüssig seine Frau an, die gerade ihrem Schwiegervater Kaffee aus einer schönen Silberkanne ausschenkte. Marie, die im Geheimen den stattlichen alten Pfarrer bewunderte, antwortete:

„Es würde Großvater wohl recht seltsam vorkommen, Weihnachten zu feiern, ohne sein altes Weihnachtsevangelium zu lesen und seinen Weihnachtschoral zu singen. Und wenn Großvater lesen und singen will, dann soll Großvater es auch tun. Denn ich möchte, dass sich Großvater ganz zu Hause bei uns fühlen soll."

Und so wurde es auch.

Als die Kerzen am Tannenbaum angezündet werden sollten, holte der Ingenieur die große Bibel hervor. Marie zündete zwei

Kerzen an und stellte sie vor ihn auf den Tisch. Inga wagte es, auf Großvaters Knie zu klettern. Sie faltete ihre Hände wie Großvater. Es wurde still und feierlich. Gullan saß auf Vaters Knien und Putte auf Mutters. Und Wallander las von dem Kind in der Krippe, von den Hirten und den Engeln. Dann setzte er sich ans Klavier und sang den Weihnachtschoral.

Niemand lauschte an diesem Abend so eifrig wie Inga. Und als sie schließlich mit allen Weihnachtsgeschenken auf einem Stuhl neben sich in ihrem Bett lag und Großvater sich zu ihr beugte, um ihr gute Nacht zu sagen, flüsterte sie: „Das Schönste an diesem Abend war, als du von dem kleinen Jesuskinde lasest."

Isak Wallander hatte darauf bestanden, sich über Nacht ein Zimmer im Hotel zu nehmen. Marie hatte ihrer Hausgehilfin Weihnachtsurlaub gegeben, und Wallander wollte zeitig zur Weihnachtsmette aufstehen.

Als er auf dem Vorplatz stand, um zu gehen, wollte Erik ihn die Treppen hinunterbringen.

„O nein, so alt bin ich noch nicht, dass ich nicht hinausfinde", sagte Wallander.

Es gab keinen Fahrstuhl in dem alten Hause. Und ehe Wallander unten angelangt war, ging die Treppenbeleuchtung aus. Im untersten Flur angekommen, tastete er sich an die Tür, ging hinaus und schloss die Tür fest hinter sich. Aber er stand nicht auf der Gasse, wie er erwartet hatte, sondern befand sich auf einem engen „Hof", kaum drei Meter im Quadrat, einem tiefen Schacht zwischen vier senkrechten Wänden. Er sah vier Fensterreihen in der Höhe verschwimmen und ein viereckiges Stück eines nachtroten Wolkenhimmels über sich.

Nun war Pfarrer Wallander zwar ein Pfarrer jener Sorte, welche Abenteuer lieben, und die gibt es mehr, als man glauben sollte. Aber er fand es auf alle Fälle wenig angenehm, in dieser Rattenhöhle eingeschlossen zu sein. Denn das einzige lebende Wesen, das er hörte, war eine fette Ratte, die erschrocken um seine Beine rannte. Es standen einige Abfalltonnen in einer Ecke.

Wallander sah nach oben, wie es ja ein Pfarrer in einer solchen Lage tun muss, aber er dachte zunächst nicht an Gott, sondern überlegte: Auch wenn er ein Fassadenkletterer gewesen wäre, würde seine Kunst an diesen glatten Mauern versagen. Er rüttelte noch einmal an der Tür, aber sie war fest verschlossen. In keinem einzigen Fenster sah er Licht, es war stumm und dunkel wie in einem Grabe.

Seltsame Weihnachtsnacht ist das ja, dachte Wallander und ging einige Schritte um den „Hof". Es war kalt und nass hier unten und roch recht schlecht.

Ich muss wohl warten, bis jemand in den Flur kommt und dann an die Tür klopfen, dachte Wallander. Er wappnete sich also mit Geduld, diesem vortrefflichen Hilfsmittel in langwierigen Lagen.

Aber offenbar war niemand in dieser Weihnachtsnacht unterwegs. Wallander dachte an die warme gepflegte Wohnung seines Sohnes dort oben. Wenn Erik wüsste, dass sein alter Vater hier auf einem Hinterhof eingeschlossen war! Er erinnerte sich an Ragnar Lodbrok in der Schlangengrube: Grunzen würden die Schweine, wenn sie wüssten, dass der alte Eber …

Gerade in diesem Augenblick wurde ein Licht hinter einer Fensterscheibe dicht neben ihm angezündet. Glühte auf und erlosch. Nur so, als habe jemand ein Streichholz angezündet und wieder ausgelöscht.

Isak Wallander trat sofort ans Fenster. Er klopfte leise an die Scheibe, wartete eine ganze Weile. Nichts war zu sehen oder zu hören. Er klopfte noch einmal, fester. Er bildete sich ein, dass er in der Stille das ganze Häuserviertel aufwecken würde.

Nach einer Weile konnte er mehr fühlen als hören, dass sich jemand hinter der Fensterscheibe bewegte. Er glaubte zu vernehmen, wie dort jemand tastete und kroch, der seufzte und stöhnte. Schließlich hörte er, dass jemand die Fensterhaken anfasste. Es war, als ob eine Hand, schwächer als die eines kleinen Kindes, versuchte, den harten Haken zu öffnen.

Wallander hielt die Hand ans Fenster, als wolle er helfen. Jetzt hörte er eine keuchende Stimme hinter der Scheibe: „Ich kann nicht, ich schaffe es nicht", seufzte die Stimme.

„Versuchen Sie nur, Sie können es sicher", sagte er.

Wieder hörte er, dass jemand versuchte, den Haken zu öffnen. Diesmal gelang es. Eine Spalte des Fensters wurde geöffnet.

Und die Stimme drinnen stöhnte: „Wer ist da? Ist es Anders?"

„Macht nur auf, Mütterchen", sagte Wallander. „Es ist nur einer, der hier eingeschlossen ist, ein Pfarrer."

Wallander konnte nicht umhin, über die Komik seiner Lage zu lächeln.

Die Stimme da drinnen keuchte: „Ein Pfarrer, ein Pfarrer? Dann soll er zu mir kommen, ich bin so krank."

Wallander öffnete das Fenster von außen. Es war ganz dunkel im Zimmer. Er sah undeutlich einen grauen Schatten auf dem Fußboden kauern. Gewandt wie er noch war, kletterte er vorsichtig ins Fenster, ohne auf das Graue auf dem Fußboden zu treten. Er beugte sich über eine alte Frau, die dort in ihren grauen Nachtkleidern lag, und half ihr vorsichtig in die Höhe. Er zog das Fenster wieder zu, damit die kalte Luft nicht einströmen sollte.

„Gibt es hier ein Licht?", fragte er.

„Ich habe kein Licht, nur Schwefelhölzer", sagte die Alte.

Wallander sah undeutlich ein Bett. Er trug die alte Frau fast, legte sie auf ihr Bett und breitete eine zerfetzte Decke über sie.

Die Alte lag und atmete schwer. Die Anstrengung, zum Fenster zu kriechen und es zu öffnen, hatte sie sehr mitgenommen. Sie sprach langsam und rang nach Atem.

„Ich glaubte ... es sei Anders ... Er kommt nicht ... obwohl ich geschrieben habe ... viele Jahre ... Vielleicht kann er nicht ... ich glaubte, es sei Anders."

Wallander streichelte die welke Hand der Alten. Sie war sehr kalt.

„Ich bin stattdessen gekommen. Kann ich etwas für Sie tun, Mütterchen? Soll ich einen Arzt holen?"

„Keiner kann etwas für mich tun ... kein Arzt. Aber wenn er Pfarrer ist ... kann er mir eine Andacht halten ... Ich möchte ein Gotteswort hören ... ehe ich sterbe ... ich möchte einen Choral hören ... den Weihnachtschoral."

Wallander legte seine Hand auf die der Alten, als wolle er sie wärmen. Dann begann er leise, Wallins Weihnachtslied zu singen: Gegrüßt sei, schöne Morgenstund.

Häufig hatte Wallander diesen Choral gesungen. In der Kirche seiner Kindheit. In den vielen Kirchen, in denen er in jungen Jahren Pfarrer gewesen war. Er sah jetzt all die Kirchen, erinnerte sich an die seltsame Freude und Unruhe, die er empfunden hatte, wenn er in der Sakristeitür stand und die ganze Gemeinde im flackernden Kerzenschein unter hohen Kirchengewölben gesungen hatte.

Zuletzt hatte er das Lied der kleinen Inga, ihren Eltern und Geschwistern vorgesungen. Aber nie hatte er es so wie jetzt gesungen. Nie zuvor hatte er so gefühlt, wie dieses Lied von Fragen des Lebens und Antworten der Ewigkeit erfüllt war. Er fühlte, wie auch die Hand der Alten zitterte.

Nachdem er gesungen hatte, sprach er das Weihnachtsevangelium auswendig. Und nachdem er es gesprochen hatte, redete er, und nachdem er geredet hatte, betete er. Und nachdem er gebetet hatte, sang er wieder.

Es war ihm so wertvoll, noch einmal an Weihnachten einen Gottesdienst halten zu dürfen. Für einen einzigen Menschen. Für ein einziges dieser kleinen Kinder Gottes, über die er vorhin mit Inga gesprochen hatte.

Stunde um Stunde verging. Die Alte redete nicht mehr. Aber er fühlte, dass sie lauschte. Er fühlte, dass in dieser gebrechlichen verwelkenden Schale eine Menschenseele wohnte, die noch gefangen, aber bald frei war. Er fühlte, wie er dieser Seele mithelfen konnte, ihre Flügel für die Fahrt zur Ewigkeit zu erheben.

Er wusste nicht, wann sie starb. Die Hand war so kalt, dass sie nicht kälter werden konnte. Er selbst empfand keine Müdigkeit, keine Unruhe mehr. Er war selbst ein alter Mann, der bald sterben würde. Er blieb lange sitzen, bis die Weihnachtsglocken zu läuten begannen. Da fand er die Streichholzschachtel – „die Schwefelhölzer", wie man sie ja auch in seiner Kindheit nannte. Sie lagen auf einem Stuhl neben dem Bett der Alten. Er zündete ein Streichholz an und beleuchtete die Alte. Langsam schloss er ihre gebrochenen Augen und faltete die erstarrten Hände.

Dann ging er hinaus und nahm den Schlüssel mit.

Ein kleines Kind in einer Kirchenbank stieß leise seine Mutter an: „Sieh, der Onkel schläft." Die Mutter sah zur Seite. Ein feiner alter Herr mit weißem Haar schlief fest während der Predigt des Pfarrers.

Er lächelte im Traum. Er wanderte mit einem kleinen Mädchen an der Hand über eine blühende Sommerwiese. Er war auf dem Wege zu seiner Frau.

Und die Kleine fragte: „Weißt du sicher, wo Gott wohnt?"

Und er lächelte ihr zu und antwortete: „Mach dir keine Sorgen, wir werden den Weg schon finden."

Axel Hambraeus

Die Weihnachtsgäste

ies trug sich zu, als Frau Vang zum zweiten Mal nach ihrer Verwitwung Weihnachten feierte. Sie hatte beschlossen, diesmal zu Hause zu bleiben. Die letzte Weihnacht hatte sie bei dem jüngsten ihrer verheirateten Kinder verbracht, sich dabei aber nicht des Gefühls erwehren können, mit ihren Tränen und ihrer Trauer um den verstorbenen Gatten die Weihnachtsfreude anderer getrübt zu haben, und das wollte sie keinesfalls wiederholen. Daher lehnte sie dankbar, aber bestimmt alle Einladungen ihrer Kinder ab. Doch wollte sie trotzdem am Heiligen Abend nicht

Licht macht die Finsternis hell – vom Kind in der Krippe 47

allein mit der kleinen Majken, ihrer Hausgehilfin, daheim sitzen. Frau Vang, die eine wohltätige Dame war, hatte beschlossen, sich Gesellschaft zu verschaffen und gleichzeitig eine gute Tat zu vollbringen. Infolgedessen hatte sie sich frühzeitig vor dem Fest an die Gemeindeschwester gewandt mit der Bitte, eine Familie, am liebsten eine kinderreiche, ausfindig zu machen, die Lust hätte, Weihnachten bei ihr zu feiern, und sie hatte dabei zu verstehen gegeben, dass sie es weder an Bewirtung noch an Geschenken fehlen lassen würde. Einen großen Christbaum mit vielen Lichtern würde es geben, um den die Kinder Ringelreihen tanzen könnten, der Topf mit der Schinkenbrühe zum Eintunken des Brotes sowie am Abend die Reisgrütze mit der versteckten Mandel würden bereitstehen, genau wie zu Lebzeiten des Großhändlers, als Frau Vangs Haus mit eigenen fröhlichen Kindern voll bevölkert war.

Frau Vang hatte sich eingebildet, dass die Familien förmlich Schlange stehen würden, um an ihrer Weihnachtseinladung teilnehmen zu dürfen. Sie war daher einigermaßen überrascht, als die Gemeindeschwester ihr schon eine Woche vor Weihnachten die Mitteilung überbrachte, sie habe keine Familie ausfindig machen können, die gewillt wäre, das Fest bei der reichen Frau Vang zu feiern. Es ist eigentlich zu wenig gesagt, Frau Vang sei überrascht gewesen, sie war vielmehr verärgert. Frau Vang, die ihre Bibel kannte, stellte im Geheimen einen Vergleich zwischen sich und dem König an, der seine Diener aussandte, um die Gäste zur Hochzeit zu rufen, und der sich erzürnte, als diese ausblieben. Frau Vang beschloss daher, die Angelegenheit selbst in die Hände zu nehmen. Sie erhielt eine Menge Adressen und suchte persönlich die armen Familien auf, leider jedoch ergebnislos. Obgleich die von ihr besuchten Familien eng zusammengepfercht in armseligen Elendsbehausungen lebten, gab es nicht eine, die ihr Heim am Heiligen Abend gegen Frau Vangs hochherrschaftliche Wohnung hätte vertauschen wollen. Frau Vang ging langsam das Verständnis für ein anderes Wort aus der Heiligen Schrift auf:

Wenn einer alle Besitztümer seines Hauses den Armen gäbe und hätte der Liebe nicht, so wäre es ihm nichts nütze.

Als sie bei den Familien keinen Erfolg hatte, wandte sich Frau Vang an einige alte, kinderlose Ehepaare, hatte aber auch mit diesen kein Glück. Nein, die Leute wollten am Heiligen Abend am liebsten still für sich zu Hause sein. Wohl war es eng und klein bei ihnen, aber es war trotz allem ihr Heim.

Nun, dachte Frau Vang, irgendeine einsame alte Frau werde ich doch noch als Gast auftreiben können. Doch nicht einmal das gelang ihr.

Frau Vang fühlte sich nicht wenig beleidigt ob solcher Undankbarkeit. Da hatte sie nun eine doppelte gute Tat vollbringen wollen: teils ihren eigenen Kindern die Unbill ihres Besuches am Heiligen Abend ersparen, teils anderen ein wenig Weihnachtsfreude bereiten, und nun schien niemand sie zu brauchen!

Eines Abends, wenige Tage vor dem Feste, als Frau Vang bereits im Bette lag und ihre gewohnte Andachtsstunde mit dem Buche „Der Lebensweg zu Licht und Kraft" hielt, fiel ihr plötzlich ein, dass sie das ganze Unternehmen geplant hatte, ohne mit Gott zu rechnen. Sie pflegte sonst immer ihre Pläne sowie auch ihre wenigen Kümmernisse sorgfältig vor Gott auszubreiten, aber das hatte sie diesmal vollständig unterlassen. Aus diesem Grunde war alles fehlgeschlagen. Jetzt verspürte sie sowohl Angst als Reue. Und obwohl sie sich schon so schön bequem in ihrem weichen Bette eingekuschelt hatte, stand sie wieder auf, fiel auf die Knie und bat Gott, Er möge auch in diesem Fall alles so für sie ordnen, wie es Ihn am besten dünkte und ihr helfen, die bevorstehende Weihnacht ganz nach Seinem heiligen Willen zu feiern. Beruhigt im Bewusstsein, dass nun keine weiteren störenden Dinge mehr eintreffen würden, schlief Frau Vang ein.

Während Frau Vang so in ihrem warmen, durch eine Gardinenspalte von einer Straßenlaterne beleuchteten Schlafzimmer ruhte, bewegte sich auf einem fernen Waldweg ein seltsames Gespann. Ein weiter, weiter Weg, viele, viele Meilen trennten den

Licht macht die Finsternis hell – vom Kind in der Krippe

Sprengel, wo Frau Vang wohnte, von der ausgedehnten, öden Haftaheide, und gleichwohl lenkte Gott zu jener Stunde die knirschenden Räder eines Karrens und die müden Schritte zweier Menschen genau auf den von Ihm bestimmten Weg.

Ein Auto fuhr mitten in der Nacht durch den Haftawald, der spärlich auf den verkümmerten Hügeln wuchs, die die dreißig Kilometer weite Heide bildeten. Es war der Doktor, der einen Patienten weit draußen in der Wildmark besucht hatte. Der Doktor war kein leicht zu erschreckender Mann. Dennoch hielt er unwillkürlich sein Auto an. Er hatte das Gefährt schon ein paar Mal am helllichten Tage im Kirchdorf gesehen und sich darüber gewundert, dass die Polizei dieses armselige Gesindel nicht anhielt. Hier im Walde aber, mitten in der Nacht auf das alte Paar zu stoßen, wirkte geradezu spukhaft und zugleich so erbarmungswürdig, dass der Doktor den Entschluss fasste, nachzuforschen, was das eigentlich für Leute seien, die dergestalt durch die Welt vagabundierten. Er stieg aus seinem Auto und näherte sich den beiden alten Leuten, die mit ihrem Karren auf dem Wege Halt gemacht hatten. Grell beleuchteten die Scheinwerfer des Autos einen alten Mann, der einen schwer beladenen Wagen zog, und eine Frau, die hintenan nachschob.

Auf seine etwas barsche Frage: „Was seid ihr denn für Leute?", erhielt der Doktor keine Antwort. Der alte Mann hob nur den gebeugten Kopf und blickte ihn eine Sekunde an. Vor diesem Blick fuhr der Doktor förmlich zurück. Einen so hoffnungslos erloschenen Ausdruck hatte er wohl nie zuvor in einem Menschenantlitz wahrgenommen. Er vermutete, der Mann sei taub, weshalb er zu der hinter dem Karren stehenden Alten trat.

„Mütterchen", sprach er, und seine Stimme klang so freundlich wie immer, wenn er ein wenig von der unter seinem etwas barschen Äußern schlummernden Herzenswärme durchblicken ließ. „Mütterchen, sagt mir, wo seid ihr eigentlich zu Hause?"

Die Alte trug ein tief über das Gesicht gezogenes Kopftuch. Sie hob das Haupt nicht. Aber aus dem Kopftuch ertönte eine Stimme, blechern und müde. „Wir sind in Stockholm heimatberechtigt. Und wir besitzen das erforderliche Hausiererpatent. Falls der Herr Ortspolizeibeamter oder sonst ein Vertreter der Ordnungsmacht sein sollte, kann mein Mann unsere Papiere vorweisen, sonst bitten wir, hier warten zu dürfen, bis der Herr in seinem Auto vorbeigefahren ist. Wir werden Platz machen."

Wie auf ein Signal hin packte der Greis im selben Augenblick die Deichseln des Wagens und stapfte in den tiefsten Schnee am Wegrand hinaus. Die Alte schob von hinten nach und der Weg war frei.

Der Doktor griff mechanisch nach seiner Brieftasche, aber die beiden Alten waren bereits aus dem Gesichtskreis des Scheinwerferlichtes getreten und im tiefen Dunkel verschwunden; zudem ließ irgendetwas den Doktor vermuten, dass die beiden keine Almosen annehmen würden. Etwas in der Sprechweise der Frau verriet ihm, dass sie jedenfalls bessere Tage gesehen hatte. Den an das tägliche Anhören des Daladialektes gewohnten Arzt hatte das gepflegte Stockholmer Idiom der Alten frappiert. Deshalb stieg er wieder in seinen Wagen und brauste über die Berg- und Talbahn des Haftawaldes davon, während das graue Fuhrwerk durch die düstere Wildmark weiterstrebte.

Wer den beiden Alten mit ihrem Karren einmal begegnet war, konnte den Anblick schwerlich mehr vergessen. Nur selten schienen sie Geschäfte zu tätigen. Sie konnten durch ein ganzes Dorf ziehen, ohne vor einem einzigen Gehöft Halt zu machen. Das müde, erloschene Gesicht des Greises, das stets tief in die Stirn gezogene Kopftuch der Alten erregten spontanes Mitleid. Sobald sich aber einmal irgendein beherzter Mensch, empört darüber, dass eine solch erbärmliche, elende Gesellschaft frei auf den Wegen vagabundieren durfte, an die Behörden wandte, bekam er stets die gleiche Antwort: Ihre Papiere sind in Ordnung, wir haben kein Recht einzugreifen. Nie bettelten die beiden. Tätigten sie einmal ein kleines Geschäft, boten sie immer ordentliche Waren feil. Nur selten aber antworteten sie auf eine Anrede, noch nahmen sie jemals Almosen an. Ihre Freiheit schien ihnen so kostbar zu sein, dass sie ängstlich alles mieden, was als Verstoß gegen das Landstreichergesetz hätte ausgelegt werden können.

Es war in der tiefen Dämmerung des Heiligen Abends, als Frau Vang die beiden auf dem Wege durch ihren Wohnsprengel zu Gesicht bekam. Frau Vang war unterdessen zu der Einsicht gelangt, dass es Gottes Willen sei, sie ihren Weihnachtsabend allein feiern zu lassen, weshalb sie beim Erblicken der beiden Alten erst gar nicht auf den Gedanken kam, in ihnen die vielleicht von Gott gesandten, späten Weihnachtsgäste zu erkennen. Wie allen anderen Leuten fiel auch ihr das ungewöhnliche Gespann auf, das sich langsam auf der Straße fortbewegte, doch als sie sich umdrehte, um die beiden alten Leutchen näher in Augenschein zu nehmen, waren die bereits im Gedränge verschwunden.

Zum zweiten Mal sah sie sie dann beim Weihnachtsgebet in der Kirche. Sie saßen ganz hinten bei der Türe, unweit des Opferstockes für die Armen; sie erinnerten an die Bilder der Armut, die man in früheren Zeiten beim Opferstock anzubringen pflegte, um das Mitleid der Spender zu wecken. Die Kirche war gedrängt voller Menschen, die jedoch gleich nach Beendigung des Gottesdienstes hinauseilten. Der Organist spielte noch ein langes, schönes Postludium, und die beiden Alten saßen da, als beabsichtigten sie, sich in der Kirche häuslich niederzulassen; so schien es wenigstens dem Kirchendiener, der eilends die Kirche schließen und zu seinen auf Christbaum und Geschenke wartenden Kindern heimkehren wollte.

Am späteren Abend bekam Frau Vang sie zum dritten Mal zu Gesicht. Die Glocke an der Flurtür schrillte und nicht ganz ohne Herzklopfen öffnete sie selbst. Majken war gerade damit beschäftigt, das Schmalzgebäck zum Weihnachtskaffee auf eine Schüssel zu häufen. Da stand nun die alte Frau mit dem herabgezogenen Kopftuch vor der Türe. Die reiche Frau Vang war eine wohltätige Dame, eine wirkliche Wohltäterin. Ihre Wohltätigkeit bestand in der Donation bedeutender Summen zu Zwecken, die die nötige

Gewähr dafür boten, dass das Geld wirklich zu nützlicher Verwendung gelangte. Bettlern an der Türe aber pflegte sie niemals Geld zu geben. Entweder erhielten sie in der Küche etwas Essen oder einen Gutschein, der zur Unterkunft in der Heilsarmee-Herberge oder zur Aufnahme im Arbeitsvermittlungsbüro „Hilfe durch Arbeit" berechtigte. Und niemand kann etwas anderes behaupten, als dass diese Handlungsweise klug und vernünftig war.

Beim Anblick der merkwürdigen Greisin vor der Türe aber empfand Frau Vang ein solches Unbehagen, dass sie sich auf kein Gespräch mit ihr einlassen wollte. Frau Vang wusste, dass Geld ein wirksames Mittel ist, um sich alles Unangenehme vom Leibe zu halten, und je größer eine Unannehmlichkeit war, ein desto größeres materielles Opfer war seine Beseitigung wert. Außerdem war heute Heiliger Abend und Frau Vang hatte den Wunsch, an diesem Abend irgendeinen Menschen richtig zu beglücken, bisher nicht verwirklichen können. Deshalb eilte sie zu ihrem Sekretär, entnahm ihm einen neuen Fünfkronenschein und kehrte damit zu der Alten zurück. Diese aber rührte keine Hand.

„Ich bin keine Bettlerin", sagte eine müde, jedoch gepflegte Stimme. „Aber ich habe Sachen zu verkaufen. Und ich hätte Sie nicht gerade am Weihnachtsabend belästigt, wenn ich nicht eine neue Medizin für meinen Mann anschaffen müsste. Für Unterkunft und Kost haben wir, was wir benötigen. Aber wenn Sie mir fünf Kronen geben wollen, können Sie diese da dafür haben. Sie sind allerdings mehr Wert, aber heute ist ja Heiliger Abend, und da soll man nicht kargen." Bei diesen Worten zog sie ein Bündel Spitzen hervor, das sie unter ihrem grauen Schal verborgen gehalten hatte. Frau Vang ergriff die Spitzen wie ein folgsames Kind. Es lag etwas Gebieterisches in der alten Stimme, das ihr Unbehagen einflößte und sie zum Gehorsam zwang. Sie besah die Spitzen im Licht der Flurlampe. Es waren echte Vadstenaspitzen und manchen Fünfkronenschein wert. Im ersten Moment machte sich der alte Erwerbssinn in ihrem Großhändlerfrauenherzen geltend, doch überwand sie die Anwandlung rasch.

„Nein", sagte sie bestimmt und war nun wieder ganz Herr ihrer selbst, „solche Spitzen erwirbt man nicht für fünf Kronen. Ich kaufe sie Ihnen gerne ab, aber nur zu ihrem vollen Wert."

Bei diesen Worten jedoch schlug die Alte ihr Tuch zurück. Sie hob den Kopf und ein altes, vornehmes, wenn auch gefurchtes und vergrämtes Gesicht enthüllte sich vor der verblüfften Frau Vang.

„Du scheinst dich verändert zu haben, seit wir uns das letzte Mal sahen, Ebba", sagte die Alte.

Frau Vang krampfte die zitternden Hände fest um die Spitzen.

„Sind Sie, sind Sie etwa Frau Dyberg?", fragte sie.

„Ja, ich bin Frau Dyberg", entgegnete die Alte. „Übrigens nanntest du mich früher Anna."

Der Boden unter Frau Vang schien zu beben, ihr war, als müsse sie in einen Abgrund versinken. In einer Sekunde zuckten tausend Gedanken und Erinnerungen durch ihr Gehirn, vor allem aber die Erinnerung an etwas, das ihr bis jetzt gänzlich unaufgeklärt geblieben war. Ihr Mann hatte einst einen Geschäftsteilhaber gehabt. Als sich dann aber seine Position festigte, hatte er sich wider dessen Willen von ihm getrennt. Vielleicht war es nicht ganz ehrlich dabei zugegangen, jedenfalls aber hatte er sich nichts Schlimmeres zu Schulden kommen lassen als viele andere auch. Seit jenem Tage war es Vang merkwürdig gut ergangen, mit Dyberg, dem früheren Teilhaber hingegen, ging es abwärts, bis er schließlich gänzlich aus der Geschäftswelt verschwand. Frau Vang und ihr Gatte hatten nie miteinander über Dyberg gesprochen, es war dies der einzige Punkt im Leben, der zwischen ihnen keine Abklärung fand. Frau Vang wusste, dass diese Erinnerung ihren Mann gequält hatte, als er auf dem Totenbett um das Abendmahl bat. „Es gibt etwas, das mir vergeben werden muss", hatte er geäußert. Er hatte sich unter vier Augen mit dem Pfarrer unterhalten, was er aber zu sagen gehabt, hatte Frau Vang nie erfahren. Und in diesem Augenblick erkannte sie, dass es eben die Sache mit Dyberg war, die ihr zuweilen jene seltsame Unrast einjagte, die sie trotz aller äußern Sicherheit, trotz aller Gebete, Kirchenbesuche und Abendmahlsgänge und trotz aller Wohltätigkeit immer wieder befiel.

Und jetzt stand sie der Möglichkeit gegenüber, das rätselhafte Dunkel dieses Falles zu erhellen. Furcht erfasste sie, ihre Kindheitsfreundin Anna und deren Mann, der jedenfalls irgendwo draußen in der Finsternis auf sie wartete, könnten gleich einem Traumgesicht entschwinden, ehe es ihr gelänge, die beiden zum Bleiben zu überreden, und in ihrem Herzen betete sie inbrünstiger als je zuvor, dass Gott ihr beistehen möge.

Als jedoch Frau Vang ihre einstige Freundin das Kopftuch mit zitternden Händen wieder über die Augen legen sah, schrie sie so laut auf, dass Majken draußen in der Küche erschrocken ein Stück von dem Gebäck fallen ließ. „Nein, nein", rief sie. Im nächsten Augenblick hatte sie das schwarze Tuch Annas Händen entrissen, sich dieser in die Arme geworfen und weinte nun an der Brust der Jugendfreundin, weinte alle Tränen der Scham, der Angst und der Sündenerkenntnis, die während eines langen Lebens eingedämmt geblieben waren.

Vor diesem unerwarteten Gefühlsausbruch verharrte die alte Hausiererin anfänglich steif wie eine Statue. Dann aber legte sich eine matte Hand auf Frau Vangs Schulter und eine Träne, eine einzige nur, quoll hinter den geschwollenen Lidern hervor.

Majken musste in aller Eile alles für die neuen Gäste herrichten.

Es dauerte allerdings eine geraume Weile, ehe Annas Mann das Geschehene zu fassen vermochte. Er saß den ganzen Abend stumm wie eine Sphinx da, während seine Frau unter dem Einfluss der Zimmerwärme und der Herzlichkeit Ebba Vangs mehr und mehr auftaute.

Als dann die Lichter am Christbaum angezündet wurden, spiegelte sich ein Widerschein ihres Glanzes auch in seinem Blick; während Ebba Vang das Weihnachtsevangelium vorlas und den Weihnachtspsalm spielte, hielt er die Hände gefaltet. Doch sangen nur Frau Vang und Majken allein, und die beiden Gäste wagten die Speisen kaum zu berühren.

Ebba Vangs Gedanken beschäftigten sich nicht viel mit dem, was sie las oder sang; die ganze Zeit über zermarterte sie sich das Gehirn mit der Frage, wie sie das einstige Unrecht gutmachen könnte. Sollte sie es nicht halten wie Zachäus, der, als Jesu sein Haus besuchte, gelobte, alles was er unrechterweise gefordert habe, vierfach zurückerstatten zu wollen? Frau Vang versuchte auszurechnen, wie viel das wohl ausmachen könnte und wie sie wohl ihr Anerbieten am besten vorbrächte, ohne ihre Gäste zu beleidigen.

Sie wurde jedoch rasch von ihren Sorgen befreit. Denn als sie nach dem Nachtessen ihre Besucher in das beste, für sie vorbereitete Gastzimmer führen wollte, lehnte Anna bestimmt ab.

Frau Vang traute ihren Ohren nicht. Wollten Dybergs denn nicht mit Freuden bei ihr bleiben und zwar nicht bloß über Weihnachten, sondern lange, sehr lange, so lange, wie es ihnen gefiele?

Sie wollte ein paar unbeholfene Worte dieses Inhalts äußern, als Anna ihre Hand ergriff und zu danken begann.

„Liebe Ebba", sagte Anna, „wir werden nicht bei dir bleiben. Du hast das deine, wir das unsere. Uns wurde für die Nacht bereits ein Zimmer reserviert, und nun hast du uns zum Essen eingeladen und uns einen richtigen Weihnachtsabend der guten alten Zeit beschert, als wir noch Geschäftsfreunde auf Söder waren. Jetzt aber musst du uns ziehen lassen, denn wir brauchen Ruhe. Wir haben heute einen weiten Weg zurückgelegt."

Da aber stürzten die Tränen erneut aus Frau Vangs Augen. Und schluchzend bekannte sie, wie sie und ihr Gatte das ganze Leben lang im Gedenken an das durch ihre rücksichtslose Erwerbsgier an Anna und deren Mann begangene Unrecht gelitten hatten, das als ungesühnte Schuld an ihnen fraß. Und jetzt bat Ebba mit echter, rührend wirkender Demut ihre einstigen Freunde um Verzeihung für ihre eigene und ihres verstobenen Gatten Hartherzigkeit.

Anna und ihr Mann hörten Ebbas Geständnis schweigend an. Ein kurzes Beben überlief die Gestalt des alten Hausierers. Seine kranke Brust hob sich in einem Seufzer, und sein Blick, mit dem er sich in dem gemütlichen Zimmer umsah, verriet ein sekundenlanges wehmütiges Bedauern. Aber er sagte nichts.

Anna hingegen griff nach Ebbas Hand. „Wenn es etwas zu verzeihen gibt", sagte sie, „so wisse, dass ich und mein Mann längst verziehen haben. Geschäft ist Geschäft, wer weiß, wie wir an eurer Stelle gehandelt hätten? Aber glaube ja nicht, Ebba, dass wir noch die geringste Bitterkeit empfinden. Woher hätten wir die Kraft genommen, neben allen den anderen Lasten auch noch die schwere Bürde der Verbitterung zu tragen? Wir haben gelernt, uns mit unserm Schicksal abzufinden. Das Vagabundieren gefällt uns. Vielleicht liegt es uns beiden im Blute. Ehrlich verdienen wir unsern Unterhalt und Gott hat uns noch immer unser täglich Brot gegeben. Wir tun niemandem etwas zu Leide, und wenn wir einmal nicht mehr weiter können, wartet ein Plätzchen in einem Altersheim in Stockholm auf uns. Dort werden wir das Zimmer teilen, solange wir beide noch auf Erden sind."

„Aber kann ich denn ... kann ich gar nichts für euch tun ... um wieder gutzumachen ..." Frau Vang faltete bittend die Hände.

„Doch", sagte Anna, „du kannst mir die Spitzen abkaufen. Aber du darfst mir nicht mehr als fünf Kronen dafür geben, denn mehr brauchen wir für die Medizin meines Mannes nicht. Und jetzt ist ja Weihnachten."

Frau Vang stand in ihrem Schlafzimmer. Sie hatte das Licht gelöscht und die Gardine hochgezogen. In der stillen Weihnachtsnacht sah sie einen alten Mann einen Karren ziehen und eine alte Frau mit herabgezogenem Kopftuch hinten nachschieben.

War es Einbildung oder hatte sie eine Vision? Es schien ihr, zuoberst auf dem Karren säße eine lichte Gestalt, vielleicht die eines kleinen Kindes. Oder stammte das Licht aus ihrem eigenen Herzen?

Axel Hambraeus

Die gute Nacht

Der Tag, vor dem der große Christ
Zur Welt geboren worden ist
War hart und wüst und ohne Vernunft.
Seine Eltern, ohne Unterkunft
Fürchteten sich vor seiner Geburt
Die gegen Abend erwartet wurd.
Denn seine Geburt fiel in die kalte Zeit.
Aber sie verlief zur Zufriedenheit.
Der Stall, den sie doch noch gefunden hatten
War warm und mit Moos zwischen seinen Latten
Und mit Kreide war auf die Tür gemalt
Daß der Stall bewohnt war und bezahlt.
So wurde es doch noch eine gute Nacht
Auch das Heu war wärmer, als sie gedacht.
Ochs und Esel waren dabei
Damit alles in der Ordnung sei.
Eine Krippe gab einen kleinen Tisch
Und der Hausknecht brachte ihnen heimlich einen Fisch.
(Denn es mußte bei der Geburt des großen Christ
Alles heimlich gehen und mit List.)
Doch der Fisch war ausgezeichnet und reichte durchaus
Und Maria lachte ihren Mann wegen seiner Besorgnis aus
Denn am Abend legte sich sogar der Wind
Und war nicht mehr so kalt, wie die Winde sonst sind.
Aber bei Nacht war er fast wie ein Föhn.
Und der Stall war warm und das Kind war sehr schön.
Und es fehlte schon fast gar nichts mehr
Da kamen auch noch die Dreikönig daher!
Maria und Joseph waren zufrieden sehr.
Sie legten sich sehr zufrieden zum Ruhn
Mehr konnte die Welt für den Christ nicht tun.

Bertolt Brecht

Die Dinkelsbacher Weihnacht

teffens Großeltern sind reich. Sie besitzen einen Supermarkt, fahren einen Mercedes und wohnen in einer Villa mit einem großen Garten. Bis zum vorigen Jahr haben sie im Winter immer eine Reise nach dem Süden gemacht. Drei Wochen lang sind sie in der Sonne spazieren gegangen. Der Supermarkt hat trotzdem funktioniert. Steffens Großvater hat ja genug Angestellte.

Aber im November des vergangenen Jahres hat der Großvater plötzlich gesagt: „In diesem Winter fahren wir nicht in den Süden. Wir haben ein Wochenendhaus bei Dinkelsbach gekauft. Dort werden wir Weihnachten und Neujahr verbringen." – „Nanu", sagt Steffens Vater überrascht. „Dinkelsbach – das ist doch das Dorf, wo wir gewohnt haben, nachdem unser Haus in Köln zerbombt worden war?"

„Ja", sagte die Großmutter. „Das Behelfsheim. Damals standen fünf nebeneinander. Aber jetzt ist nur noch dieses eine da. Genau das, in dem wir gewohnt haben. Ein alter Mann hat es bis jetzt als Gartenhaus verwendet. Ein Stückchen Garten gehört auch dazu."

„Ich glaube, ihr seid nicht recht gescheit!", rief der Vater. „Ihr könnt euch doch ein anderes Wochenendhaus leisten als so ein olles, vergammeltes Behelfsheim von vier mal fünf Metern!"

„Leisten schon ", meinte der Großvater. „Aber darum geht's uns nicht."

„Was ist ein Behelfsheim?", fragte Steffen.

Die Großmutter erklärte: „Im letzten Krieg wurden viele Familien obdachlos. Die Bomben hatten ihre Wohnungen zerstört. Die Obdachlosen wurden in die Dörfer geschickt. Über Dörfern fielen selten Bomben. Aber auch dort war kaum mehr Platz für die vielen Obdachlosen. Da ließen die Bürgermeister kleine Holzhäuser bauen, ohne Keller, Badezimmer, Zentralheizung, nur mit einem Klohäuschen daneben. Die Behelfsheime hatten nur einen oder zwei Räume. Aber die Leute, die hineinziehen durften, waren trotzdem froh, nun wieder ein Dach über dem Kopf zu haben. Es waren meistens Familien mit mehreren Kindern, die anderswo nicht unterkamen. Wir hatten ja auch drei Kinder und das vierte war unterwegs. Als wir einzogen, war ich mit den Kindern allein. Dein Großvater war an der Front, dein Vater erst zwei Jahre alt. Fünf Jahre haben wir darin gewohnt. Dort hat uns auch der Großvater gefunden, als er aus der Gefangenschaft kam."

„Furchtbar war's dort", sagte der Vater und rümpfte die Nase. „Die Windeln hingen an einer Leine über dem Kanonenofen. Der hat geraucht, wenn der Wind aus einer bestimmten Richtung kam. Und bei Sturm und Regen mussten wir hinaus aufs Klo. Wozu habt ihr dieses Ding bloß gekauft? Wollt ihr's ausbauen?"

„Nein", antwortete der Großvater, „wir wollen es lassen, wie es ist. Es hat sich kaum verändert. Sogar der alte Kanonenofen steht noch drin. Auch die beiden Stockwerkbetten sind noch da. Die hat der bisherige Besitzer als Regale für seine Blumenzwiebeln und Samentüten und Gartengeräte verwendet. Wir haben Betten und Ofen gleich mitgekauft und einen alten Tisch und drei Stühle dazu, auch wenn es nicht die von damals sind. Ich bin schon dort gewesen und habe Brennholz und das nötige Geschirr besorgt."

„Und in dieser elenden Bude wollt ihr Weihnachten feiern?", rief nun Steffens Vater und fing an zu lachen. „Das könnt ihr euch doch nicht antun. Ich wette, spätestens in drei Tagen seid ihr wieder da."

„Wir werden sehen", sagte die Großmutter. „Jedenfalls freu ich mich schon darauf."

„Großvater", rief Steffen, „darf ich mit?"

Der Großvater sah die Großmutter an.

„Natürlich darf er", sagte die Großmutter. „Aber du weißt, was dich erwartet. Dort sind wir arm."

„Aber Steffen", sagte die Mutter vorwurfsvoll, „wolltest du nicht mit uns ins Skihotel nach Garmisch fahren? Dort hast du alle Bequemlichkeiten und ein eigenes Zimmer und die Hotelleitung bietet ein Extraprogramm für Kinder an –"

„Nein, nein", rief Steffen, „ich will zu den Großeltern. Bitte!"

„Er wird sich erkälten", sagte die Mutter. „Der Fußboden wird kalt sein, durch die Bretterwände wird es ziehen –"

„Nun ja, es schadet ihm nichts, wenn er ein bisschen abgehärtet wird", meinte der Vater. „Und bedenke, meine Liebe, wie er auf dem letzten Skiurlaub herumgequengelt hat: Dies war ihm nicht recht und das hat ihm nicht gepasst und dauernd sollten wir uns mit ihm abgeben. Wenn ihr sein Gequengel diesmal auf euch nehmen wollt – mir soll's recht sein. Die Geschenke kann er ja vorher kriegen."

„Aber dann muss er wenigstens genug warme Sachen mitnehmen", sagte die Mutter.

Sie fuhren mit der Bahn. Steffen war noch nie mit der Bahn gefahren, so lange er sich erinnern konnte. Er fand die Reise herrlich. Am Dorfrand stand das alte Behelfsheim. Schon von weitem entdeckte Steffen das Klohäuschen. Der Großvater schleppte zwei Koffer, die Großmutter die beiden Reisetaschen. Steffen trug einen Rucksack. Sie keuchten alle drei, als sie endlich vor der Tür standen: nicht nur vom Gepäck, sondern auch vom Waten durch den hohen Schnee. Vom Dach hingen Eiszapfen herab. Die Tür war zugefroren. Der Großvater musste mit klammen Fingern erst eine Weile werkeln, bis sie sich öffnen ließ.

„Tretet ein in die Elendszeiten", sagte er.

Ein paar Stunden später hatten sie sich in den zwei winzigen Räumen eingerichtet: Der Kanonenofen glühte und rauchte ein bisschen. Eine Wasserkanne stand darauf. Durch die Küche hatte die Großmutter eine Leine gespannt. Über der hingen Steffens und Großvaters Hosen und Socken, die im tiefen Schnee nass geworden waren. Drei Paar Schuhe standen um den Ofen herum und rochen nach Leder und Schweiß. Im Ofen knallte das Holz. Es war halbdunkel im Raum. Über dem Tisch hing eine Birne an einem Draht herunter, mit einem fliegenbekleckerten, selbst gebastelten Lampenschirm. In der Ecke stand ein Spülstein, der nichts als eine Zementwanne unter einem Wasserhahn war. Dort wusch die Großmutter Kartoffeln. Sie tat sie in einen Topf, füllte ihn halb mit Wasser, nahm die Kanne vom Ofen und stellte den Kartoffeltopf darauf.

„Heute Abend gibt es Kartoffeln, Butter und Quark", sagte sie. „Aber nur ganz wenig Butter. Quark macht stark."

„Diesen Spülstein habe ich hier eingebaut, als ich aus der Gefangenschaft kam", erzählte der Großvater. „Vorher musste die Großmutter das Wasser draußen am Wasserhahn holen. Es gab nur einen einzigen Wasserhahn für alle fünf Häuser."

Er faltete Zeitungen und schnitt sie mit dem Messer in kleine Stücke.

„Unser Klopapier", erklärte er. „Am Anfang wird's dich hart ankommen, aber du wirst dich schnell daran gewöhnen. Wer zuerst hinaus muss, nimmt's mit."

Vor lauter Neugier musste Steffen zuerst hinaus. Draußen war es schon dunkel und bitterkalt und es stürmte. Er hielt das Papier fest umklammert. Er musste durch hohen Schnee stapfen. Der Sturm fuhr ihm unter die offene Jacke. Der Riegel ließ sich nur mühsam zurückschieben. Im Klo war es stockfinster. Durch eine Ritze war Schnee auf das Sitzbrett geweht. Steffen merkte es nicht und setzte sich hinein. Und dann dieses Papier! Es war so hart, so glatt.

„Na", sagte der Großvater, als Steffen voll Schnee und zähneklappernd zurückkehrte. „Nicht sehr gemütlich, was?"

„Hier hast du einen Pfefferminztee", sagte die Großmutter. „Dafür müssen wir etwas länger auf das Abendessen warten. Auf dem Ofen hat immer nur ein Topf Platz."

Wie gut der Tee tat! Und dann deckte die Großmutter nichts als Teller, Gabeln und Küchenmesser auf. Mitten auf den Tisch stellte sie die dampfenden Pellkartoffeln.

„Die musst du dir selber schälen", sagte der Großvater.

Steffen hatte noch nie Kartoffeln geschält. Anfangs ging das Schälen ziemlich langsam, wo er doch so einen Hunger hatte. Jede Kartoffel war viel schneller aufgegessen als geschält. Steffen musste sich sein Essen regelrecht erarbeiten. Aber es schmeckte köstlich. Vor allem der Zwiebelquark.

„Die Zwiebeln und Kartoffeln haben wir damals selber im Garten angebaut", sagte die Großmutter. „Weil das, was es auf Marken gab, längst nicht ausreichte, um satt zu werden."

„Ja, von den Lebensmittelmarken hab ich schon gehört", sagte Steffen.

„So ein winziges Stückchen Butter bekam jeder pro Tag zugeteilt", sagte der Großvater und zeigte auf seine Daumenspitze.

Nach dem Essen wusch die Großmutter die Teller, Messer und Gabeln im Spülstein. Aber dazu musste sie sich erst Wasser auf dem Ofen heiß machen. Steffen trocknete ab. Das nasse Tuch hängte er über die Leine. Der Großvater war inzwischen hinausgegangen. Durch den Türspalt war Schnee hereingewirbelt. Mit Ästchen, Spänen und Rinde kam er wieder herein. Von der Großmutter ließ er sich zwei Küchenmesser geben.

„Ich habe Füße wie Eis", sagte die Großmutter. Ich muss mir einen Muckefuck kochen."

Steffen musste lachen. „Muckefuck?"

Er erfuhr, dass das ein Ersatzkaffee aus den Kriegszeiten war, aus Getreidemalz gemacht. Aber das, was die Großmutter sich da zubereitete, roch so wie Caro, der Kinderkaffee, den er von Axels Geburtstagsfeier her kannte und der ihm gut geschmeckt hatte.

„Stimmt", sagte sie. „Das ist Caro. Das schmeckt dem Muckefuck noch am ähnlichsten. Muckefuck gibt es nirgends mehr zu kaufen."

„Wenn du hier spielen willst, Steffen", sagte der Großvater, „müssen wir das Spielzeug selber machen."

Sie schnitzten, während die Großmutter strickte und Kaffee trank, aus Rinde und Spänen wunderschöne Boote mit Segeln aus Zeitungspapier und ließen sie im Spülstein schwimmen. Das Abflussrohr verstopfte der Großvater mit einem alten Lappen. Steffen lernte eine Menge über Boote und Schnitzkniffe.

„Morgen gehen wir in den Wald", sagte der Großvater zu ihm, „und suchen uns Holz für einen Quirl."
„Was ist ein Quirl?", fragte Steffen.
„Ein Mixer für Arme", sagte der Großvater.
Vor dem Schlafengehen wuschen sich alle drei ihre Füße in einer Blechschüssel und der Großvater zog sich Pullover und Hemd aus und wusch sich am Spülstein.
„Komm du nur auch her", sagte er zu Steffen. „Sauber halten kann man sich trotzdem."
Als Steffen dann im oberen Stockwerkbett lag, hörte er den Großvater unter sich atmen. Die Großmutter werkelte noch in der Küche herum. Durch die türlose Öffnung zwischen beiden Räumen fiel fahler Lichtschein auf Steffens Bett. Der Ofen bullerte. Steffen konnte den flackernden Feuerschein sehen. Es war schön warm. Was machte es da schon aus, dass der Sturm am Dach rüttelte? Steffen fühlte sich wohl. Er dachte nicht an zu Hause.

Dass die Matratze viel härter als daheim war, merkte er erst am nächsten Morgen. Er fühlte sich wie zerschlagen. Auch den Großvater hörte er stöhnen. Aber als er an den Quirl dachte, vergaß er seine Steifheit und kletterte unter der warmen Decke hervor. Er fing an zu schlottern. Der Raum war eiskalt. Der Ofen war längst ausgegangen. Und schon kniete der Großvater vor der Ofentür und baute kunstvoll Papier, Späne und Holz übereinander.

„Schau her, wie man's macht", sagte er zu Steffen. „Morgen bist du dran mit dem Feuermachen und Auflegen."

Dann kochte die Großmutter Caro. Der duftete durch den ganzen Raum.

Zu Weihnachten holten sie sich selber ein Tannenbäumchen aus dem Wald – mit Erlaubnis des Försters. Es war nur ganz klein. Sie hatten ja nicht viel Platz in dem Häuschen. Sie schmückten es mit Selbstgebasteltem und ein paar weißen Kerzen.

„Süßes gibt es nicht", sagte der Großvater. „Das hatten wir damals auch nicht."

„Das stimmt nicht", sagte die Großmutter. „Ich hab's immer

geschafft, zu Weihnachten wenigstens ein bisschen was Süßes für die Kinder zu haben."

„Plätzchen backen konntest du hier jedenfalls nicht."

„Nein. Die gibt es auch diesmal nicht. Aber Marzipankartoffeln, mit Mandelaroma zubereitet. Solches Aroma konnte man damals noch bekommen." So drehten Großmutter und Steffen Marzipankartoffeln aus Grieß, Zucker, Butter und Mandelaroma.

Am Heiligen Abend beschenkten sie sich: Die Großmutter schenkte dem Großvater ein paar selbst gestrickte Pulswärmer und dem Steffen einen gehäkelten Teddybär. „Den gibt's nur einmal auf der Welt", sagte sie.

Der Großvater schenkte der Großmutter ein selbst gebasteltes Wandbrett und dem Steffen ein Vogelhäuschen. Steffen schenkte dem Großvater einen großen Quirl und der Großmutter einen kleinen Quirl.

„Du kannst deinen ja der Großmutter borgen, wenn sie einen großen braucht", sagte er zum Großvater.

Aber das Allerschönste von allem hatten sie zusammen gebastelt: eine Weihnachtskrippe aus Holz mitten in einem Wald aus Zweigen und Moos. Maria und Josef waren Fichtenzapfen mit Eichelköpfen, die Hirten waren Kiefernzapfen, die Schafe Lärchenzapfen mit Wollflocken umwickelt, die Steffen von den Koppeldrähten gezupft hatte. Das Jesuskind war eine Haselnuss und lag in einer richtigen Futterkrippe aus Spänen. Die Großmutter hatte Maria und Josef und die Hirten in bunte Stoffreste eingenäht, die sie in der Tischschublade gefunden hatte, und an der Haselnuss klebte eine winzige Windel.

„So was Schönes hab ich noch nie gebastelt", sagte Steffen überwältigt, kauerte sich vor die Krippe und bewunderte sie, während Großvater und Großmutter aus ihrem Leben erzählten. Alle drei knabberten an ihren Marzipankartoffeln. Jeder hatte nur sechs bekommen, aber der Großvater brauchte lange für seine erste und gab dann die übrigen fünf dem Steffen, der das sehr nett von ihm fand. Von der Großmutter bekam er auch drei Kugeln.

Als Steffen sich wunderte, weil keiner mehr erzählte, und sich umdrehte, sah er, dass sich Großvater und Großmutter aneinandergelehnt hatten und sich an den Händen hielten.

Um neun Uhr abends kam ein Telegrammbote. Er brachte ein Telegramm, das aus den Bergen kam. FROHE WEIHNACHT! MUTTI UND VATI stand darauf. Kopfschüttelnd stapfte der Bote wieder davon.

Am ersten Weihnachtsfeiertag bekam Steffen Fieber. Er hatte sich erkältet. „Vielleicht haben wir dir zu viel zugemutet", meinte der Großvater besorgt. „Du bist so ein Leben nicht gewöhnt."

„Aber ich geb mir ja alle Mühe, mich dran zu gewöhnen", rief Steffen mit glühendem Gesicht. „Sag bloß nicht, wir müssen jetzt nach Hause."

Die Großmutter heizte, bis der Ofen glühte. Sie häufte alle Decken auf Steffen und ließ ihn schwitzen. Hinterher stellte sie ihn in die Schüssel, wusch ihn ab und rubbelte ihn trocken. Am nächsten Tag war das Fieber weg.

Am letzten Ferientag brachten die Großeltern Steffen zu seinen Eltern zurück. Der schenkte seiner Mutter auch einen Quirl und seinem Vater ein Boot aus Rinde.

„Damit du in der Badewanne was zu spielen hast, Vati", erklärte er.

„Na?", fragte der Vater die Großeltern. „Ich schätze, ihr habt die Nase voll von dem Elendsleben."

„Wir waren gern dort", antwortete der Großvater, „auch wenn ich mir einen scheußlichen Schnupfen geholt habe und die Großmutter einen Hexenschuss. Es war eine unvergessliche Weihnacht."

„Das klingt ja fast, als wünschtet ihr euch so ein Elendsleben und den Krieg zurück", sagte die Mutter.

„Nein", sagte die Großmutter, „nicht den Krieg und nicht das Elend. Der Krieg hat mich viele schlaflose Nächte aus Angst um den Großvater und meine Brüder an der Front und die Kinder in den Bombennächten gekostet. Er hat uns um unser Haus und unseren Laden gebracht. Es hat uns unsägliche Mühe gekostet, hinterher wieder zu einem eigenen Heim zu kommen. Ein Krieg entsteht schnell, ganz plötzlich, ehe man sich's versieht – und dann ist das Elend wieder da. Wir fahren nach Dinkelsbach, damit uns all die Ruhe und die Bequemlichkeiten und die Sicherheit, die uns der Frieden gibt, nicht selbstverständlich werden. Die Dinkelsbacher Weihnacht macht uns dankbar."

„Und nächstes Jahr fahr ich wieder mit nach Dinkelsbach!", rief Steffen.

Gudrun Pausewang

Wolfgang aus dem Heim

„Wo ist denn Wolfgang?" Den Kameraden im Fürsorgeheim fiel Wolfgangs leerer Platz am Esstisch sofort auf.

„Vielleicht abgeholt", meinte Norbert.

„Der doch nicht!", sagte Berni. „Der hat doch niemand. Der bleibt Weihnachten immer im Heim."

Die Kinder wussten, dass Wolfgang nie Besuch bekam, dass keiner sich um ihn kümmerte. Wieso war er dann weg?

Vielleicht hatte das etwas mit dem Brief zu tun. Vorige Woche war ein Brief für Wolfgang gekommen. Das hatten alle bemerkt, denn es kam selten Post ins Heim.

„Wer hat dir denn geschrieben?", hatte Hannes gefragt, und Wolfgang hatte geantwortet: „Mein Vater."

Dass Wolfgang noch einen Vater hatte, wusste bisher keines der Kinder. Wolfgang hatte nie von ihm gesprochen. Er wollte nicht sagen, dass sein Vater im Gefängnis saß. Er schämte sich, einen solchen Vater zu haben.

Nun hatte er ihm geschrieben. Ein paar Tage vor Weihnachten. „Ich bin entlassen", hatte er geschrieben. „Jetzt versuche ich neu anzufangen. Hier schicke ich dir zu Weihnachten zehn Mark. Kauf dir was dafür."

Wolfgang hatte den Brief immer und immer wieder gelesen. Aus dem Absender konnte er entnehmen, dass der Vater in einer nicht weit entfernten kleineren Stadt wohnte. Aber er hatte nicht geschrieben, dass er Wolfgang besuchen wollte. Mit dem Zehnmarkschein war Wolfgang dreimal in der Stadt gewesen und hatte Schaufenster betrachtet. Jedes Mal war er ins Heim zurückgegangen, ohne etwas zu kaufen.

Am Weihnachtstag aber, als alle im Heim mit Schmücken und Vorbereiten beschäftigt waren, fasste Wolfgang einen Entschluss: Er wollte zu seinem Vater fahren.

Er dachte nicht an die Folgen, er überlegte nicht, dass man ihn im Heim suchen würde. – Wolfgangs Mutter war schon lange tot, aber er hatte einen Vater, zu dem wollte er. Das war alles.

Am Bahnhof kaufte er von seinen zehn Mark eine Fahrkarte und suchte sich auf dem Abfahrtsplan den nächsten Zug heraus.

Eine Stunde fuhr er in einem leeren Abteil durch den grauen Wintertag.

Dann, in der fremden Kleinstadt, fragte er sich nach der Adresse durch, die auf dem Briefumschlag stand – Falkenstraße 8 bei Schmalik.

Vor der Wohnungstür zögerte Wolfgang zum ersten Mal. Er hatte seinen Vater seit vier Jahren nicht gesehen. Damals war er sieben gewesen. Jetzt wohnte der Vater in einem fremden Haus bei fremden Leuten.

Wolfgang stand im Treppenhaus und lauschte in die Wohnung hinein. Lange Zeit stand er da und konnte sich nicht entschließen zu läuten.

Ich warte bis einer rauskommt, dachte er.

Von den Stimmen, die von Zeit zu Zeit aus der Wohnung drangen, kam ihm keine bekannt vor. Vielleicht war der Vater nicht zu Hause. Und was hatte er überhaupt für eine Stimme? Wolfgang erinnerte sich nicht mehr genau daran.

Eine junge Frau stieg die Treppe hinauf, ging an ihm vorbei einen Stock höher. Dann kamen noch andere Leute mit Einkaufstaschen und Paketen.

Wolfgang setzte sich auf eine Treppenstufe. Wie spät es war, wusste er nicht.

Als der Vater schließlich die Treppe heraufkam, war es schon dämmrig.

Wolfgang stand auf, wusste nicht sicher, ob er es war, fragte: „Sind Sie ... bist du ...?"

„Wolfgang!", sagte sein Vater. „Wolfgang – du bist hier?"

Wolfgang nickte nur. Und weil auch der Vater nicht redete, standen sie eine Weile stumm voreinander, unschlüssig, was jetzt geschehen sollte.

Der Vater sah müde und bedrückt aus. In seinem Gesicht war ein nervöses Zucken.

Er freut sich nicht, dachte Wolfgang. Es ist ihm nicht recht, dass ich hier bin.

„Komm!", sagte der Vater endlich. Er schloss die Wohnung auf und schob Wolfgang durch den leeren Flur in sein Zimmer.

Und dann begann er zu reden. Er redete lange und im Grund immer dasselbe: „Aber Wolfgang", sagte er, „das geht doch nicht. Du darfst nicht ausreißen. Das kannst du doch nicht machen. Wo ich jetzt endlich in Freiheit bin, muss doch alles klargehen. Da darfst du keine Dummheiten machen. Sei vernünftig! Du hast es gut im Heim. Besser als bei mir. Ich hab ja nicht mal ein Bett für dich. Ich muss erst selbst wieder Boden unter den Füßen haben. Versteh das doch!"

Wolfgang schaute seinen Vater nicht an. Alles, was er verstand, war: Er kann mich nicht gebrauchen, er will mich wieder abschieben.

Jetzt sagte der Vater: „Die haben bestimmt schon die Polizei alarmiert. Sie vermissen dich doch längst. Wann bist du denn abgehauen?"

„So um zwölf ungefähr", antwortete Wolfgang.

Der Vater sah nach der Uhr. In seinem Gesicht zuckte es wieder.

„Die schicken mir die Polizei auf den Hals", sagte er. „Was machen wir denn nur?"

„Wenn du willst, fahre ich gleich wieder weg", sagte Wolfgang. Er hielt den Kopf gesenkt. Trotzdem spürte er, dass sein Vater ihn zum ersten Mal richtig und lange anschaute.

Und dann sagte der Vater: „So pressiert's ja auch wieder nicht. Ich laufe jetzt runter ins Telefonhäuschen und gebe im Heim Bescheid. Dann sehen wir weiter. Bleib solange hier."

Als er aus dem Haus trat und die Straße hinunterging, stand Wolfgang am Fenster und sah ihm nach.

Vielleicht, dachte er, vielleicht will er mich gar nicht abschieben. Er hat nur Angst vor der Polizei.

Nach zehn Minuten kam der Vater zurück. Er sah jetzt viel fröhlicher aus.

„Ich habe mit dem Heimleiter gesprochen", berichtete er. „Eigentlich war er sehr nett. Er hätte sich schon so was gedacht, hat er gesagt. Und es wäre ja recht so. Heute Abend um zehn musst du natürlich zurück sein; dann ist alles in Ordnung, hat er gesagt."

Der Vater legte Teller und Messer auf den Tisch und packte das Abendessen aus der Einkaufstüte aus.

„Jetzt essen wir erst mal zusammen", erklärte er. „Hungrig brauchst du nicht abzufahren."

Es gab weißen Presssack und schwarzen Presssack und eine Rolle Mainzer Käse. Dazu trank der Vater Bier und Wolfgang durfte auch mal einen Schluck mittrinken.

„Im Heim gibt's heute sicher was Besseres", sagte der Vater.

„Presssack und Bier mag ich am liebsten", sagte Wolfgang.

„Wenn ich gewusst hätte, dass du kommst", sagte der Vater, „hätte ich was gekocht. – Früher hab ich immer für uns zwei gekocht."

„Weiß ich."

„Weißt du auch noch", fragte der Vater, „wie ich mal ein Huhn zu Weihnachten gebraten habe, und das ist kohlschwarz verbrannt, weil wir mittlerweile mit der Eisenbahn gespielt haben?"
Wolfgang nickte. „Ich war der Lokführer."
„Und ich der Weichensteller", sagte der Vater.
„Du hast mir gezeigt, wie man die elektrischen Anschlüsse macht."
„Und alle Eisenbahn-Fachausdrücke musste ich dir beibringen."
„Tenderlok!", rief Wolfgang.
„Verschiebelok!", gab der Vater zurück.
„Steuerwagen!"
„Signalbrücke!"
„Pufferbohle!"
„Feuerbuchse!"
„Druckluftbremszylinder!"
„Doppeltraktion!"
Dann lachten alle beide, und Wolfgang freute sich, dass der Vater lachte. – „Es ist schön bei dir", sagte er.
„Schön?", wiederholte der Vater. „Ich habe ja nicht mal einen Weihnachtsbaum."
Aber Wolfgang erklärte: „Das macht nichts. Darauf kommt's nicht an. – Sag noch mal Feuerbuchse! Druckluftbremszylinder! Doppeltraktion!" Und sie begannen ihr altes Eisenbahnspiel von vorn. Wolfgang war jetzt richtig zufrieden: Da saß sein Vater, der gehörte ihm ganz allein, den brauchte er mit keinem zu teilen. Nicht wie im Heim, wo jeder Hausvater für zehn Buben da war. Später, als sie zusammen am Bahnhof standen, sagte Wolfgang: „Ich will jetzt immer kommen. In allen Ferien."
Und der Vater antwortete: „Geht in Ordnung! Ich bring dich schon unter. Das schaffen wir leicht. Fürs Erste kaufen wir ein Klappbett für dich. Und dann ... du wirst schon sehn! Ich bin ja jetzt wieder da."

Tilde Michels

Mister Larrybees Leuchtturm

er Tag versuchte sich an der Klippe festzuhalten. Alle verbliebene Helle sammelte sich im Gischt der Brandung. Dann trieb eine Welle das letzte Weiß gegen den Strand, wo die starke Nacht schon auf der Lauer lag, es zu verschlucken. Es gelang ihr nicht ganz; die Scheinwerfer eines Motorbootes schnitten Streifen aus der Dunkelheit.

Das Boot drängte sich gegen die Klippe, aus der schlank der Leuchtturm von Skarvetange wuchs, der tote Leuchtturm.

Ein Matrose setzte mit behänder Flanke über die Reling, zog das Drahtseil durch einen Stahlring. Ein zweiter schob von Bord eine schmale Gangway auf die Klippe. „Bitte, Mister Larrybee!" sagte er.

Der rundliche Mann in dem groß karierten Mantel knurrte nur: „Die Koffer."

„Geht in Ordnung!", sagte der Matrose. „Zwei sind schon oben. Der dritte wird von Tim hinaufgebracht."

„Na ja!", sagte Mister Larrybee und legte einen Schein in die Hand des Matrosen.

„Danke!", sagte der Matrose und schob die Banknote in die Tasche. Er hatte sie gar nicht erst angesehen. Sonderlinge geben reiche Trinkgelder. Vorsichtig trippelte der Großkarierte über den Laufsteg. Erst als er auf der Klippe stand, kam der zweite Matrose ebenfalls herüber, den weinroten Lederkoffer in der Hand.

„Hier, Tim!", sagte er zu seinem Kameraden.

„Darf ich vorangehen, Mister Larrybee?", fragte der Matrose Tim, ließ eine Stablampe aufgrellen und übernahm mit der freien Rechten den Koffer.

„Aber nein!", wehrte Mister Larrybee ab. Er war freundlich dabei. „Hier bin ich Hausherr. Und ich zeige Ihnen den Weg."

Der Großkarierte übernahm die Taschenlampe und ächzte sich die Stufen hinauf. Obgleich einige Plattformen zum Verschnaufen einluden, blieb Mister Larrybee nicht eher stehen, bis er die Stahltür mit der Aufschrift „Öllager" erreicht hatte. Der Matrose schlug die Riegel zurück. Der Strahl der Lampe tastete sich durch den Raum. Jetzt knipste Mister Larrybee den Leuchtstab aus. Er brauchte ihn nicht mehr.

Im Raum bullerte ein großer Kanonenofen. Tim hatte die obere Klappe geöffnet und so den kajütenartigen Raum mit einem wohligen Rot erhellt.

Fünf Minuten stand Mister Larrybee wie gebannt. Er ließ seine Blicke vom Klubsessel über den schafwollenen Teppich, vom Bücherregal auf die Konservendosen, von den Rumflaschen auf das Klappbett gleiten. „Wir haben den Ofen vor einer Stunde angemacht, als wir die beiden Koffer raufbrachten. Die anderen Dinge, der Teppich und so, sind schon seit zwei Wochen hier. Wie Sie es haben wollten. Alles nach der Skizze gestellt. Ist's so recht?"

„Ja", sagte Mister Larrybee.

„Und Sie wollen wirklich niemanden bei sich haben?"

„Nein!"

„Alles selbst machen, kochen und ...?"

„Ja!"

„Na, dann ...!", stotterte der Matrose, „dann holen wir Sie am Tag nach Neujahr wieder ab, wie Sie angeordnet haben!"

„Gut!", sagte Mister Larrybee.

Der Matrose Tim wollte noch etwas sagen, aber er schluckte es hinunter, zuckte mit den Schultern und sagte, so laut er es vermochte – und er vermochte es sehr laut –: „Fröhliche Weihnachten!"

„Ja, fröhliche Weihnachten", sagte Mister Larrybee trocken.

Rückwärts ging der Matrose aus dem Raum. Erst draußen wagte er es, mit dem Kopf zu schütteln.

Mister Larrybee stand noch so lange unbeweglich, bis das Motorboottuckern nicht mehr zu ihm heraufdrang. Dann ließ er sich schwer in den Klubsessel vor dem wütenden Kanonenofen fallen, öffnete den Kragen und sagte mit behaglichem Stöhnen: „Endlich!"

Licht macht die Finsternis hell – vom Kind in der Krippe

Wenn man es recht betrachtet, hatte Mister Larrybee sich den Leuchtturm bei Skarvetange nur wegen der fünfhundert Weihnachtskarten gekauft. Dabei muss man wissen, dass dieses halbe Tausend Grußkarten bereits aus dem sechsfachen Wust von drei Sekretärinnen ausgesiebt war. In diesem Berg, den Mister Larrybee nicht zu Gesicht bekam, verblieb alles Gedruckte, und war es auch mit Goldbuchstaben auf handgeschöpftes Büttenpapier gepresst.

Dennoch: Mit unheimlicher Beständigkeit blieben allweihnachtlich etwa fünfhundert Karten, Briefe und Bilderbücher übrig, die handgeschrieben waren. Die Universität Bosten, Massachusetts, entbot beispielsweise ihrem hochherzigen Stifter zum diesjährigen Weihnachtsfest die untertänigsten Wünsche. Zu Papier gebracht vom Dekan, Prof. Grandteeth, Ph. D., M.S.L. Oder aus dem großen Kreis der Neffen und Nichten kamen Briefe wie dieser: „Hallo, Onkel, altes Huhn! Ich wünschte dir zwanzig Pfund Gewichtsabnahme zum Fest und mir einen Scheck von mindestens vierhundert Eiern (bin in Druck!). Dein dich liebender Neffe Charly!" – Oder – in parfümiertem Umschlag –: „Deine alte Jugendliebe Olga in Shentenham denkt immer an dich! Mit gleicher Post ein gehäkeltes Stuhlkissen!"

Die Sekretärinnen konnten nicht umhin, derartige Grüße, Wünsche und Bitten für Mister Timothee Larrybee zu bündeln und sie ihm am Morgen und Mittag des Vorweihnachtstages auszuhändigen: sieben dicke Ledermappen voller Egozentrik, mit Bumeranggrüßen – so nannte sie Timothee Larrybee –, die nicht viel anders hießen als: „Ich bin noch da!"

Außer der zeitlichen Last persönlicher Beantwortung – Namenszug unter Schecks zumeist – ärgerte den Herrn der „Brackley-Rubber" vor allem die Zumutung des Kitsches: Engelchen in puddingsüßem Rosa, schnapsnäsige Weihnachtsmänner und Tannenbäume in Leuchtfarbe. Und als sich in diesem Jahr der erste Reklamespruch auf Weihnachten bezog – das geschah schon Anfang Oktober –, wusste Mister Larrybee mit einem Mal, dass er an diesem Fest der Welt den Rücken kehren würde. Nein, nicht etwa durch Selbstmord, sondern durch Flucht. Er hatte in einem Prospekt der Cunningham-Immobilien gelesen, dass zwei Leuchttürme an der Nordküste im September außer Dienst gestellt würden und zum Verkauf freistünden. Feuerschiffe und Radargeräte hatten die alten Steinriesen für die Seefahrt überflüssig gemacht.

Ein Anruf Mister Larrybees bei den Maklern genügte, um sich den einsamsten Turm bei Skarvetange in Erbpacht zu sichern. Mister Larrybee war sogar bereit, sein Angebot beträchtlich zu erhöhen, als ihm mitgeteilt wurde, dass er in Konkurrenz mit einem Hotelier stand. Zwei Tage später lag in Larrybees Safe die Pachturkunde.

Alles andere war rasch erledigt. Im Oktober ließ sich Mister Larrybee nach Skarvetange bringen, das Öllager ausräumen und nach seiner Skizze wohnlich machen. So wenig wie möglich sollte moderne Maschinerie in den toten Leuchtturm Einzug halten: keine Zentralheizung, kein Radio, kein Telefon. Mister Larrybee wollte zu Weihnachten allein sein. Er wollte zu sich selbst kommen.

Die beiden letzten Abwicklungsgeschäfte erledigte er vor fünf Tagen. Es gingen einige tausend Karten in Druck: „Bedaure sehr, nicht persönlich auf Ihre Grüße eingehen zu können. Bin erst Anfang nächsten Jahres wieder im Lande. Wichtige Punkte Ihres Briefes hoffe ich im Laufe der nächsten Monate erledigen zu können. Gezeichnet: Timothee Larrybee, Brackley-Rubber!"

Und dann packte er eine Blockflöte in den Koffer und einen Packen Noten. Außerdem eine Reihe von Büchern, die er schon seit Jahrzehnten lesen wollte. Hinzu kamen zwei Kisten jener Zigarren, die der Arzt ihm verboten hatte, weil sie zu schwer, schwarz und nass waren.

Von einer dieser Zigarren entfernte Mister Larrybee jetzt die Zellophanhülle, setzte den Abschneider an das Mundstück und drückte zu. Er hielt einen Fidibus ins Ofenfeuer und zündete die Brasil sehr langsam an.

Als herber, kräftiger Duft im Raum steht, füllt Mister Larrybee Kohlen nach und stellt den Aluminiumtopf auf die glühende Platte des Kanonenofens.

„Was ist das nun, Weihnachten?", fragt sich Mister Larrybee laut.

„Vielleicht war es durch die Karten, die ich zu schreiben hatte, in den letzten Jahren verschüttet worden." Und er denkt, weil er sich schämt, es laut zu sagen: Vielleicht kommt etwas von jenem Weihnachten bei uns zurück, wenn ich auf meiner alten Blockflöte spiele?

Mister Larrybee legt die Zigarre behutsam auf einen Kohlebrocken und lässt die Schlösser des Koffers neben dem Stapel Konservendosen aufschnappen. Dann rückt er mit der braunen Flöte wieder vor das Feuer.

Als das alte Lied unter seinem Mund und den Fingern ersteht, überall hinklettert – in die Taschen des großkarierten Mantels an der Wand, in das Feuer und in des Mannes Herz –, setzt Mister Larrybee die Flöte ab. Er spürt, dass jetzt keine Freude bei ihm ist, sondern Wehmut. Das kann doch nicht Weihnachten sein! denkt Mister Larrybee, nimmt die Zigarre, deren weiße Asche mehr geworden ist, von der Kohle herunter und legt stattdessen die Flöte dort hinauf. Seine Hand tastet sich zu einer der Rumflaschen, als ihn ein Ruf zurückfahren lässt: „Old Bernhard, frohe, gnadenreiche Weihnacht!"

Mehrere Männer müssen es von draußen gerufen haben, im Chor. Old Bernhard? So heiße ich doch gar nicht, fällt es Mister Larrybee erst jetzt ein. Ob die Matrosen zurückgekehrt sind und sich einen Spaß mit ihm machen wollen? Da soll doch der ...

„Old Bernhard, gesegnetes Fest, du bis de Best!"

Mister Larrybee nimmt die Taschenlampe und eilt die Treppen hinunter, so schnell, dass ihm von den ständigen Drehungen ein wenig schwindelt. Aber die sternklare Nacht, in deren Mitte er mit einem Mal steht, bringt wieder Schärfe und Wachheit in sein Hirn. Timothee Larrybee sieht: drei Männer in dicken Mänteln. Zwei ziehen soeben ein Ruderboot auf die Klippe. Der dritte leuchtet ihnen mit einer Sturmlaterne. Jetzt kommen alle drei auf Mister Larrybee zu.

„Na, old Bernhard!", lacht der mit der Laterne. „Ist noch frischer heut Nacht als im vorigen Jahr. Aber wir haben das Buch und du hast den Grog, alte Haut! Das wird uns – – hallo, ist gar nicht old Bernhard!"

Verblüffung, ja Enttäuschung steht kalt zwischen den Männern, den dreien am Boot und dem einen vor dem Leuchtturm.

„Ist was passiert?", fragt jetzt einer, der ein Paket unter den Arm geklemmt trägt. „Wir wunderten uns schon, dass das Leuchtfeuer nicht brannte. Aber da das Öl knapp ist, dachten wir, das sei die Ursache. Ist etwas mit – mit – old Bernhard?"

„Ich weiß nicht!", sagte Mister Larrybee. „Der Turm ist auf den Seekarten gelöscht. Ich habe ihn gepachtet."

„Dann ist old Bernhard in Hursdulb, bei seinem Sohn!", sagt der Mann mit der Laterne, und alle drei atmen auf, nein, alle vier, denn auch Mister Larrybee war erschrocken. „Wir gehen wieder", sagt der Mann mit dem Paket und dreht sich zum Boot.

„Ich lade Sie ein, zu – zu einem Grog!", sagt Mister Larrybee schnell.

„Old Bernhard hätte Ihnen gewiss auch einen gegeben, nicht wahr?"

„Tja, das hat er getan. Jedes Jahr. Aber ob Sie – –?"

„Larrybee heiße ich. Timothee Larrybee! Bitte seien Sie meine Gäste!"

„Jack!", stellt sich der mit der Laterne vor. „Zachary", sagt der mit dem Paket. „Bill", der dritte.

Die Gäste sind nicht sehr überrascht, als Timothee Larrybee sie in die neu eingerichtete Ölkammer führt.

„Büschen verändert!", sagt Zachary mit dem Paket, und die drei setzen sich auf den dicken Teppich. „Dann wollen wir mal!"

„Sofort!", sagt Timothee Larrybee und geht zum Ofen, auf dem sich der Topf leise regt.

Licht macht die Finsternis hell – vom Kind in der Krippe

„Meinte ich nicht!", ruft Zachary den Gastgeber zurück. „Kommt nachher! Erst das andere."

Gehorsam kommt Timothee Larrybee zurück und setzt sich ebenfalls auf den Teppich. Er sieht nun, dass es kein Paket ist unter dem Arm Zacharys, sondern ein Buch.

Jack stellt die Sturmlaterne neben das Buch. Zachary schlägt es an einer Stelle, die durch einen dicken, roten Wollfaden bezeichnet ist, langsam auf und liest: „In jenen Tagen erging ein Erlass des Kaisers Augustus, das ganze Land sei aufzunehmen. Dies war die erste Aufzeichnung, die unter Cyrenius, dem Statthalter von Syrien, stattfand. Alle gingen hin, sich aufzeichnen zu lassen, ein jeglicher in seiner Vaterstadt. Auch Josef begab sich ...!"

Ich hatte es vergessen, denkt Timothee Larrybee und ist traurig. Nicht traurig über diese Stunde, sondern über die letzten zwei Jahrzehnte, in denen er nicht mehr an dieses Buch, nicht mehr an dieses Kapitel gedacht hat.

Ich habe nicht mehr gewusst, wo Weihnachten ist, denkt Timothee Larrrybee. Die bunten Karten hätten mir nichts anhaben können, wenn ich es gewusst hätte. Diese Flucht in den Leuchtturm wäre eine Sackgasse gewesen ohne Zachary mit dem Buch und Jack mit dem ruhigen Licht und Bill mit dem Lächeln im bärtigen Antlitz. Und Timothee Larrybee hört weiter:

„In derselben Gegend waren Hirten auf dem freien Felde; sie hielten nachts Wache bei ihrer Herde. Da stand der Engel des Herrn vor ihnen, und die Herrlichkeit Gottes umstrahlte sie, und sie fürchteten sich sehr. Der Engel sprach zu ihnen: „Fürchtet euch nicht. Seht, ich verkünde euch eine große Freude, die allem Volke zuteil wird. Heute ist euch in der Stadt Davids der Heiland geboren, Christus, der Herr."

Timothee Larrybee denkt: heute. Das ist es. Ich hatte geglaubt, es sei schon zweitausend Jahre her. Darum hatte ich Furcht.

„... Die Hirten kehrten heim und lobten und priesen Gott für alles, was sie vernommen und gesehen hatten, so wie es ihnen gesagt war."

Lange schweigt Timothee Larrybee. Dann sagt er: „Habt ihr jedes Jahr mit old Bernhard diese Worte gelesen?"

„Ja!", sagt Jack. „Dann hatte er wieder die Kraft, ein ganzes langes Jahr allein hier zu sein, allein auf diesem Turm. Allein mit sich, den winzigen Silhouetten der Schiffe am Horizont. Allein mit diesem Buch."

„Ein ganzes Jahr", wiederholt Timothee Larrybee leise.

„Ein ganzes Jahr Kraft. Das ist viel. Lies es bitte noch einmal, Jack, das, was der Engel zu den Hirten sagt!"

„Fürchtet euch nicht ...!" Timothee Larrybee steht vom Teppich auf. „Bleibt bei mir", sagt er, „solange ihr könnt!"

„Den Weihnachtstag noch", ist Jack einverstanden.

Timothee Larrybee geht zu der Zigarrenkiste. Als er sie seinen Freunden anbietet, nehmen sie jeder eine Zigarre, zerschneiden sie mit ihren Taschenmessern säuberlich und pressen den Tabak in ihre Pfeifen. Auf dem Kanonenofen ruft das kochende Wasser.

Josef Reding

Das andere Weihnachten

Hans hat sich sehr verändert. Er ist freundlicher geworden, zuvorkommender, nachsichtiger und ein wenig bescheidener. Er schnappte früher sehr schnell ein, nahm „übel"! Aber jetzt tritt er nicht mehr so großspurig auf, er weiß nicht mehr auf alle Fragen eine Antwort, infolgedessen fragt man ihn neuerdings gern einmal. Er kann sogar jemanden um Hilfe bitten! Früher hielt er das für eine Schwäche. Ja, er hat sich sehr verändert. Und inzwischen weiß ich auch, warum. Ich will es euch erzählen. Es ist eine Weihnachtsgeschichte, aber eine andere als die, die wir gewohnt sind, aber vielleicht gerade darum eine der weihnachtlichen Wahrheit näherkommende Geschichte als alles, was mit Stall und Esel und Ochsen und dem rücksichtslosen Wirt in Betlehem zu tun hat und überhaupt mit der Zeit vor zweitausend Jahren.

Ich traf Hans mit dem Kinderwagen. Darin lag sein Junge, zwei Jahre alt. Mit einem Mann, der einen Kinderwagen schiebt, kann man besser reden als mit einem Kollegen. Wir arbeiten in der gleichen Werkhalle als Ingenieure, genauer: ich arbeite in seiner Abteilung, er ist mein Chef. In der Vergangenheit hatten wir alle Angst vor ihm, jetzt, seit er sich so verändert hat, nicht mehr. Das sagte ich ihm. Ich sagte: „Hans, weißt du eigentlich, dass du dich sehr verändert hast? Wir sind froh darüber. Und wir fragen uns manchmal, woher das wohl kommt." Da antwortete er, ernst und ganz sachlich, als ob er Auskunft gäbe auf eine Frage nach der nächsten Haltestelle der Straßenbahn oder nach einer bestimmten Hausnummer: „Ich habe Gott gesehen!" „Was", sagte ich, „was hast du gesehen?" „Gott!" Mir war, das muß ich zugeben, ziemlich unbehaglich zumute. „Gott? Wo denn? Wo sieht man denn heutzutage Gott?" Er zeigte auf den Kinderwagen. „Hier!" sagte er. Und dann erzählte er mir seine Geschichte.

Hans war das, was man einen „modernen Menschen" nennt. Oder vielmehr: er wollte es gern sein! Und so tat er alles so und lebte überhaupt so, wie er sich einen sogenannten modernen Menschen vorstellte. Zu einem modernen Menschen gehört natürlich, daß er nicht an Gott glaubt, daß er sich manchmal lustig macht über Leute, die „noch" (moderne Menschen sagen an dieser Stelle stets „noch") an Gott glauben – wie seine Frau zum Beispiel. Sie hatte es aufgegeben, mit ihm darüber zu reden, nachdem er ihr eines Tages folgenden Vortrag gehalten hatte: „Weißt du, an Gott könnte ich nur glauben, wenn ich ihn sehe! Und dann müßte es ein Gott sein, der alles kann, der über eine überragende Intelligenz verfügt, der immer weiß, was zu tun und was zu lassen, was gut und was böse ist – und der auch die Macht hat, das Gute, das Richtige wirklich durchzusetzen. Zeige mir einen solchen Gott, und ich glaube an ihn. Aber wenn du ihn mir nicht zeigen kannst, dann laß mich in Ruhe." Seine Frau ließ ihn in Ruhe.

Eines Tages bekamen sie ihr erstes, ersehntes Kind. Er war dabei, sah zu, wie sich seine Frau plagte. Sie plagte sich mehr als andere, es war ein Achtmonatskind, sie wußten nur beide noch nicht, warum. Sie wußten nicht, daß dieses Kind eher kam, weil es einen Hirnschaden hatte. Deshalb verursachte es seiner Mutter besondere Schmerzen bei der Geburt, man mußte es operativ herausholen. Deshalb wich die Freude über das erwünschte Kind bald einem bitteren Leid, um nicht zu sagen, einer großen Enttäuschung. „Es wird, wie es aussieht, keine schwere Behinderung sein", sagte der Arzt, der die Geburt geleitet hatte, „aber es wird wohl keine Schule besuchen können und vielleicht auch Beine und Arme nicht normal bewegen."

Als er so weit war mit Erzählen, fiel mir erst auf, daß man eigentlich ein Kind von zwei Jahren nicht mehr im Kinderwagen spazieren fährt – und außerdem fiel mir auf, daß wir alle als seine Kollegen von der Behinderung dieses Kindes bisher nichts gewußt hatten, und das bedrückte mich unwillkürlich, ich fühlte mich auf einmal schuldig Hans gegenüber, den ich immer nur für schuldig anderen gegenüber gehalten hatte. Hans machte es mehr zu schaffen als seiner Frau. Ehe er weiter erzählte, sagte er: „Das ist wohl immer so bei den Vätern! Männer wollen immer stark sein, das ist ihre Schwäche." Er betrachtete es als eine persönliche Niederlage und fragte zunächst in seiner Verwandtschaft nach, ob „so etwas schon einmal vorgekommen" sei. Er wollte den Nachweis bringen können: „An mir liegt es nicht! Es muß aus der Linie meiner Frau kommen!" Er teilte diese Erkenntnis auch seiner Frau mit und hatte dabei noch ganz und gar seinen alten überheblichen Ton. Seine Frau schwieg. In ihrem Herzen rechnete sie damit, daß ihr Mann sie wegen dieses Jungen verlassen würde, wie es viele Männer tun. Sie wußte davon.

Das Kind war sechs Wochen alt. Seine Frau stillte gerade, als er vom Betrieb nach Hause kam. Ein mühsames Geschäft, denn der kleine Sohn hatte nicht die gleiche Kraft wie ein gesundes Kind. Er schlief ständig ein von der Anstrengung und mußte geweckt und neu angelegt werden. Man mußte ihm sozusagen dauernd gut zureden. Hans verließ in der Regel das Zimmer. Er konnte den Anblick noch immer schwer ertragen. Diesmal blieb er. Eigentlich wußte er nicht, warum – später sagte er: „Gott hat mich festgehalten!" Als er sich neben seine Frau stellte, machte der Junge die Augen auf und streckte seine Arme aus nach dem Vater, vielleicht nicht einmal bewußt, aber es sah so aus. Da nahm ihn Hans, zum erstenmal, obwohl man das Stillen eigentlich nicht unterbrechen soll, das wußte er aus Büchern – die ersten Kinder erzieht man bekanntlich noch ganz und gar aus Büchern. Er hielt ihn lange fest und schaute ihn genau an.

An diesem Abend redete er wenig. Er dachte nach. Dann sagte er zu seiner Frau: „Das erinnert mich an ein Bild, wie ich euch vorhin so sitzen sah. Welches Bild mag das gewesen sein?" Als er schon im Bett lag, fiel es ihm sein, und er stand nochmals auf. Er kramte in seiner großen Mappe, in der er Bilder aus Kalendern und Kunstdrucke aufhob – und brachte seiner Frau das Bild der heiligen Familie von Correggio. Das Original ist im Besitz der Dresdner Gemäldegalerie. „Das ist es!" sagte er, weiter nichts.

Erst nach ein paar Tagen konnte er seine Gedanken ordnen. Das mußte er immer: seine Gedanken ordnen. Erst dann konnte er auch danach leben, konnte er sie in sein Leben umsetzen. „Das ist Gott!" sagte er. „Ein Kind! Jetzt habe ich ihn gesehen. Kein Mächtiger, nein, ein Schwacher. Er hat mich verändert. Er braucht mich. Gott braucht mich! Daran habe ich nie gedacht. Ein Gott, der mich brauchen kann! Nicht einer, den ich brauche, sondern einer, der mich braucht. Ich werde gebraucht. Unser Junge braucht mich. Ich will ihm ein guter Vater werden." Und er wurde es.

Versteht ihr jetzt, daß meine Geschichte eine Weihnachtsgeschichte ist?

Dietrich Mendt

Fürchtet euch nicht! – von Engeln und Hirten

Der Engel mit dem Gipsarm

etzt will ich euch erzählen, wie Dang Fratzer einmal einen Weihnachtsengel spielte.

Dang Fratzer geht in die dritte Klasse zu Frau Timm. Aber er sieht anders aus als die anderen Kinder. Seine richtigen Eltern waren Vietnamesen. Dang ist in Vietnam geboren. Das ist ein ganz fernes Land auf der anderen Seite der Erde.

Als Dang zur Welt kam, wütete dort gerade ein schrecklicher Krieg. Niemals möchte ich einem Kind wünschen, dass es in einem Land zur Welt kommt, in dem gerade Krieg ist. Etwas Schlimmeres kann man sich nicht denken.

Dangs Eltern und alle seine Geschwister und Verwandten wurden von den Soldaten getötet. Nur er allein blieb übrig.

Zum Glück war Dang noch ganz klein und begriff nichts. Jemand brachte ihn in ein Waisenhaus. Und eines Tages fuhr er mit anderen Waisenkindern auf einem Schiff nach Deutschland und kam in ein Kinderheim hier in unserer Stadt.

Dort sahen ihn Fratzers. Sie hatten ihn gleich so lieb, dass sie ihn mit zu sich nach Hause nahmen und später adoptierten. Fratzers haben keine eigenen Kinder. So ist Dang ihr Kind geworden. Er sagt Papa und Mama zu Herrn und Frau Fratzer und ist ebenso gut deutsch wie jedes andere Kind in der Straße. Von Vietnam und vom Krieg weiß er nichts mehr. Nur nachts hat er manchmal schlimme Träume. Dann schlägt er um sich und schreit. Aber am Morgen hat er alles vergessen und ist wieder vergnügt.

Als Frau Timm nach den Herbstferien anfing, mit der Klasse ein Krippenspiel einzuüben, wollte Dang unbedingt den Verkündigungsengel spielen. Der Verkündigungsengel – das ist der, der den Hirten auf dem Feld die Geburt des Jesuskindes verkündet. Die ganze Klasse lachte, als Dang sich dafür meldete. Und Marion Holzapfel, die unter allen Umständen selber den Engel spielen wollte, rief: „Quatsch! Ein Junge kann doch kein Engel sein!"

„Kann er doch!", antwortete Dang eigensinnig. „Schließlich heißt es der Engel!"

Und am anderen Tag kam er an und verkündete: „Mein Papa sagt, in der Bibel sind die Engel überhaupt immer nur Männer und haben Männernamen."

„Aber sie sehen nicht vietnamesisch aus!", rief Marion. „Sie haben helle blonde Haare und eine liebliche Stimme."

Das mit der Stimme sagte sie, weil Dang eine raue, brummelige Stimme hat.

Aber am nächsten Tag meldete sich Dang wieder und erklärte: „Mein Papa sagt, in den biblischen Geschichten steht gar nichts davon, wie Engel aussehen und was sie für Stimmen haben."

„Das stimmt", gab Frau Timm zu. „Da hat dein Papa Recht."

Und um die Sache endlich zu entscheiden, machte sie zwei Loszettel – einen leeren und einen, auf dem „Engel" stand. Sie ließ Dang und Marion ziehen. Und es war Dang, der gewann. Marion zog den leeren Zettel und sollte bei den himmlischen Heerscharen mitsingen, weil sie eine liebliche Stimme hat. Sie war so enttäuscht! Dang aber war der eifrigste Verkündigungsengel, der jemals in der Kirche herumgeschwebt war. Ja, es sah wirklich fast so aus, als ob er schwebte, wenn er in dem weißen Gewand, das seine Mutter ihm genäht hatte, hinter dem Altar hervortrat und mit hochgereckten Armen die himmlische Botschaft verkündigte.

Doch eines Tages kam er zur Probe und hatte den linken Arm in Gips. Stellt euch vor, er hatte heimlich vom Garagendach aus „Fliegen" geübt, weil er dachte, es wäre nützlich für einen Engel, wenn er wenigstens ein ganz klein wenig fliegen könnte. Leider war er bei der Landung so ungeschickt aufgekommen, dass er sich den Arm gebrochen hatte.

Frau Timm hörte sich die Geschichte an und schüttelte bekümmert den Kopf.

„Ich kann mir ja wirklich alle möglichen Arten von Engeln vorstellen", sagte sie, „Jungen oder Mädchen, schwarz oder weiß oder vietnamesisch. Aber einen Engel mit einem Gipsarm? Wie willst du denn nun die Arme ausbreiten, wenn du den Hirten die Botschaft verkündest?"

Marion Holzapfel kam herbeigestürzt und rief: „Jetzt kann Dang nicht mehr der Engel sein, nicht wahr, er kann kein Engel mehr sein?"

Aber Dang schob sie zur Seite und sagte zu Frau Timm: „Mein Papa sagt, es kommt nicht darauf an, ob ein Engel die Arme ausbreiten kann oder nicht. Es kommt auf die Botschaft an. Und die kann ich sagen!"

Und er riss den Mund auf und ließ die Backenmuskeln spielen, damit jeder sehen konnte, wie gut sein Mund in Ordnung war.

Frau Timm seufzte.

„Na schön", sagte sie. „Aber pass gut auf, dass du dir bis zur Aufführung nicht noch einen Zahn herausfällst!" Das versprach Dang.

So geschah es, dass in diesem Jahr der Verkündigungsengel schwarze struppige Haare hatte, vietnamesisch aussah und den rechten Arm in der Schlinge trug. Die Leute, die am Heiligen Abend in die Kirche kamen und sich das Krippenspiel anschauten, wunderten sich ein wenig darüber. Manche dachten wohl, es sei noch gar nicht der richtige Verkündigungsengel. Aber dann erhob er seine Stimme und sagte: „Fürchtet euch nicht! Siehe, ich verkündige euch große Freude, die allem Volk widerfahren wird: denn euch ist heute der Heiland geboren, welcher ist Christus, der Herr, in der Stadt Davids."

Da begriffen die Leute, dass alles seine Richtigkeit hatte.

Renate Schupp

Die Geschichte vom Hirten Mathias

ls die Sonne sich verdunkelte und Jesus starb, stand unter dem Kreuz, etwas im Hintergrund, wie es sich für einen armen Hirten gehört, Mathias. Er war alt geworden, so alt, dass er keine Angst mehr um sich selbst hatte. Sollten sie ihn doch fragen, ob er auch zu diesem Jesus gehöre. Er hätte keine Angst, sich zu ihm zu bekennen wie so viele andere Freunde, die nicht gekommen waren, die sich versteckt hatten. Aber ihn fragte niemand. Wen interessiert schon, was ein alter Mann glaubt und wohin er gehört.

Mathias verstand dieses Ende nicht, genauso wenig, wie er damals den Anfang verstanden hatte. Ja, er war von Anfang an dabei gewesen. Er hatte auf den Messias gewartet wie viele in seinem Volk. Wirklich erwartet hatte er ihn eigentlich nicht. Tagsüber beim Wandern mit der Herde, beim Suchen nach Wasser und Weideplätzen, da bleibt nicht viel Zeit für fromme Gedanken. Aber nachts bei der Wache bei den Herden, da fielen ihm die alten Geschichten ein. „Gott wird sein Volk nie ganz verlassen", sagten die Alten. „Wenn es fast am Ende ist, dann wird er den Messias senden, den König aus dem Stamm Isais, des Hirten, dessen Sohn der große König David war. Dieser Messias wird sein Volk erretten. Er wird allen verkünden, dass nur ein Gott ist. Und alle Völker werden zum heiligen Berg Zion kommen und Gott anbeten, den einen."

„Am Ende ist es mit seinem Volk", dachte Mathias. Was die Feinde nicht geschafft haben, das schaffen wir selbst. Die Mächtigen kommen zurecht, auf unsere Kosten. Sind wir nicht alle Abrahams Söhne? Warum sind wir Armen dann der letzte Dreck? Gerade wir Hirten – ohne Land und ohne sichere Arbeit! Die da oben wollen uns das Gesetz lehren und es fehlt ihnen doch die Gerechtigkeit. Da müsste einer kommen, der die Gerechtigkeit wiederherstellt und Recht schafft, dachte Mathias, aber an den Messias glaubte er nicht so ganz. Ein Hirte, der hart arbeitet, der ist Realist, der kann sich keine Träume leisten. Dann war da die Nacht, in der die Fenster des Himmels plötzlich aufgetan waren, und ein Leuchten ging zur Erde wie es die Hirten, die mit Naturerscheinungen ja vertraut waren, nie erlebt hatten. Dies war keine Naturerscheinung. Und sie waren von Entsetzen geschüttelt. Kam nun die Strafe Gottes über sie alle? Sollte die Erde vom Licht des Himmels verbrannt werden?

Da trat der Engel vor sie hin mit den Worten, die Mathias nie vergessen hatte: „Fürchtet euch nicht! Siehe, ich verkündige euch große Freude, die allem Volk widerfahren wird; denn euch ist heute der Heiland geboren, welcher ist Christus der Herr in der Stadt Davids. Und das habt zum Zeichen: Ihr werdet finden das Kind in Windeln gewickelt und in einer Krippe liegen!"

Begriffen hatten sie erst gar nichts. Langsam wurde ihnen nur klar: „Fürchtet euch nicht!", hatte er gesagt. Dann konnte es also nicht das Gericht Gottes sein. Dann war das helle Licht keine Bedrohung, sondern musste etwas Gutes bedeuten. Und langsam buchstabierten sie die Worte des Engels durch. „Der Messias! Der Messias ist gekommen!", rief plötzlich einer. Und da war ihnen schlagartig klar, welche Botschaft ihnen der Engel verkündet hatte. „Aber ein Kind, ein Neugeborenes!", meinte Mathias, „und hat er nicht was von einer Krippe gesagt, in der das Kind liegen soll? Wie kann das der erwartete König sein?" Sie ließen alles stehen und liegen. Sollten die Schafe auf sich selbst aufpassen. Sie rannten los in Richtung Betlehem. Das war ja die Stadt Davids. Mathias war den alten Hirten ein ganzes Stück voraus. Er suchte im Ort nach Anzeichen von Aufregung, aber außer der Unruhe, die die Volkszählung mit all den Reisenden brachte, entdeckte er nichts. Krippe – er musste in einem Stall suchen. Und schließlich sah er aus einem Stall Licht schimmern. Dort musste es sein. Er winkte die anderen heran und wartete, weiter traute er sich nicht allein. Sie traten ein, vorbereitet auf Wunderbares. Und dann fanden sie da dieses Paar mit dem Kind in der Krippe. Aber auch gar nichts Besonderes.

Der Vater erschrak, als er sie sah. „Tut uns Leid, wir konnten nicht weiter. Wir mussten irgendeinen geschützten Ort finden", und er zeigte verlegen auf das Kind. „Ist es diese Nacht geboren?", fragte Mathias. Der Vater nickte. „Und ist es ein Junge?" Wieder nickte der Vater. Da erzählten sie von der Erscheinung des Engels und von seinen Worten. Ungläubig und erschrocken blickte der Vater erst sie und dann das Kind an. Die Mutter sagte nichts. Sie schien nicht überrascht zu sein, verfolgte aber sehr aufmerksam jedes Wort der Engelsbotschaft.

Die Hirten blickten sich noch einmal um. Niemals war ihnen ein Stall armselig vorgekommen, eben nur zweckmäßig. Aber die Worte des Engels und dann dieser Stall! Es gab nichts mehr zu sagen oder zu tun. Verlegen murmelten sie etwas vor sich hin und gingen dann wieder. Sie kehrten zurück zu ihren Herden, ratlos. Sie erzählten, was sie erlebt hatten. Niemand konnte sich einen Reim darauf machen. Sie wurden zweifelnd von der Seite angeblickt, oft auch belächelt. Schließlich hielten sie es für besser, nicht mehr darüber zu reden.

Über 30 Jahre vergingen. Mathias war alt geworden. Das nächtliche Erlebnis war zu einem Traum verblasst. Da hörte er immer häufiger von einem Mann namens Jesus, der als Lehrer in Galiläa umherzog und predigte. Wundertaten wurden von ihm berichtet. Das Ungewöhnlichste war: Er ging zu Menschen, um die sich sonst die gelehrten Herrn nicht zu kümmern pflegten.

Eines Tages sah Mathias eine große Menschenmenge an einem Hügel versammelt. Sie hörten offensichtlich jemandem zu, der auf dem Hügel stand und redete. Mathias ging näher heran. Was er hörte, setzte ihn in Erstaunen. Da stellte einer alles auf den Kopf. „Gott liebt die, die nichts vorzuweisen haben", sagte er und „die Sanftmütigen werden die Erde besitzen."

Das Verwirrende an den Worten, die er hörte, erinnerte Mathias an das verwirrende Bild von dem Messias im armseligen Stall.

Als die anderen auseinander liefen, ging er hin zu dem Mann.

„Wer bist du?" „Ich bin Jesus aus Nazaret." „Bist du in Betlehem geboren im Jahr der großen Volkszählung?" „Ja." Mathias fiel vor ihm auf die Knie und sagte leise, fragend: „Dann bist du der Messias." „Der Friede Gottes ist mit dir", antwortete Jesus, hob ihn auf und umarmte ihn.

So oft wie möglich brachte Mathias nun seine Herden dorthin, wo Jesus predigte. Und als Jesus nach Jerusalem hinaufzog, ließ er seine Arbeit und ging mit. Er wollte dabei sein, wenn der Messias in seine Stadt einzog und seine Herrlichkeit vor aller Welt offenbarte.

Nun stand er unter dem Kreuz. So war es gekommen und Jesus hatte nichts getan, damit es anders käme. Mathias verstand dieses Ende nicht, genauso wenig wie er damals den Anfang verstanden hatte. Aber wenn es anders gekommen wäre, ein König mit Palast und Hofstaat, ein Herrscher mit Erfolg und Siegen – wäre er dann auch zu ihm, dem Hirten gekommen? Wäre er dann auch dabei gewesen?

Gerhard Schneider

Wir aus Betlehem

Alle kommen sie in der Weihnachtsgeschichte vor und in den vielen Weihnachtsgeschichten und -bildern, die später geschrieben und gemalt wurden: Maria und Josef, und das Kind natürlich, Hirten, Engel, Könige, der Wirt, ja sogar das Viehzeug im Stall übernimmt bisweilen die Hauptrolle in einem Krippenspiel oder in einer Weihnachtsgeschichte. Nur wir ganz normalen Einwohner von Betlehem, wir sind uninteressant für die großen Maler und Dichter.

Man denkt vielleicht, wir hätten nicht viel mitgekriegt von alldem. Naja, Trubel war genug damals. Durch die Volkszählung ging ja alles durcheinander. Viele lagen auf der Straße. Betlehem war überfüllt, bloß weil der Kaiser noch mehr Steuern aus uns rausholen wollte mit der Zählung. Aber mitbekommen habe ich schon einiges. Nicht gerade all das, was der Lukas dann so schrieb, der hat ja eine mächtige Fantasie. Engel habe ich keine rumfliegen sehen und das Licht des Himmels fiel auch nicht auf die Erde herunter. Aber eine besondere Nacht war es schon. Ich habe zuerst von den Nachbarn gehört, so ein Gemunkel, im Stall bei den drei alten Palmen, der Abia gehört, sei nachts was losgewesen. Sonst interessiere ich mich ja nicht groß dafür, was andere Leute machen. Soll sich doch jeder um seine Sachen kümmern. Aber man muss ja schließlich auf dem Laufenden sein. „Da ist ein Kind geboren im Stall", hieß es. „Die Eltern haben keinen Platz mehr bekommen im Wirtshaus, obwohl die Frau doch offensichtlich hochschwanger war." Auf diese Weise ist Obed, unser Gastwirt, in die Weihnachtsgeschichte reingeraten. Ich gönne ihm das ja, dass er schlecht dabei wegkommt, knickerig wie der ist. Leider hat Lukas weder ihn, noch sein Wirtshaus mit Namen erwähnt. Das hätten wir alle dem Alten gegönnt.

Als ich von der Geburt hörte, dachte ich nur: „Da hättste kein Kind kriegen mögen in dem Mist und Gestank."

Die Hirten von Abia sind ja ganz närrisch gewesen, vor allem die alten. Das hatten sie noch nicht erlebt, ein neugeborenes Kind in ihrem Stall. Die sollen sich fast überschlagen haben in ihrer Fürsorge für Mutter und Kind. Haben ja noch Wochen später so getan, als ob sie die Väter gewesen wären. „Dieses Kind ist etwas ganz Besonderes!", erzählten sie überall, „das war die heilige Nacht!" Ja, sogar, dass der neue König dort geboren sei, der Israel erlösen wird, haben sie überall rumerzählt, der Messias sei gekommen. Naja, man weiß ja, dass die Hirten alle ein bisschen spinnen. Kommt wohl von der Einsamkeit. Dauert nicht lange und sie unterhalten sich mit ihren Ziegen und Schafen. Der Messias in Abias altem Stall! Wir haben noch oft darüber gelacht, wenn wir bei Obed in der Kneipe saßen. „Du hast den Messias nicht in dein Haus gelassen", haben wir zu Obed gesagt und uns schiefgelacht dabei. Er hat dann nur geknurrt, als ob ihm nicht ganz wohl wäre bei der Sache. Hat er nicht gerne gehört.

Ein paar Wochen darauf ist uns dann auch das Lachen vergangen. Kamen doch plötzlich die Soldaten des Herodes und suchten überall nach kleinen Kindern unter zwei Jahren, und wo sie einen Jungen fanden in dem Alter, da haben sie ihn mit dem Schwert erschlagen wie ein Tier. Der Kleine aus Abias Stall war da noch kein halbes Jahr und seine Eltern waren längst mit ihm über alle Berge. Es hieß, die drei seien nach Ägypten gegangen, aber vielleicht waren sie auch einfach wieder nach Hause wie die anderen alle nach der Volkszählung auch. Aber die Soldaten sind auf Nummer Sicher gegangen, alle haben sie umgebracht bis zu den Zweijährigen. Das Gerücht von dem neuen König, das die Hirten in die Welt gesetzt hatten, war bis zu Herodes gedrungen. Der wusste noch, wie sein Vater, Herodes der Große, mit dem letzten Thronanwärter der Makkabäer kurzen Prozess gemacht hatte und so selbst König wurde. Da wollte er gleich den Anfängen wehren. Meine Cousine Rahel hatte gleich zwei Jungen in dem Alter. Der eine wurde bald zwei, der andere war man gerade erst ein paar Wochen alt. Sie hat sich nie wieder erholt davon und suchte noch nach Jahren ihre Kinder. Völlig durch den Wind war sie.

Das war eine schlimme Sache damals. Aber dann war auch Ruhe. Jahrzehnte hat niemand dran gedacht an diese seltsame Nacht und die Geburt in Abias Stall.

Später hörten wir, dass da oben in Galiläa einer durchs Land zieht und großen Zulauf hat. Er predigte zu den Armen und erzählte ihnen, dass sie Kinder Gottes seien, auch sie, nicht nur die Schriftgelehrten und die hohen Herren. Aber da oben in Galiläa liefen ja schon immer solche Aufrührer rum. Der ganze Widerstand gegen die Römer kommt daher. Als ob man das römische Joch mit großen Reden und ein paar Schwertern abschütteln könnte! Jesus hieß der Mann und man sagte, sein Vater sei Zimmermann in Nazaret. Als seine Reden bis zu uns drangen, hat unser Lehrer uns gewarnt. „Das ist ein Umstürzler", sagte er, „er greift das Gesetz an, das heiligste. Er meint, er könne Mose über den Haufen werfen. Die Leute hören immer gern, wenn man gegen die Ordnung zu Felde zieht und vor allem gegen die Obrigkeit. Aber seht euch vor, das ist ein gefährlicher Verführer!" Die meisten hätten seine Warnung gar nicht nötig gehabt. Wenn man auf jeden hören wollte, der große Parolen verbreitet, da hätte man ja viel zu tun.

Dann kam er auch in unsere Gegend. Vor allem in Betanien hat er wohl viele Freunde und Anhänger gefunden. Von dort wurden wahre Wunderdinge berichtet. Er soll Kranken geholfen haben, und er predigte, dass mit seinem Kommen die Herrschaft Gottes angebrochen sei. Wir haben davon in Betlehem nichts gemerkt. Die Herrschaft der Römer, die konnten wir spüren, deutlicher als uns lieb war.

Es kam wie es kommen musste. Wer sich mit denen da oben anlegt, der hat kein langes Leben. Ganz geschickt haben sie den Römern gesteckt, dass er Aufruhr gegen den Kaiser plane, dass er Israel befreien und König werden wolle. Bei so was sind die Römer schnell dabei und machen kurzen Prozess. Sie wunderten sich wohl ein bisschen, dass unsere Leute ihn selbst anschleppten und anklagten, aber schließlich haben sie ihn gekreuzigt, wie so manchen Galiläer, der Aufruhr gegen Rom angezettelt hatte.

Seine Freunde waren jedoch nicht von ihm abzubringen. „Er lebt", sagten sie, „sein Geist ist bei uns." Und es wurden immer mehr, die an ihn glaubten, obwohl er doch hingerichtet war mit Schimpf und Schande. Manche Leute können sich einfach nicht mit den Realitäten abfinden. Und dann hat einer diese Geschichte ausgegraben, damals mit dieser Geburt in Abias Stall. Dieser Jesus aus Nazaret, den sie gekreuzigt haben, der soll das Kind gewesen sein. Ist schon eine komische Sache, damals das mit den Hirten und ihrem Erzählen von der heiligen Nacht und mit dem Messias. Und wenn das dann derselbe war, der später sagte, er sei der Beauftragte Gottes, mit ihm fange die Herrschaft Gottes auf

Erden an und dass dabei die Armen, die, die sonst nichts zu sagen haben, auf einmal was wert sein sollen. Irgendwie passt das doch nicht zusammen. Wenn er tatsächlich der Messias wäre – und dann in einem Stall geboren! Ein König ist in Betlehem geboren, David, der Sohn des Hirten Isai. Bei ihm wusste man, woran man war. Das war ein König! Er hat Israel groß, reich und mächtig gemacht. Aber dieser Jesus? Ein König, der den Armen Hoffnung bringt, der nicht die Römer davonjagt, sondern von einer Herrschaft Gottes spricht?

Wir Leute aus Betlehem sind ratlos. Die Meinungen gehen weit auseinander. Man müsste mehr über ihn wissen.

Gerhard Schneider

Der kranke Engel

Schon steht die Schachtel mit dem vergilbten Blumenmuster in Mutters Schlafzimmer – die Wunderschachtel, die jedes Jahr vom Dachboden geholt wird. An jedem Tag bis Weihnachten wird eine Figur ausgepackt und aufs Brett vor dem Fenster gestellt. Erst drei Figuren stehen heute da: Maria, Josef, das Kind.

Andere Jahre fing es mit dem Engel an oder den Hirten. Aber in diesem Jahr fängt es mit Maria an. Immer wieder nimmt Michael die kleine Figur in die Hand. Er streicht mit dem Zeigefinger über den blauen Mantel aus Ton, dessen Farbe abbröckelt. Und da ist auch die Erinnerung an die andere Maria wieder da, seine Freundin. Eigentlich heißt sie gar nicht Maria. Aber als er noch winzig war, spielte sie im Krippenspiel die Mutter des Kindes. Seither nennt er sie Maria, „meine Maria".

„Was ist mit meiner Maria?", fragt Michael die Mutter, die vor dem Fernseher sitzt. Sie schüttelt nur den Kopf. Später, beim Gutenachtsagen, fragt Michael wieder: „Maria ist doch meine Freundin. Wann kommt sie wieder zu uns?"

Die Mutter dreht den Kopf zur Seite. „Reden wir von etwas anderem. Maria – das ist nichts für dich."

Nicht für mich? Michael denkt darüber nach. Aber dann vergisst er Maria wieder.

Die Vorweihnachtszeit ist warm in diesem Jahr. Die Kinder spielen noch eine Woche vor dem Fest auf dem Hof. Nur die Glühbirnenbäume in der Geschäftsstraße erinnern an Weihnachten. Und die Krippenfiguren auf dem Blumenbrett, das jetzt beinahe voll ist.

Und dann kommt der vierte Adventssonntag. Wie jedes Jahr fährt Michael zum Vater. Vorweihnacht heißt das, seit sich Michael erinnern kann. Er weiß nicht mehr, wie es war, als Vater noch nicht bei Su war.

Michael fährt ganz allein zum Vater. Er kennt ja alles. Seine Schritte sind sicher. Nein, er hat keine Angst mehr. Neugierig schaut er sich um in der riesigen Bahnhofshalle. Der Zug fährt erst in zwanzig Minuten.

Zwei Jungen tragen einen großen Tannenbaum an ihm vorbei. Ein Hund tappt mit gesenktem Kopf hinter ihnen her, bis er plötzlich schnuppert, mit dem Schwanz wedelt und auf eine junge Frau, die einen Katzenkorb unter den Arm geklemmt hat, zuschießt. Michael bleibt stehen, lacht und wird beinahe von dem Hund umgerannt. Schnell weicht er aus und schon stößt er mit einem vornehmen Herrn zusammen.

„Kannst du nicht besser aufpassen, kleiner Bengel?", sagt der Herr gereizt, schaut ihn böse an – und ist schon wieder in der Menge verschwunden.

Und da fällt Michaels Blick auf Maria. Ganz dicht vor sich entdeckt er sie in ihrer hellblauen Windjacke. „Hoi, Maria", ruft er. Er strahlt. „Maria", ruft er lauter. Das Mädchen dreht sich um.

Als er schon ganz nahe bei ihr ist, hört er sie mit einer fremden Frau sprechen: „... meine Monatskarte verloren. Bitte nur zwei

Franken, dass ich nach Hause fahren kann." Die Frau schüttelt den Kopf, drückt aber etwas in Marias Hand und eilt weiter.

Wieder versucht es Michael. „Maria!" Seine Stimme bleibt ihm im Hals stecken. Denn Maria wendet sich ab. Sie muss ihn doch erkannt haben! Aber sie will ihn offenbar nicht sehen. Sie entfernt sich und spricht einen Herrn an. Wieder wird etwas in ihre Hand gelegt. Michael ist ihr jetzt ganz nahe. Er könnte sie am Ärmel zupfen, ihre dunklen Locken, die er so mag, berühren. Aber er wagt es nicht.

Was ist mit Maria los? Seit wann braucht sie eine Monatskarte? Sie kann doch zu Fuß nach Hause gehen, denkt er. Und so viel Geld! Michael sieht: Alle geben ihr etwas. Kunststück! Hat sie nicht ein besonders liebes Gesicht? Alle lächelt sie an – so wie früher ihn, als sie seine Babysitterin war.

Nur einmal begegnen sich ihre Augen ganz kurz, bevor er zu seinem Bahnsteig rennt. Vor lauter Maria hätte er seinen Zug beinahe verpasst. Auch in der vollen Vorortsbahn, in eine Ecke gedrückt, sieht er immer noch ihre Augen vor sich: dunkelbraun und lieb wie früher. Waren Tränen in ihren Augen, war ein Schleier darüber gespannt? Irgendetwas war anders als sonst.

Dann vergeht Michaels Vorweihnachtstag beim Vater und bei Su wie im Flug. Warum ist es so viel besser als andere Jahre? Ist es das Wetter, das alles verändert hat? Mit den Fahrrädern sind sie zum Waldrand gefahren, haben ein Feuer gemacht, Kartoffeln gebraten, den Picknickkorb ausgepackt. Und am Schluss hat der Vater Michael einen Briefumschlag, auf den drei goldene Sterne geklebt sind, zugesteckt. „Du bist jetzt groß. Kauf dir deinen Skianzug selbst."

Michael spürt den Briefumschlag in der Tasche seiner engen Jeans, als er abends in der vollen Bahn wieder zurückfährt. Wenn er über das Hosenbein streicht, knistert es. Schön und unheimlich zugleich.

Erst im Hauptbahnhof fällt ihm Maria wieder ein. Er schaut nach der hellblauen Windjacke aus, kann sie aber nirgends entdecken. Die Bahnhofshalle ist übervoll. Auf der Rolltreppe fährt Michael schnell zum Ausgang. Er weiß: Die Mutter wartet auf ihn. Vielleicht hat sie jetzt auch die Könige aufs Blumenbrett gestellt. Nur noch zwei Tage bis Weihnachten!

Am Montagmorgen beugt sich die Mutter über Michael, bevor sie zur Arbeit geht. „Schlaf aus, mein Kleiner. Genieß deine Ferien. Das Essen steht auf dem Herd!" Michael drückt die Augen zu, obwohl er hellwach ist.

Kaum hat die Mutter die Wohnungstür zugezogen, springt er aus dem Bett, schlüpft in die Kleider und denkt: „Ich muss herausfinden, was mit Maria los ist."

Wenige Minuten später betritt er die Bahnhofshalle. Immer wieder meint er, von weitem die hellblaue Windjacke zu entdecken. Beim Näherkommen ist es dann nie Maria.

Michael verlässt den Bahnhof. Er wird von den Menschen mit ihren schweren Taschen vorwärts gestoßen. Er bleibt vor Schaufenstern stehen. Und wie zufällig kommt er in den kleinen Park. Ja, hier hat er früher im Sandkasten gespielt. Die Mutter saß auf einer Bank und strickte. Später hütete ihn dann Maria. Auch hier. Zusammen bauten sie eine Burg im Sand.

Heute hat der Windsturm begonnen. Die Bäume biegen sich im Wind. Der Dezemberfrühling der letzten Tage ist vorbei.

Auf der andern Seite des Sandkastens aber entdeckt Michael die hellblaue Windjacke: Maria. Da steht sie. Sie starrt vor sich hin. Ihre Hände stecken in den Taschen der abgewetzten Jeans. Sicher hört sie Michaels Stimme. Aber sie sieht nicht auf. Erst als man die schweren Schritte auf dem Kiesweg hört, ist sie sehr schnell, mit leisen, großen Schritten über den Sandkasten hinweg bei Michael. „Nimm, Michi, versteck das für mich", flüstert sie. Sie schiebt ihm zwei kleine Päckchen zu, eins in seine rechte, eins in seine linke Hand. Bis die beiden Polizisten bei ihnen sind, sind die Päckchen in Michaels Hosen verschwunden.

Die beiden Männer von der Polizei schauen Maria an, von oben bis unten, von unten bis oben. „Hosentaschen nach außen wenden", sagt der eine, ohne zu grüßen. Maria tut, was der Polizist befiehlt. Ihre Hände zittern. „Angst?", fragte der andere Polizist etwas freundlicher und fügt hinzu: „Gehört ihr zusammen?" Er schaut jetzt Michael an.

Michael zittert am ganzen Körper. Doch niemand merkt es. Denn alles klappert, raschelt und flattert im Wind. „Sie ist meine Freundin", sagt er, so laut er es in seiner Angst kann. „Sie war meine Babysitterin", fügt er etwas fester hinzu. „Früher spielten wir hier im Sand."

Der freundliche Polizist presst seine Lippen zusammen, als ob er ein Lächeln unterdrücken wollte. Er sagt: „Ach so, und jetzt habt ihr Schulferien? Verstehe, verstehe."

Die harten Schritte der beiden Männer entfernen sich. Michael bleibt unbeweglich, aber mit zitternden Knien stehen. Doch Maria ist weg, wie vom Erdboden verschwunden.

Als Michael etwas später eines der beiden Zeitungspapier-Päckchen auswickelt, weiß er alles. Er fasst die Spritze, in der vorn noch die Nadel steckt, nicht an. Er erinnert sich an die Ermahnungen von Frau Gerber, seiner Lehrerin. Immer wieder hat sie ihnen erzählt von den Fixern, von den Spritzen, vom Park auf der Kleinen Schanze. „Geht nicht dorthin! Fasst keine Spritzen an! Es ist gefährlich."

Michael hat eigentlich gar nicht geglaubt, dass es sie wirklich gibt, die Fixer. Oder er hat sie sich anders vorgestellt: Schwarz gekleidet, bärtig, zernarbte Gesichter.

Und jetzt steht Michael selbst vor einem Abfalleimer auf der Kleinen Schanze. Er versenkt die beiden Päckchen. Er sucht die letzten großen Ahornblätter, die auf den Wegen liegen, und füllt den Eimer, bis nichts mehr zu sehen ist vom Zeitungspapier. Maria! Maria! Ausgerechnet Maria.

In Michaels Kopf dreht sich alles. Und er hört die Lehrerin sagen: „Krank sind sie. Sie können nicht mehr aufhören. Und sie brauchen Geld. Immer mehr Geld, um ihr Gift zu kaufen. Und dann stellen sie Dummheiten an. Arme Menschen, diese Fixer."

Später sitzt Michael auf seinem Bettrand. Es dauert noch zwei Stunden, bis die Mutter heimkommt. Er denkt nach. Er denkt an Maria, die ja eigentlich Enrica heißt. Er denkt daran, dass sie Geld braucht. Dass sie vielleicht wieder bettelt und erzählt, sie habe die Monatskarte verloren. Michael wird es schlecht. Er ist jetzt neun Jahre alt. Aber jetzt versteht er plötzlich, was Frau Gerber gesagt hat. Er will nicht, das Maria, seine Maria, Dummheiten anstellt, um ihr Gift kaufen zu können.

Und da fällt ihm sein Skianzug ein. Nein, nicht der Skianzug, das Geld dafür natürlich, das ihm der Vater gestern geschenkt hat. Er hat es nicht gezählt. Aber sicher ist es viel. Genug für Maria. Sie soll nicht betteln; sie soll nicht stehlen. Erst recht nicht an Weihnachten.

Nochmals sucht Michael die hellblaue Windjacke in der Bahnhofshalle. Jetzt findet er Maria schnell. Sie schaut nicht weg.

„Danke Michi, danke. Du hast mir geholfen", flüstert sie. Sie lächelt sogar. Es ist die Maria von früher, Michaels Maria.

„Für dich", sagt er schnell. „Zu Weihnachten." Er legt den Briefumschlag auf ihre leere Hand und schlängelt sich zwischen den Menschen davon. Er weiß nicht, ob er lachen oder weinen soll.

Als dann die Mutter nach Hause kommt, sitzt Michael am Küchentisch, die Ellbogen aufgestützt, den Kopf in die Hände gelegt. Die Dunkelheit kriecht aus allen Ecken. Sein Mittagessen steht unberührt auf dem Herd. Später sucht die Mutter das Geld, das Michael vom Vater bekommen hat. Erst jetzt kann er erzählen. Es wird ihm leichter. Die Mutter verspricht ihm, seinen alten Skianzug nochmals zu flicken. Und Michael nimmt die kleine Maria-Figur in die Hand und streicht mit dem Zeigefinger über den bröckeligen Mantel. Alle drei Könige stehen auf dem Blumenbrett. Morgen ist Weihnachten! Wo schläft wohl seine Maria? Ihre Eltern sind weggezogen – das hat Michael gehört. Und sie wollen nichts mehr mit ihr zu tun haben.

Am Tag darauf, es ist Heiligabend, entdeckt die Mutter in der vergilbten geblümten Schachtel noch eine letzte in Seidenpapier gewickelte Krippenfigur. Gerade nachdem sie sie in die Hand genommen hat, klingelt es an der Wohnungstür. Die Mutter erschrickt so sehr, dass sie das Päckchen aus ihrer Hand fallen lässt. Nein, jetzt will sie keinen Besuch haben. Erst recht nicht den Vater! Während sie das Seidenpapier, in dem sie den zerbrochenen Engel spürt, zusammenknüllt, dann aufhebt, lauscht sie nach draußen. Sie hört Michi lachen. Sie hört ihn sagen: „Komm herein, Maria. Schau unser Tannenbäumchen und die Figuren auf dem Blumenbrett!"

Jetzt sieht auch die Mutter das verfrorene, bleiche Mädchen. „Komm, Enrica", sagt sie. Und sie ist es, die den Reißverschluss der hellblauen Windjacke öffnet und Maria auszieht, als wäre sie ein kleines Kind.

Maria aber streckt ihnen den verschlossenen Briefumschlag entgegen und sagt: „Wie ein Engel bist du gekommen, Michi. Ich merkte: Es gibt jemanden, der mich ganz lieb hat. Aber das Geld kann ich nicht annehmen. Es gehört dir. Ich wollte es nur zurückbringen."

Maria bleibt heute bei Michael und seiner Mutter. Sie hat Hunger. Sie kann sogar lachen. Aber immer noch zittern ihre Hände. Sie ist krank, denkt Michaels Mutter. Ein kranker Engel, fährt es ihr durch den Kopf, während sie ihr zum zweiten Mal den Teller füllt und dabei an den zerbrochenen Krippenengel denkt.

Dass der Engel bei den Krippenfiguren fehlt, hat Michael nicht gemerkt. Aber vom Bett aus hört er spät in der Nacht Mutter und Maria reden. „Ich will aufhören", sagt Maria immer wieder. „Aufhören mit dem Gift." Sie weint. Sie stampft wütend auf den Boden. Und Michaels Mutter redet von einem Arzt, der vielleicht helfen kann. Sie streicht über Marias Haar. Das sieht Michael, der auf nackten Füßen durch den Türspalt blickt.

Sehr leise schlüpft er zurück in sein Bett. Er schläft sofort ein.

Regine Schindler

Der Gang zur Christmette

In dem Jahr, in dem das geschehen ist, was ich jetzt erzählen will, hat es Schnee genug gegeben. In den Bergen ist er schon im November liegengeblieben, und in der Woche vor den Feiertagen ist er gefallen, lautlos, in dicken Flocken, fast ohne Aufhören.

Wir drei Brüder sind zeitig aufgebrochen, am 24. Dezember früh, und am Abend sind wir unverhofft rasch in Hintertaxenbach gewesen. Das kleine Dorf, holzbraun, fast schwarz unter den riesigen Hauben von Schnee, hat sich am Berg hingeduckt, der in steilen, fast waldlosen Randstufen gegen Südwesten das Tal abschließt. Nur das Gasthaus ist stattlicher gewesen, aus Stein gebaut.

Der Wirt hat es sich nicht nehmen lassen, uns dreien ein Staatszimmer im ersten Stock einzuräumen. Er selber hat auf der Rückseite des Hauses gewohnt, behaglich warm, in zwei Stuben, aus deren einer uns der bunte Schimmer eines altmodisch und überreich geputzten Christbaumes begrüßt hat. Wir haben dann droben unsre noch immer feuchten Überkleider aufgehängt, die Rucksäcke ausgepackt und es uns so bequem wie möglich gemacht. Danach sind wir in die Gaststube zurück und haben gegessen und uns schließlich noch eine Weile über den Schnee unterhalten. Der Wirt, nur noch flüchtig am Tisch stehend, hat uns erzählt, wie Jahr um Jahr die Lawinen sich ihre Opfer holen, die kleinen Holzhäuser und Ställe überrennen, Fuhrleute mit Roß und Wagen in die Tobel reißend, wenn die Berge in Aufruhr kommen und die schweren Schlaglawinen niederbrechen und sich rauschend und polternd bis in die Gassen des Dorfes wälzen.

Ein Wort hat das andere gegeben, wir haben auch noch allerhand Erlebnisse berichtet, von Schneebrettern und Eisbrüchen, lauter Dingen, die scheußlich zu erleben sind, aber gut zu erzählen, wenn man noch einmal davongekommen ist. Und zum Schluß haben wir den Wirt gefragt, ob er, seiner Erfahrung nach, auch jetzt, im Frühwinter, eine Lawine für möglich halte.

Der Wirt schüttelte den Kopf und sagt: Bis ins Dorf herein wird wohl keine kommen! Aber, sagt er und rundet das Gespräch mit einem Scherz ab, bei Weibern und andern Naturgewalten weiß man nie, was sie vorhaben. Und, eine gute Nacht wünschend, fragt er, mehr beiläufig, ob die Herren vielleicht mit in die Christmette gehen möchten, nach Kaltenbrunn. Um halb elf Uhr würde aufgebrochen, denn eine Stunde Wegs müßte man bei dem Schnee rechnen.

Es ist jetzt erst auf neun Uhr gegangen, aber ich bin, wie das so oft kommt, auf einmal bleiern müde gewesen. Meine Brüder haben nach kurzem Zögern zugesagt, sie haben die anderthalb Stunden noch aufbleiben wollen, und wie ich mich nun angeschickt habe, hinaufzugehen und mich schlafen zu legen, haben sie mich einen Schwächling gescholten und einen faden Kerl, der keinen Sinn für Poesie hat.

Aber ich hatte trotzdem nein gesagt. Und meinen Schutzengel, sagt' ich, will ich ihnen mitgeben, zum Schlafen brauch ich ihn nicht, und es ist dann einer mehr zum Hallelujasingen.

Vielleicht hätten meine Brüder gelacht und das lästerliche Wort wäre so ohne Wirkung geblieben, wie es im Grunde gemeint war. Doch der Wirt hat einen roten Kopf gekriegt, er hat ein feindseliges Gesicht gemacht und hat nachdrücklich gesagt, daß der Herr seinen Schutzengel so leichtsinnig in Urlaub schicke, möchte ihn am Ende gereuen. Halten zu Gnaden, sagt er, aber so was höre er ungern. Und ist ohne Gruß hinausgegangen. Nun ist die Stimmung verdorben gewesen, und wie ich jetzt, als Säckelmeister, unwirsch nach der Kellnerin rufe, um zu zahlen, erhebt keiner Einspruch. Sie lassen mich gehen, ohne Vorwurf, aber auch ohne Trost; und daß ich dem alten Mann innerlich recht geben muß, daß ich selber nicht weiß, warum ich so dumm dahergeredet habe, ist bitter genug, um mir das Herz bis zum Rande zu füllen. Ich bin droben noch eine Weile in der Finsternis am offenen Fenster gestanden und habe mit mir gehadert. Die stille, heilige Nacht hat über dem lautlosen Tal gefunkelt, ein Licht, das von den Sternen gekommen ist, hat die weißen Tafeln des beglänzten Schnees und die bläulichen Schatten der Dunkelheit mit einem wunderlichen Feuer umspielt, und ich habe, wie es in seltenen Augenblicken geschieht, durch die Landschaft hindurch weit in mein Leben und ins Wandern der Planeten gespäht, viele Gestalten, verhüllt und schwer zu deuten, haben mich mit Traumesgewalt sprachlos angeschaut, und der Himmel hat mir erlaubt, das törichte und vermessene Wort zu vergessen. Ich bin dann versucht gewesen, doch noch hinunterzugehen und zu sagen, daß ich mitkommen möchte in die Christmette. Aber ich habe den Mut zu dem ersten schweren Schritt nicht gefunden, und das Gute ist ungetan geblieben.

Es ist gewesen, als wäre ein Sausen in den Sternen, aber es hat wohl nur der Schnee leise gebraust und gesotten, der die Luft ausgestoßen und sich gesetzt hat. Morgen würde ein strahlender Tag werden.

Ich habe das Fenster geschlossen und mich ausgezogen und in eins der großen, wiegenden Betten gelegt. Zuletzt habe ich noch die Berge gesehen, steil und schwarzdrohend im Viereck des Fensters. Ich habe weinen wollen, nachträglich wie ein gescholtenes Kind, aber da bin ich schon eingeschlafen.

Eiskalt rührt es mich an: traumtrunken haue ich um mich: Blödsinn! Will ich lallen, aus tiefem Schlaf tauche ich rasend schnell empor. Die Brüder, denke ich, Schnee, rohe Bande. Und ehe ich wach bin, höre ich rumpelnden Lärm, das sind die Brüder nicht! Das Fenster klirrt, ein Stoß geht durchs Haus, ein Schwanken, ein Fallen, ein Knistern und Fauchen. Ein geisterhaft weißer Hauch schießt herein, kein Hauch mehr, ein knatterndes Vorhangtuch, Sturm. Die Fenster platzen auf. Sturm, denke ich, noch immer nicht wach. Schneesturm? Aber da peitscht es schon herein, wilde, weiße, wogende Flut: Schnee – Schnee! Ins Zimmer, ins Bett, ins Hemd, ins Gesicht, in die Augen, in den Mund – ich schreie, ich fahre auf, ich wehre mich. Und jetzt erst, wo es wie mit nassen Handtüchern auf mich einschlägt, begreife ich: Die

Lawine! Im gleichen Augenblick ist es auch schon vorbei. Nur noch ein Seufzen geht durch das Zimmer; es ist, als schwände eine weiße, wehende Gestalt. Von drunten höre ich es dumpf poltern, und noch einmal bebt und ächzt das Haus. Dann ist es dunkel und still.

Ich bin jetzt ganz wach. Eine heiße Quelle von Angst schießt aus mir heraus. Ich habe das Gefühl, als ob bärenstarke Männer auf meiner Brust knieten und mich an Armen und Beinen hielten. Ich versuche, mich loszureißen, ich bekomme eine Hand frei, ich wische mir übers Gesicht, ich spucke den Schnee aus dem Mund. Ich bin völlig durchnäßt, ich schlottre vor Kälte und glühe zugleich vor Anstrengung, mich aus der Umklammerung dieser unbarmherzigen Fäuste zu befreien.

Es gelingt, Glied um Glied, der linke Fuß ist wie in Gips eingeschlossen, ich zerre ihn mit beiden Händen heraus, des Schmerzes nicht achtend.

Ich krieche aus dem Bett, ich tappe im Finstern mit bloßen Füßen. Ich taste die Gegenstände ab, mit unbeholfenen, erstarrenden Händen, aber die Unordnung verwirrt mich noch mehr, ich kenne mich überhaupt nicht mehr aus: es ist in einem vertrauten Raum schon schwer, Richtung zu halten, aber hier erst, zwischen umgestürzten Stücken und queren Tischen, eingemauert im Eis, mit nackten Füßen im zerworfnen, glasharten Schnee! Ich nehme mich plötzlich zusammen, ich sage laut vor mich hin: Nur Ruhe!, und ich kämpfe meine Erregung nieder. Ich werde doch eine Zündholzschachtel auftreiben! In der Rocktasche ist eine, im Rucksack. Ich wandere also wieder im Zimmer herum, meine Füße schmerzen, es ist nirgends die Spur von einem Kleidungsstück oder einem der drei Rucksäcke. Aber den Türgriff habe ich unvermittelt in der Hand. Ich drücke ihn nieder, ich rucke und reiße. Oben geht wippend ein Spalt auf, aber unten weicht die Tür nicht einen Zoll.

Ich fange an, scheußlich zu frieren, ich kann kaum noch stehen. Aber es ist wenigstens nicht mehr so undurchdringlich finster, die

Augen gewöhnen sich an die Nacht, ich sehe gegen das matte Viereck des Fensters den grau geballten Schnee und die schwärzlichen Umrisse der durcheinandergeworfenen Möbel. Ich stolpere also gegen den blassen Schein, und schon fahre ich mit der ausgestreckten Hand in die Glasscherben. Ich blute.

Ich heule aus Verzweiflung, so herumzulaufen wie ein blinder Maulwurf. Und mit einem Mal wird mir klar, dass meine Lage weit ernster sein kann, als ich bedacht habe. Ich weiß ja nicht, wie viel Uhr es ist. Es kann elf Uhr sein, und die andern sind ahnungslos auf dem Weg in die Mette. Oder ist es schon gegen Morgen – und die Lawine hat die Heimgekehrten in der Gaststube drunten überrascht, und sie sind schon tot, während ich hier oben auf ihre Hilfe warte? Ich überlege, ob ich schreien soll. Es hat wohl keinen Sinn. Wenn niemand die Lawine wahrgenommen hat, dann hört auch keiner mein Rufen.

Aber ich will doch nichts unversucht lassen. So wunderlich es klingen mag, ich muß erst eine drosselnde Beschämung überwinden, ehe ich mich richtig zu schreien traue.

Dann tut es freilich gut, die eigene Stimme zu hören. Ich rufe sechsmal, wie es die Vorschrift ist; dann schweige ich und horche. Lautlose schwarze Stille. Der Vers fällt mir ein und geht mir nicht mehr aus dem Kopf: „Wie weit er auch die Stimme schickt, nichts Lebendes wird hier erblickt!" Das ganze Gedicht rast in wirbelnden Fetzen durch mein Hirn, ich ärgere mich, es nützt nichts. „So muß ich hier verlassen sterben ..." geht es weiter im Text. Ich bin nahe am Weinen und lache zugleich, ich setze zu neuem Rufen an – da höre ich irgendwoher aus dem Hause eine Uhr schlagen. Nie hatte ich so bang auf einen Uhrenschlag gelauscht: Eins, zwei, drei – vier! Und dann voller und tiefer: „eins – zwei ..." Und jetzt vernehme ich rufende Stimmen und sehe den huschenden Schein von Laternen draußen über den Schnee gehen. Meine Brüder haben mir später erzählt, daß ich immer wieder gebrüllt hätte: „Eine Lawine, eine Lawine!" – Als ob sie es nicht selber gesehen hätten, was geschehen war. Sie sind dann von rückwärts ins Haus gedrungen und haben die Tür eingeschlagen. Ich habe meinen älteren Bruder noch auf mich zukommen sehen, dann hat mich das Bewußtsein verlassen.

Wie ich wieder aufgewacht bin, da lag ich auf Kissen und Decken in der Stube des Wirts, und am Christbaum haben die Kerzen gebrannt. Das ist freilich nur so gewesen, weil das elektrische Licht nicht gegangen ist, aber für mich hat es doch eine tiefe und feierliche Bedeutung gehabt. Meine Brüder sind besorgt und doch lächelnd dagestanden, und jetzt ist auch der Wirt mit einem Krug heißen Weins gekommen. Ich habe wortlos getrunken und bin gleich wieder eingeschlafen.

Am Vormittag bin ich dann überraschend munter gewesen, nur meine Füße haben mir weh getan und die Hand, die ich mir mit den Glasscherben zerschnitten habe. Ich bin in allerhand drollige Kleidungsstücke gesteckt worden, und wir haben lachen müssen über meinen wunderlichen Aufzug. Meine eigenen Sachen sind noch im Schnee vergraben gewesen. Beim Frühstück, das zugleich unser Mittagessen war, denn es ist schon spät gewesen, ging es dann ans Erzählen. Ich habe zu meiner Überraschung gehört, daß zwischen dem Losbruch der Lawine und der Heimkehr meiner Brüder kaum mehr als eine Viertelstunde gelegen ist.

Die Pilger haben, fast schon bei den ersten Häusern des Dorfes, einen wehenden Schein gesehen, gleich darauf einen heftigen Luftschlag gespürt und später noch ein dumpfes Poltern gehört. Sie haben daraufhin wohl ihre Schritte beschleunigt, aber keiner, auch der Wirt nicht, hat sich denken können, daß die Lawine so stark gewesen ist, wie sich nachher gezeigt hat.

Nach dem Essen haben wir die Verwüstungen angeschaut, die die Staublawine angerichtet hat. Im Erdgeschoß sind die Räume gemauert voll Schnee gestanden. Vom Gesinde, das hier geschlafen hat, wäre nicht einer lebend davongekommen.

Sie sind aber alle in der Christmette gewesen. Im ersten Stock waren die Fenster eingedrückt, oft mitsamt den Fensterstöcken. In manchem Zimmer hat man bloß von außen mit einer Leiter einsteigen können. Der Schnee, der leichte Schnee, der wie ein Geisterhauch hereingeweht ist, jetzt ist er zu Eis gepreßt gewesen, der Luftdruck hat ihn mit Gewalt in alle Winkel geworfen.

Wir haben von dem geschwiegen, was uns zuinnerst bewegt hat. Wir haben sogar gescherzt, wie wir unsere Kleider und unsere Habseligkeiten aus dem Schnee gescharrt haben. Am Nachmittag sind wir dann talaus gewandert, der Wirt war in seinen Räumen beschränkt, ihm ist nur die leidliche Rückfront seines Hauses geblieben.

Wie wir zu ihm getreten sind, um nach unserer Schuldigkeit zu fragen und um Abschied von ihm zu nehmen, hat er grad eine Scheibe in den Rahmen gekittet. Er hat angestrengt auf seine Arbeit geblickt, wohl nur, damit er mich nicht noch einmal hat anschauen müssen. Fürs Übernachten, sagte er mit brummigem Humor, könnte er billigerweise nicht was verlangen, denn übernachtet hätten wir ja wohl nicht. Aber wenn einer der Herren einen Batzen Geld übrig hätte, könnte er gern was in den Opferstock von Kaltenbrunn legen, zum Dank, daß der Herrgott in der Christnacht so viele Engel unterwegs gehabt hat: ein gewöhnlicher Schutzengel hätte vielleicht nicht genügt diesmal. Er ist dann weggegangen, eh' wir ihm die Hand geben konnten.

Eugen Roth

Das Gottschauen

In einem fernen Lande lebte einst ein König, den am Ende seines Lebens Schwermut befallen hatte. „Schaut", sprach er, „ich habe in meinem Erdenwallen alles, was nur ein Sterblicher erleben und mit den Sinnen erfassen kann, erfahren, vernommen und geschaut. Nur etwas habe ich nicht schauen können in meinen ganzen Lebensjahren. Gott habe ich nicht gesehen. Ihn wünschte ich noch wahrzunehmen!"

Und der König befahl allen Machthabern, Weisen und Priestern, ihm Gott nahe zu bringen. Schwerste Strafen wurden ihnen angedroht, wenn sie das nicht vermöchten. Der König stellte eine Frist von drei Tagen.

Trauer bemächtigte sich aller Bewohner des königlichen Palastes und alle erwarteten ihr baldiges Ende. Genau nach Ablauf der dreitätigen Frist, um die Mittagsstunde, ließ der König sie vor sich rufen. Der Mund der Machthaber, der Weisen und Priester blieb jedoch stumm, und der König war in seinem Zorne bereits bereit, das Todesurteil zu fällen.

Da kam ein Hirt vom Felde, der des Königs Befehl vernommen hatte und sprach: „Gestatte mir, o König, dass ich deinen Wunsch erfülle."

„Gut", entgegnete der König, „aber bedenke, dass es um deinen Kopf geht."

Der Hirte führte den König auf einen freien Platz und wies auf die Sonne. „Schau hin", sprach er.

Der König erhob sein Haupt und wollte in die Sonne blicken, aber der Glanz blendete seine Augen, und er senkte den Kopf und schloss die Augen.

„Willst du, dass ich mein Augenlicht verliere?", sprach er zu dem Hirten.

„Aber König, das ist doch nur ein Ding der Schöpfung, ein kleiner Abglanz der Größe Gottes, ein kleines Fünkchen seines strahlenden Feuers. Wie willst du mit deinen schwachen, tränenden Augen Gott schauen? Suche ihn mit anderen Augen."

Der Einfall gefiel dem König und er sprach zu dem Hirten: „Ich erkenne deinen Geist und sehe die Größe deiner Seele. Beantworte mir nun meine Frage: Was war vor Gott?"

Nach einigem Nachsinnen meinte der Hirte: „Zürne mir nicht wegen meiner Bitte, aber beginne zu zählen!"

Der König begann: „Eins, zwei ..."

„Nein", unterbrach ihn der Hirte, „nicht so; beginne mit dem, was vor eins kommt."

„Wie kann ich das? Vor eins gibt es doch nichts."

„Sehr weise gesprochen, o Herr. Auch vor Gott gibt es nichts."

Diese Antwort gefiel dem König noch weit besser als die vorhergehende.

„Ich werde dich reich beschenken; vorher aber beantworte mir noch eine dritte Frage: Was macht Gott?" Der Hirte bemerkte, dass das Herz des Königs weich geworden war.

„Gut", antwortete er, „auch diese Frage kann ich beantworten. Nur um eines bitte ich dich: Lass uns für ein Weilchen die Kleider wechseln."

Und der König legte die Zeichen seiner Königswürde ab, kleidete damit den Hirten, und sich selbst zog er den unscheinbaren Rock an und hängte sich die Hirtentasche um. Der Hirt setzte sich nun auf den Thron, ergriff das Zepter und wies damit auf den an den Thronstufen mit seiner Hirtentasche stehenden König:

„Siehst du, das macht Gott: Die einen erhebt er auf den Thron und die anderen heißt er heruntersteigen!"

Und daraufhin zog der Hirt wieder seine eigene Kleidung an.

Der König aber stand ganz versonnen da. Das letzte Wort dieses schlichten Hirten brannte in seiner Seele. Und plötzlich erkannte er sich und unter dem sichtbaren Zeichen der Freude sprach er:

„Jetzt schaue ich Gott!"

Leo Tolstoi

Und das nicht nur zur Weihnachtszeit – vom Schenken und Freuen

Schildkrötengeschichte

Es war der 24. Dezember und es schneite. Gleichmütig und gleichmäßig fiel der Schnee. Er fiel auf die Fabrik für künstliche Blumen und sein frisches Weiß gab dem hässlichen Backsteinhaus etwas beinahe Heiteres. Er fiel auf die Villa des Fabrikanten, deren eckige Fassade er mit gefälligen Rundungen versah, und er fiel auf das Einfamilienhaus des Werkmeisters, aus dem er ein drolliges Zuckerhäuschen machte.

In den Hallen der Fabrik war um diese Zeit keine Menschenseele. Ein missglücktes Veilchen aus Draht und Wachs sinnierte im Kehrichteimer vor sich hin, eine eiserne Tür zum Hof bewegte sich quietschend in den ausgeleierten Scharnieren.

In der Villa nebenan telefonierte die Gnädige zum vierten Mal aufgeregt mit der Tierhandlung wegen der bestellten Schildkröte.

Im Einfamilienhaus schrieb das jüngste der elf Kinder, die kleine Sabine, zum vierten Mal ihren Wunschzettel: „Lihber Weihnachtsman ich möchte, eine schildkröte hahben deine Sabeine."

Die Gnädige erwartete die Schildkröte zur Suppe. Sabine erwartete sie als Spielgefährtin. Und der Zufall in Gestalt eines Botenjungen sprach die Schildkröte derjenigen zu, die sie verdiente.

Hier muss endlich bemerkt werden, dass die Villa und das Einfamilienhaus eine Kleinigkeit gemeinsam hatten: das Namensschild an der Tür. Auf beiden Schildern las man „Karl Moosmann". Zwar las man bei dem Fabrikanten einen Buchstaben mehr, nämlich „Karl F. Moosmann". Aber für derlei feine Unterschiede haben Zufälle und Botenjungen kein Auge.

So kam es, dass die Schildkröte nicht in die Villa, sondern in das Einfamilienhaus gebracht wurde, wo man sie freudig und arglos in Empfang nahm. Vater Moosmann glaubte weder an Engel, die als Botenjungen verkleidet kommen, noch an die Gaben guter Feen. Aber er glaubte daran, dass die kleinen Wünsche kleiner Kinder manchmal erfüllt werden, ohne dass man erklären kann, wie. Deshalb freute er sich, als der Zufall seinen Glauben bestätigte.

Sabine erhielt das unerwartete Geschenk schon vor der Bescherung. Die erste Begegnung mit dem Tier verlief für beide Teile etwas unglücklich. Die Schildkröte unterschied sich von der geliebten Bilderbuchschildkröte nämlich dadurch, dass sie zappelte, wenn man sie aufhob, und dass sie bei ungeschickter Berührung sogar fauchte. Das irritierte Sabine so heftig, dass sie das Tier fallen ließ. Zum Glück fiel es nicht tief. Sabine maß noch keinen Meter.

Das Mädchen konnte vor Schreck nur „plumps" sagen. Doch dann hob sie das Tier trotz der strampelnden Beine wieder auf, streichelte den hell- und dunkelbraun geschuppten Panzer und sagte: „Armer Plumps!" Und damit war das Tier getauft. Aus einer beliebigen Schildkröte war sie zu einer bekannten geworden, zur Schildkröte Plumps Moosmann.

Indessen telefonierte die Gnädige, die Frau Moosmann aus der Villa, zum fünften Mal mit der Tierhandlung, und ihre Stimme kippte zuweilen ein bisschen über: „… ist doch großer Unfug. Wie kann sie hier sein, wenn niemand sie gebracht hat? … Bitte? … Nein, Schildkrötensuppe! … Was sagten Sie? … Die letzte? Das wird ja immer heiterer! Ich habe sie doch zeitig genug bestellt! … Ist denn der Bote noch nicht zurück? … Wie? … Also dann rufe ich in einer halben Stunde noch einmal an. Adieu!"

Der Hörer fiel scheppernd in die Gabel und die Gnädige in einen Sessel. Erst jetzt bemerkte sie, dass ihr Sohn Alexander in der Tür stand. „Bekomme ich auch eine Schildkröte zu Weihnachten, Mama?"

„Die Schildkröte ist für die Suppe, Alex! Vater wünscht sich eine echte Mockturtlesuppe zum Fest."

Alexander zog eine Schnute, die ihm reizend stand, und wollte abziehen. Aber er besann sich anders, drehte sich noch einmal um und äußerte betont beiläufig: „Sabines Schildkröte heißt Plumps. Sie wird nicht zu Mucketurtlesuppe verarbeitet."

Dann wollte er endgültig gehen. Aber diesmal hielt die Mutter ihn zurück.

„Was ist das für eine Schildkröte, von der du sprichst, Alex?"

„Sabine hat heute Nachmittag eine Schildkröte zu Weihnachten bekommen. Sie weiß nicht, von wem. Sie heißt Plumps."

„Heute Nachmittag, sagst du? Warte, bitte!"

Zum sechsten Mal an diesem Nachmittag telefonierte Frau Moosmann, die von der Frau Moosmann nebenan die Gnädige genannt wird, mit der Tierhandlung. Der Bote war gerade zurückgekommen und berichtete, dass er das Tier bei Karl Moosmann abgeliefert habe.

Damit war die Sache klar: Sabine hatte versehentlich die Schildkröte bekommen, die in die Villa bestellt war. Also wurde Alexander ins Nachbarhaus geschickt, um den Irrtum aufzuklären und die Schildkröte herüberzuholen.

Die Moosmannkinder nebenan waren allesamt rothaarig. Das Rot ihrer Schöpfe reichte vom blassen Gold bis fast zum Zinnober. Sie waren gerade dabei, sich für die Bescherung umzuziehen, als Alexander herübergestürmt kam. So traf der Bub nur Mieze, die Älteste, die in der Küche stand und kochte. Die kleine Sabine bemerkte er nicht; denn sie hockte mit ihrer Schildkröte hinter der halb offenen Küchentür.

„Du, Mieze, es ist unsere Schildkröte!", schrie er ohne jede Einleitung. „Wir brauchen sie für die Mucketurtlesuppe. Der Bote hat sie aus Versehen zu euch gebracht!"

„Mockturtlesuppe kocht man aus Kalbsköpfen und nicht aus Schildkröten", bemerkte Mieze, denn sie besuchte eine Kochschule.

„Trotzdem ist es unsere Schildkröte. Wo ist sie?" Mieze zuckte mit den Schultern und schielte unauffällig zur Küchentür. Aber weder Sabinchen noch die Schildkröte waren zu sehen. Sie gab Alexander den Rat, im ersten Stock nachzuforschen.

Im Mädchenzimmer des ersten Stocks fingen vier Moosmannmädchen bei Alexanders Eintritt zu kreischen an. Sie probierten gerade drei gewaltige Petticoats. Das belustigte Alexander. Aber die Schildkröte fand er hier nicht.

Im Jungenschlafzimmer spielte er mit drei Moosmannbuben Domino. Das war aufregend. Aber die Schildkröte hatte er noch immer nicht.

Auf der Treppe lief er dem alten Moosmann in den Weg, der schon von der Verwechslung gehört hatte und die Stirn krauste. „Wenn die Schildkröte euch gehört, muss Sabine sie zurückgeben", meinte er. „Es gibt ja noch mehr Schildkröten auf der Welt. Sag deiner Mutter, wir brächten das Tier, sobald wir Sabine gefunden haben."

Alexander raste mit dieser Nachricht in die Villa zurück und zehn Moosmannkinder suchten Sabine mit ihrer Schildkröte.

Eine Stunde später suchte man das Schwesterchen immer noch. Schließlich wurde Mieze in die Fabrikantenvilla geschickt, um nachzuforschen, ob Sabine vielleicht schon dort sei. Aber auch dort war das Mädchen nicht. Erst jetzt begriff Mieze, was geschehen war: Sabine hatte die Unterhaltung in der Küche belauscht und sich mit ihrer Schildkröte irgendwo versteckt, um das Tier behalten zu können. Aber wo steckte das Kind?

Mieze erzählte der Gnädigen von ihrer Vermutung und fügte hinzu: „Echte Mockturtlesuppe wird übrigens aus Kalbskopf hergestellt, obwohl man sie fälschlich auch Schildkrötensuppe nennt."

„Sind Sie ganz sicher?", fragte die Gnädige.

„Ganz sicher", antwortete Mieze. „Ich besuche einen Kochkurs. Außerdem können Sie es in jedem Lexikon nachlesen."

„Danke für die Belehrung, mein Kind", erwiderte die Gnädige. „Unter diesen Umständen erlaube ich Sabine, die Schildkröte zu behalten."

„Vorausgesetzt, wir finden Sabine", sagte Mieze und verließ die Villa.

Draußen schneite es noch immer. Es dunkelte schon und die Stunde der Bescherung rückte näher. Aber im Haus der Moosmannkinder zeigte sich keine Sabine. Hin und wieder kam Alexander von der Villa herüber und fragte, ob das Mädchen gefunden sei. Er kehrte jedes Mal ergebnislos zu seiner Mama zurück.

Gegen halb fünf zog die Gnädige ihren Pelzmantel an und ging selbst ins Nachbarhaus. Obschon sie für die heillose Verwechslung nichts konnte, fühlte sie eine Art Mitschuld.

Mutter Moosmann saß wie ein Häufchen Elend in der Küche. Vater Moosmann donnerte sinnlose Befehle ins Haus und scheuchte seine Kinder in die entferntesten Winkel.

In diesem Wirrwarr verwandelte sich die nervöse Aufregung der Gnädigen plötzlich in erstaunliche Tatkraft.

„Frau Moosmann, bereiten Sie die Bescherung vor!", sagte sie in so entschiedenem Ton, dass Mutter Moosmann wirklich aufstand und sich am Küchentisch zu schaffen machte.

„Glauben Sie, wir finden Sabine?" Mutter Moosmann schluckte bei der Frage.

„Wir werden sie alle zusammen suchen", antwortete die Gnädige. „Und ich bin sicher, wir finden sie."

Unter Leitung der Gnädigen begann eine planmäßige Suche durch das ganze Haus, an der sich Vater Moosmann merkwürdig widerspruchslos beteiligte. Der Kloß in seiner Kehle wurde immer kleiner, als er eine Aufgabe hatte.

Aber der Kloß wuchs zur alten Größe an, als nach einer halben Stunde das Ergebnis der Suche feststand: Sabine war nicht im Haus. Jetzt war die Gnädige nicht mehr so zuversichtlich wie zuvor. Aber sie zwang sich, es niemanden merken zu lassen.

„Sabine hat das Haus verlassen", stellte sie mit betont sachlicher Stimme fest. „Wir müssen die ganze Nachbarschaft durchkämmen. Ich habe einen Mann, einen Sohn und zwei Dienstboten. Die werden mitsuchen. Jeder bekommt ein Revier. Ich übernehme die Fabrik."

Zunächst wurde von der Villa aus mit der Polizei telefoniert. Aber die hatte kein Mädchen mit Schildkröte aufgegriffen. Immerhin wollte sie die Augen offen halten.

Dann schwärmte man, einschließlich Fabrikant und Hausmädchen, nach einem genau durchdachten Plan unter dem wirbelnden Schnee in die Häuser und Gassen der Nachbarschaft aus. Die Gnädige schritt entschlossen in den Hof der Fabrik und entdeckte hier eine weit offen stehende Eisentür.

Als sie durch die Tür in die Fabrik trat und das Licht einschaltete, hörte sie aus einer entfernten Ecke der riesigen Halle eine Art leises Quieken. Sie wandte den Kopf und entdeckte rechts hinten in der Ecke ein ganz in sich zusammengekrümmtes Geschöpfchen: Sabine.

„Aber Kind, was machst du denn da?" Ihre Stimme hallte kalt und fremd durch den Raum.

„Du kriegst die Schildkröte nicht!", schrie das Mädchen. „Plumps gehört mir!"

Erst jetzt bemerkte die Gnädige, dass Sabine auf dem Kehrichteimer hockte und die Schildkröte auf dem Schoß hatte.

Sie schritt quer durch die Halle auf das Mädchen zu, das noch mehr in sich zusammenkroch und ihr mit großen ängstlichen Augen entgegensah.

„Du kannst die Schildkröte behalten, Sabine. Ich brauche sie nicht mehr."

Das Kind umklammerte die Schildkröte. Ihre Augen verrieten Zweifel.

Die Gnädige war verwirrt und wiederholte: „Du kannst die Schildkröte behalten!"

Als sie fast vor Sabine stand, rief das Mädchen: „Du lügst! Du willst Suppe aus ihr kochen! Aber man kann die Suppe auch aus Kalbsköpfen kochen, sagt Mieze."

Jetzt musste die Gnädige lachen. „Du hast Recht", gab sie zu. „Die Suppe, die ich kochen will, macht man aus Kalbskopf. Deshalb brauche ich überhaupt keine Schildkröte."

„Schwöre, dass es meine Schildkröte ist!"

Halb befremdet, halb belustigt, legte die Gnädige eine Hand auf das Herz, hob die andere zum Schwur und versicherte feierlich:

„Ich schwöre, dass die Schildkröte mit Namen Plumps der Sabine Moosmann gehört."

„Jetzt glaube ich dir." Das Mädchen stand auf, setzte die Schildkröte zu Boden und sagte: „Nun zeige ich dir, wie schnell Plumps laufen kann."

„Zeig es mir später, Sabine. Wir müssen heim. Ich glaube, du hast dich erkältet. Und Plumps muss auch in die Wärme zurück. Die meisten Schildkröten halten nämlich um diese Zeit ihren Winterschlaf."

„Weiß ich", sagte Sabine mit Kennermiene. „Ich muss eine Kiste mit Torf für Plumps besorgen."

Plötzlich begann die Schildkröte heftig mit den Beinen zu strampeln und Sabine fing an zu niesen. Da ergriff die Gnädige entschlossen die freie Hand des Mädchens und ging mit ihr durch den fallenden Schnee hinüber zum Haus der Moosmannkinder.

Unterwegs meinte Sabine: „Wenn du keine Suppe aus Schildkröten kochst, könntest du dir eigentlich eine Schildkröte zum Spielen anschaffen."

„Geht nicht, Sabine. Plumps war die letzte Schildkröte in der Tierhandlung. Die anderen liegen im Winterschlaf."

Das kleine Mädchen blieb plötzlich stehen, zögerte einen kurzen Augenblick, blickte die Schildkröte an, die sich unter ihren Panzer verkrochen hatte, und legte sie sanft der Gnädigen in den Arm.

„Ich schenk sie dir zu Weihnachten. Es gibt ja noch andere Schildkröten. Ich bestell mir eine im Frühjahr."

Die Gnädigste sah verwirrt auf die Schildkröte, die auf dem weichen Pelz des Mantels vorsichtig den Kopf vorstreckte.

„Es gefällt ihr bei dir", sagte Sabine.

„Trotzdem glaube ich, dass du mehr Zeit für die Schildkröte hast als ich, Sabine. Ich gebe dir das Geschenk zurück."

Wieder wechselte das verschüchterte Tier den Besitzer.

Sabine strahlte. „Du hast Recht", meinte sie. „Ich kann mich mehr um Plumps kümmern als du. Außerdem ist sie ja schon an mich gewöhnt. Du bist viel netter, als ich dachte. Vielen, vielen Dank und fröhliche Weihnachten."

Die Gnädige schluckte ein bisschen und sagte: „Fröhliche Weihnachten, Sabine!"

Dann wanderten sie Hand in Hand weiter und wurden bald von den Flocken verdeckt, die gleichmäßig und gleichmütig auf Gerechte wie auf Ungerechte fielen.

James Krüss

Ein flandrischer Hirtenhund

Monsieur Ximenestre hatte große Ähnlichkeit mit einer Zeichnung von Chaval: beleibt, stumpfsinnig im Ausdruck und im Übrigen sympathisch. Doch in diesen ersten Tagen des Monats Dezember trug er eine tief bekümmerte Miene zur Schau, die in jedem, der ihm begegnete und der ein Herz besaß, das wilde Verlangen erweckte, ihn anzusprechen.

Schuld an diesem Kummer trug das bevorstehende Weihnachtsfest, dem Monsieur Ximenestre, obwohl ein guter Christ, dieses Jahr mit Widerwillen entgegensah, denn er besaß nicht einen Groschen mehr, um Madame Ximenestre, die sehr auf Geschenke aus war, seinen nichtsnutzigen Sohn Charles und seine ausgezeichnet Kalypso tanzende Tochter Augusta zu bescheren. Nicht einen Groschen, genau das war seine Situation. Und von einer Gehaltserhöhung oder Anleihe konnte nicht die Rede sein. Beides war ohne Wissen Madame Ximenestres und der Kinder schon in Anspruch genommen worden, um dem neuen Laster dessen, der ihr Ernährer sein sollte, zu genügen – kurz, um die unselige Leidenschaft des Monsieur Ximenestre zu stillen: das Spiel.

Nicht etwa jenes banale Spiel, bei dem Geld über einen grünen Teppich rieselt, noch jenes, bei dem über einen anderen grünen Teppich Pferde jagen, sondern ein Spiel, das – in Frankreich noch unbekannt – unglücklicherweise in einem Café des Pariser XVII. Bezirks in Mode war, wo Monsieur Ximenestre jeden Abend am Heimweg einen roten Martini trank: Das Spiel der kleinen Pfeile, das mit einem Blasrohr und Tausendfrancnoten gespielt wurde. Sämtliche Stammgäste waren vollkommen närrisch damit, bis auf einen, der aufhören musste, weil er an Herzasthma litt. Ein Australier, den niemand in der Gegend kannte, hatte das aufregende Spiel eingeführt. Es hatte sehr bald zur Bildung einer Art von Klub geführt, der in dem rückwärtigen Saal tagte, wo der spielbegeisterte Wirt das kleine Billard geopfert hatte.

Kurz gesagt, obgleich seine ersten Versuche sehr vielversprechend gewesen waren, hatte Monsieur Ximenestre sich hier ruiniert. Was tun? Von wem sollte er noch Geld ausborgen, um die Handtasche, den Roller und den Plattenspieler zu bezahlen, die, wie er aus einigen sehr unzweideutigen Andeutungen bei Tisch wusste, von ihm erwartet wurden? Die Tage vergingen, in aller Augen begann die Vorfreude aufzuleuchten und vom Himmel fiel munter der Schnee. Monsieur Ximenestre bekam eine gelbe Haut und hoffte krank zu werden. Vergebens.

Am Morgen des 24., als Monsieur Ximenestre das Haus verließ, folgten ihm drei Augenpaare mit beifälligem Blick, denn die tägliche Hausdurchsuchung von Madame Ximenestre hatte noch nicht zur Entdeckung der erwarteten kostbaren Pakete geführt.

„Er lässt sich Zeit", dachte sie mit einiger Bitterkeit, aber ohne die geringste Unruhe.

Auf der Straße wickelte sich Monsieur Ximenestre seinen Schal dreimal um den Hals, und diese Geste führte ihm, sekundenlang, einen Ausweg vor Augen, den er glücklicherweise rasch wieder von sich wies. Er ging weiter in seinem schleppenden, gutmütigen Bärentrott und landete auf einer Bank, wo der Schnee ihn schnell in einen Eisberg verwandelte. Der Gedanke an die Pfeile, die Ledermappe und die rote, völlig untragbare Krawatte, die ihn, wie er wusste, zu Hause erwarteten, machte das Maß des Jammers voll.

Ein paar beschwingte Fußgänger, blaurot vor Kälte und um jeden Finger Bindfäden von Paketen geschlungen, kurz, Familienväter, die dieses Namens würdig waren, gingen an ihm vorüber. Eine Limousine blieb zwei Schritte von Monsieur Ximenestre entfernt stehen; ein Traumwesen mit zwei kleinen Spitzen an der Leine stiegen aus. Monsieur Ximenestre, sonst gewiss kein Verächter des schönen Geschlechts, betrachtete die Dame ohne das geringste Interesse. Dann irrte sein Blick über die Hunde und ein lebhaftes Leuchten trat plötzlich in seine Augen. Er befreite sich von dem Schneeberg, der sich auf seinen Knien gesammelt hatte, und mit einem Ausruf, den der Schnee, der ihm vom Hut in Hals und Augen stürzte, halb erstickte, richtete er sich behände auf.

„Zum Pfandstall", rief er aus.

Der Pfandstall war ein ziemlich trostloser Ort voll trauriger oder aufgeregter Hunde, die Monsieur Ximenestre ein wenig erschreckten. Seine Wahl fiel schließlich auf ein Tier von recht undefinierbarer Rasse und Farbe, das aber, wie man sagt, gute Augen hatte. Und Monsieur Ximenestre nahm an, dass unendlich gütige Augen notwendig wären, um eine Tasche, einen Plattenspieler und einen Roller zu ersetzen. Er taufte seine Errungenschaft sofort auf den Namen Médor, befestigte sie an einem Strick und betrat die Straße.

Médors Freude verschaffte sich umgehend in einer wilden Raserei Ausdruck und übertrug sich sehr gegen seinen Willen auf Monsieur Ximenestre, den so viel tierische Lebenskraft einfach überrumpelte. Er wurde ein paar hundert Meter weit in starkem Trab mit fortgezogen (die Bezeichnung „galoppieren" konnte man schon seit langer Zeit nicht mehr auf Monsieur Ximenestre anwenden) und landete schließlich bei einem Passanten, der etwas über „diese abscheulichen Viecher" vor sich hin brummte. Wie ein Wasserskifahrer überlegte Monsieur Ximenestre, ob er nicht lieber den Strick loslassen und nach Hause gehen sollte.

Aber Médor sprang bellend und begeistert an ihm hoch, sein gelbliches schmutziges Fell war voll von Schnee, und einen Augenblick lang dachte Monsieur Ximenestre, das ihn schon lange Zeit niemand mehr so angeblickt hatte. Sein Herz schmolz. Er senkte seine blauen Augen in die kastanienbraunen Médors, und sie erlebten einen Augenblick unaussprechlicher Süße.

Médor kam als Erster wieder zu sich. Er setzte sich wieder in Bewegung und das Rennen nahm seinen Fortgang. Monsieur Ximenestre dachte vage an den blutarmen Dackel, den er neben Médor gesehen, aber überhaupt nicht beachtet hatte, da er der Ansicht war, dass ein Hund kräftig sein musste. Im Moment flog er buchstäblich seinem Haus entgegen. Sie machten nur eine Minute bei einem Café halt, wo Monsieur Ximenestre drei Glas Grog und Médor drei Stück Zucker zu sich nahmen. Letztere waren eine Spende der mitfühlenden Wirtin: „Und bei dem Wetter, das arme Vieh, nicht einmal einen kleinen Mantel hat es!" Monsieur Ximenestre, am Ende seiner Kräfte, antwortete nicht.

Der Zucker wirkte belebend auf Médor, doch was an der Tür der Ximenestres läutete, war nur noch ein Gespenst. Madame Ximenestre öffnete, Médor stürzte vor und Monsieur Ximenestre, schluchzend vor Erschöpfung, fiel in die Arme seiner Frau.

„Aber, was ist denn das?" Wie ein Schrei quoll es aus Madame Ximenestres Brust.

„Das ist Médor", sagte Monsieur Ximenestre, und in einer letzten verzweifelten Anstrengung fügte er hinzu: „Frohe Weihnachten, meine Liebe, frohe Weihnachten."

„Frohe Weihnachten? Frohe Weihnachten?", kam es halb erstickt von Madame Ximenestre, „was willst du damit sagen?"

„Wir haben doch heute den 24.? Nicht wahr?", rief Monsieur Ximenestre, der in der Wärme der Geborgenheit wieder zu sich kam. „Und zu Weihnachten schenke ich dir, schenke ich euch", verbesserte er sich, denn seine Kinder kamen mit weit aufgerissenen Augen aus der Küche, „schenke ich euch Médor. Hier!"

Und mit entschlossenem Schritt begab er sich in sein Zimmer.

Doch dort sank er sogleich aufs Bett und ergriff seine Pfeife, eine Pfeife aus den Kriegsjahren 1914-1918, von der er zu sagen pflegte, „die hat schon allerhand erlebt". Mit zitternden Händen stopfte er sie, zündete sie an, streckte seine Beine unter die Steppdecke und erwartete den Angriff. Kurz darauf trat auch sehr bleich – Furcht erregend bleich, dachte Monsieur Ximenestre bei sich – Madame Ximenestre in sein Zimmer. Monsieur Ximenestres erster Reflex war der eines Soldaten im Schützengraben: Er versuchte sich völlig unter seiner Steppdecke zu verkriechen. Es war nichts mehr von ihm zu sehen als eine seiner spärlichen Haarlocken und der Rauch seiner Pfeife. Aber das genügte dem Zorne von Madame Ximenestre: „Kannst du mir sagen, was das für ein Hund ist?"

„Er ist eine Art flandrischer Hirtenhund, glaube ich", entgegnete schwach die Stimme von Monsieur Ximenestre.

„Eine Art flandrischer Hirtenhund?" Madame Ximenestres Stimme wurde noch einen Ton schriller. „Und weißt du, was dein Sohn zu Weihnachten erwartet? Und deine Tochter? Ich, ich zähle nicht, das weiß ich ... Aber sie! Und du bringst ihnen dieses abscheuliche Tier mit!" Médor kam gerade rechtzeitig herein. Er sprang auf Monsieur Ximenestres Bett, legte sich neben ihn und bettete sein Haupt auf dem seines Herrn. Tränen der Zärtlichkeit, die glücklicherweise unter der Steppdecke verborgen blieben, traten seinem Freund in die Augen.

„Das ist zu viel", sagte Madame Ximenestre, „wahrscheinlich weißt du nicht einmal, ob der Hund tollwütig ist!"

„In welchem Falle ihr zu zweit wäret", erwiderte Monsieur Ximenestre kalt. Diese abscheuliche Antwort bewirkte Madame Ximenestres Abgang. Médor schleckte seinen Herrn ab und schlief ein. Um Mitternacht brachen Monsieur Ximenestres Ehefrau und Kinder ohne ihm ein Wort zu sagen, zur Mitternachtsmesse auf. Ein leichtes Unbehagen überkam ihn und um dreiviertel eins beschloss er, Médor für fünf Minuten hinauszuführen. Er band sein dickes Halstuch um und wandte sich mit langsamen Schritten der Kirche zu; Médor schnüffelte an jeder Haustür.

Die Kirche war überfüllt, Monsieur Ximenestre versuchte die Tür aufzudrücken – vergeblich. So blieb er denn, das Halstuch bis unter die Augen hinaufgeschoben, vor dem Kirchentor im Schnee stehen, und aus dem Inneren klangen die Gesänge der guten Christen an sein Ohr. Médor zerrte derart an seinem Strick, dass sich Monsieur Ximenestre schließlich niedersetzte und den Strick an seinem Fuß befestigte. Kälte und Aufregung hatten den ohnedies nicht sehr beweglichen Geist Monsieur Ximenestres nach und nach erstarren lassen, sodass er nicht mehr wusste, was er tat. Außerdem wurde er von der Flut der ausgehungerten Gläubigen überrascht, die sich sehr überstürzt aus der Kirche ergoss. Er hatte nicht mehr die Zeit aufzustehen und den Strick zu lösen – schon hörte man eine junge Stimme ausrufen: „Oh, der hübsche Hund! Oh, der arme Mann! ... Warte, Jean Claude."

Und ein Hundertfrancstück fiel auf die Knie des halb betäubten Monsieur Ximenestre. Stammelnd stand er auf, und der mit Jean Claude Bezeichnete gab ihm, gerührt, noch ein Geldstück und den Rat, angenehme Weihnachten zu verbringen.

„Aber", stammelte Monsieur Ximenestre, „aber, ich bitte Sie ..."

Jeder weiß, wie ungeheurer ansteckend Wohltätigkeit sein kann. Alle, oder fast alle Gläubigen, die durch das rechte Kirchenschiff herauskamen, entrichteten Monsieur Ximenestre und Médor ihren Obolus. Halb betäubt und ganz mit Schnee bedeckt, versuchte Monsieur Ximenestre vergebens, sie davon abzuhalten.

Madame Ximenestre und ihre Kinder hatten die Kirche durch das linke Schiff verlassen und waren nach Hause gegangen. Bald darauf kam Monsieur Ximenestre, entschuldigte sich für seinen Scherz vom Nachmittag und gab jedem von ihnen die entsprechende Summe für sein Geschenk. Das Weihnachtsessen verlief sehr vergnügt. Dann legte sich Monsieur Ximenestre neben Médor, der mit Truthahn vollgestopft war, zu Bett, und sie schliefen beide den Schlaf der Gerechten.

Françoise Sagan

Die Versuchung

s war im Winter 46, am ersten Advent. Meine Frau hatte unseren letzten Damastbettbezug mit zwei Kopfkissen bei einer Hamsterfahrt eingetauscht. Ein Pfund Mehl, ein Viertelliter Öl und eine Hand voll Zucker waren davon noch übrig. Sie hatte mir nichts davon gesagt. Es sollte eine Überraschung werden. Und es wurde eine. Allerdings anders, als wir es uns beide gedacht hatten.

Am Abend vor dem ersten Advent sagte meine Frau beim Schlafengehen: „Morgen backe ich einen Kuchen." Sie lachte dabei und ich dachte, sie scherzte nur. Aber in der Nacht träumte ich von Kuchen. Als ich am Morgen erwachte, war das Bett neben mir leer und – die ganze Wohnung roch nach frisch gebackenem Kuchen. Ich lief zur Küche hinüber. Da stand das Wunderwerk auf dem Tisch, braun und knusprig, und meine Frau stand daneben und lachte übers ganze Gesicht. Wenn es nach mir gegangen wäre, hätte ich mich sogleich hingesetzt und den Kuchen angeschnitten. Aber davon wollte sie nichts wissen. Frauen haben vom Feiern so ihre eigenen Vorstellungen. Nachmittags wollte sie den Tisch mit Tannengrün schmücken, die erste Kerze anzünden, das gute Geschirr aus dem Schrank nehmen und schwarzen Tee kochen, den sie auf irgendeine Weise eingehandelt hatte. Und dazu sollte es den Kuchen geben.

Zum Frühstück gab es Maisbrot mit Rübenmarmelade und schwarzer Kaffeebrühe. Deutscher Kaffee, der nach Kastanienauszug schmeckte. Danach zogen wir unsere Mäntel an und gingen zum Gottesdienst. Vor der Kirchentür trafen wir mit den Müllers zusammen. Wir hatten Müllers im vergangenen Winter in der Bibelstunde kennen gelernt und sie seitdem nur einige Male von weitem gesehen. Eine flüchtige Bekanntschaft. Wir wussten nur von ihnen, dass ihre Wohnung von Bomben zerstört war und sie irgendwo in unserem Stadtteil mit ihren drei Kindern hausten. Sie hatten nie besonders gut ausgesehen, aber an jenem Morgen glichen sie, blass und abgemagert wie sie waren, schwer Kranken. Der Hunger schien ihnen übel mitgespielt zu haben.

Wahrscheinlich ging meiner Frau der Anblick der beiden Elendsgestalten ebenso zu Herzen wie mir, denn sie sagte sogleich, als wir uns die Hände geschüttelt hatten: „Besuchen Sie uns einmal. Sie würden uns eine große Freude damit machen."

Die Augen in Frau Müllers magerem Vogelgesicht begannen zu strahlen, und Herrn Müllers müdes Gesicht entspannte sich in einem Lächeln. Sie nahmen die Einladung dankend an.

Während der Predigt wurden meine Gedanken – zu meiner Schande sei es gesagt – mit magnetischer Kraft zu dem Kuchen gezogen. Hunger ist wie eine Krankheit. Ich versuchte, mich zu konzentrieren, aber ich kam nicht vom Kuchen los.

Zu Mittag gab es Kartoffelsuppe. Rohe Kartoffeln in kochendes Wasser gerieben. Der zweite Gang bestand aus einem Klecks „weißer Taube" – mit Wasser angerührter Magermilchquark und einer aufgelösten Süßstofftablette. Nach dem Essen legte ich mich für ein Stündchen hin. Meine Frau wollte inzwischen die Stube ein wenig herrichten und mich rufen, sobald alles fertig sei.

Endlich war es dann so weit. Die Stube roch nach Kerzen und Tannengrün. Das gute Geschirr stand auf dem Tisch und der Tee kochend heiß unter der Haube. Meine Frau nahm das Messer, um den Kuchen anzuschneiden – da schrillte die Klingel. Wir saßen sekundenlang erstarrt. Dann, als es zum zweiten Mal klingelte, erhob sich meine Frau, schlich auf Zehenspitzen zur Tür und war einen verstohlenen Blick durch das Guckloch.

„Die Müllers!", sagte sie erbleichend. „Hätten wir doch heute Morgen ..."

„Vielleicht gehen sie wieder weg", gab ich zu bedenken, obwohl ich nicht daran glaubte. Beim dritten Klingelton schlich ich auf Strümpfen zur Tür.

„Sie sind nicht zu Hause", hörte ich Frau Müller sagen. Ihre Stimme klang so enttäuscht, dass es mir ins Herz schnitt. Ich hielt den Atem an. Da war die Stimme wieder: „Sie haben es doch gesagt ... jetzt haben wir den Kindern unser Mittagessen ge-geben ... sie haben doch keine Kinder ... ich dachte, dass vielleicht ..." Die Stimme erstickte in leisem Schluchzen. „Nun wein' doch nicht, Lottchen", versuchte Herr Müller zu trösten, „vielleicht wird noch alles gut." Ein kurzes Schnäuzen, dann erleichtert: „Du hast Recht. Wir wollen noch etwas warten. Wenn sie weggegangen sind, werden sie sicher bald zurückkommen."

Ich spürte das Blut ins Gesicht steigen. Ich schämte mich vor mir selbst. Aber ich war viel zu gierig, um auch nur die Möglichkeit zu erwägen, den Kuchen mit den beiden zu teilen. Ich schlich ins Zimmer zurück und sagte ratlos: „Sie gehen nicht weg. Was sollen wir denn jetzt tun?"

In diesem Augenblick kam von draußen Frau Müllers Stimme: „Du, da hat sich drinnen was bewegt."

Jetzt war Eile geboten. „Schnell, schieb den Kuchen unters Sofa."

Mit raschem Handgriff beförderte meine Frau Messer und Kuchenteller in den Schrank. Dann ging sie hinaus, um zu öffnen. Ich heftete mich an ihre Fersen. Die Freude der beiden war rührend.

„Entschuldigen Sie bitte, dass wir Sie warten ließen", sagte meine Frau. „Wir hatten uns nach dem Mittagessen etwas hingelegt und haben die Zeit verschlafen."

Müllers entschuldigten sich wortreich über die Störung. Alles wäre gut gegangen, wenn sie nur ihren Spitz nicht mitgebracht hätten. Pfeilgeschwind schoss das kleine Ungeheuer durch meine Beine hindurch über die Türschwelle in Richtung Sofa. Ich bekam ihn eben noch am Halsband zu fassen. Er gebärdete sich wie toll. Erst als Herr Müller ihn auf den Arm nahm, wurde er langsam wieder ruhig, ohne jedoch das penetrante Schnuppern einzustellen: Er hielt die kleine Schnauze steil in die Luft gestreckt und schnupperte mit aufreizender Nervosität. Inzwischen hatten Müllers abgelegt. „Wir haben den Tee gleich zu Mittag mitgekocht, um Kohle zu sparen", sagte meine Frau. Wie leicht reihte sich Lüge an Lüge, eine gebar gewissermaßen von selbst die nächste.

Der Tee wurde eingegossen und in jede Tasse eine Süßstofftablette gelegt, die auf der Oberfläche kleine weiße Bläschen bildete. Wir setzten uns. Ich sah gerade noch die gespannte Erwartung in Frau Müllers kleinem verhungertem Vogelgesicht einer bitteren Enttäuschung weichen, nahm ihre krampfhafte Bemühung wahr, die Tränen zurückzuhalten und sich nichts anmerken zu lassen. Dann war es mit meiner Ruhe vorbei.

Herr Müller hatte den Spitz wieder auf den Fußboden gesetzt, und damit nahm das Unheil seinen Lauf. Zuerst freilich konnte ich es noch in Schach halten. Ich hatte mich in weiser Voraussicht auf das Sofa gesetzt, das zu meinem Glück zu den kurzen aus älterer Zeit, gehörte.

Der Hund schob seine Schnauze schnuppernd von der Seite unter den schmalen Spalt unter der Lehne, und als er das Aussichtslose seiner Bemühungen einsah, ging er zum frontalen Angriff über. Er kroch unter den Tisch und versuchte, an meinen Beinen vorbeizukommen. Er benahm sich wie besessen, jaulte, fauchte und knurrte, während er mit aller Kraft versuchte, meine Beine beiseite zu schieben, die seinen schmächtigen Körper wie in einen Schraubstock gepresst hielten.

Das Müllersche Ehepaar, von dem Benehmen ihres Hundes peinlich berührt, entschuldigten sich vielmals und beteuerten, dass der Spitz sonst immer recht brav wäre. Ich verwünschte den Kuchen, aber die Szene musste zu Ende gespielt werden. Die Konversation, von der allseitigen Enttäuschung gehemmt, schleppte sich träge dahin. Die Kinder hätten sie daheim gelassen, sagte Frau Müller, sie seien schon seit drei Wochen erkältet. Ja, und den Spitz hätten sie auch schon längst fortgegeben, aber sie brächten es einfach nicht übers Herz, sich von ihm zu trennen. Es sei ein treues Tier, und die Kinder hingen an ihm, sie hätten doch sonst weiter nichts, keinen Schlitten, kein Spielzeug. So teilten sie und ihr Mann immer ihr Essen mit ihm ... Dabei stand in ihren Augen die stumme Frage, ob wir nicht vielleicht etwas für ihn hätten, eine kalte Pellkartoffel oder gar einen Knochen.

Währenddessen brachte sich der Spitz unterm Tisch bald um. Ich versuchte allerhand Manöverchen, ihn von seinem Vorhaben abzubringen, schmeichelte ihm mit allen zärtlichen Ausdrücken, die mir zur Verfügung standen – ohne Erfolg. Und während meine Beine akrobatische Kunststücke vollführten, fluchte ich in Gedanken in einer Art, die mir unter anderen Umständen nicht einmal im Traum eingefallen wäre. Verdammter Teufelsbraten, knirschte ich, elende Töle, du altes verbiestertes Höllenvieh.

Und dann war plötzlich alles aus. Ich bekam einen Krampf in beide Unterschenkel und spürte den Schmerz bis in den Rücken hinauf. Vor meinen Augen tanzten feurige Kreise. Ich war am Ende meiner Kraft. Wir waren erledigt. Aber daran dachte ich nur den Bruchteil einer Sekunde. Ich war an dem Punkt angelangt, wo einem alles gleichgültig wird. Mit einer letzten Anstrengung bückte ich mich, zog den Kuchen unterm Sofa hervor und stellte ihn auf den Tisch.

„Wir haben einen Kuchen gebacken", sagte ich mit matter Stimme ohne die Augen zu heben, „und wir haben ihn vor Ihnen versteckt, weil wir ihn allein essen wollten."

Ich ließ den Kopf auf den Tisch fallen und weinte. Ich kann mich nicht erinnern, als erwachsener Mensch jemals geweint zu haben, obwohl der Krieg genügend Anlass dazu geboten hätte. Dies hier war etwas anderes. Hier stand meine Habgier, hartherzige Gier, gegen Hunger, Hoffnung und gläubiges Vertrauen.

Als ich mich gefasst hatte und den Kopf hob, bemerkte ich, dass die anderen drei ebenfalls verweinte Augen hatten. Die schmächtige Frau Müller schluckte tapfer ihre Tränen herunter und durchbrach als erste den Bann des Schweigens: „Ich weiß, wie Hunger tut", sagte sie, „ich hätte es wahrscheinlich ebenso gemacht."

Und plötzlich begannen wir zu lachen, ganz grundlos, mehr aus Verlegenheit, aber es wurde ein befreiendes Lachen. Müllers wollten aufbrechen, aber davon konnte nun keine Rede mehr sein. Wir schickten Herrn Müller nach Hause, um die Kinder zu holen. Indessen plünderten wir drei Schrank und Keller und beförderten verborgene Schätze zutage – ein Glas Apfelmus, eine Flasche Johannisbeersaft, zwei Flaschen Wein und eine große Tüte Zwieback. Als dann alle um den Tisch versammelt saßen, wurde unter dem Hallo der Kinder der Kuchen angeschnitten. Und das Wunder geschah – ich verspürte bereits nach dem zweiten Gefühl ein lang entbehrtes Gefühl der Sättigung. Alle wurden satt. Sogar der Spitz bekam seinen Anteil. Als der Tisch abgeräumt war, zündeten wir die Kerze auf dem Adventskranz an und sangen Weihnachtslieder.

Während meine Frau in der Küche das Abendbrot, unsere gewöhnliche Kartoffelsuppe, vorbereitete, klingelte es. Draußen stand unsere Nachbarin. „Sie haben mir vor ein paar Wochen ausgeholfen, als ich meine Lebensmittelkarte verloren hatte", sagte sie. „Heute hat uns ganz überraschend ein Freund meines Mannes besucht. Er kommt vom Land und hat uns eine Menge mitgebracht." Damit überreichte sie meiner Frau einen Laib Brot, ein Stück Speck und ein Glas Sirup. Das wurde ein Festmahl! Wir haben zur Feier des Tages alle vier Kerzen bis zum Grund abgebrannt.

Es war der schönste Advent in meinem Leben – und der Beginn einer noch heute währenden Freundschaft. So ist am Ende alles in Ordnung gekommen, und das anfängliche Missgeschick wurde uns später zum Segen. Aber – ein Stachel ist geblieben. Bis zum heutigen Tag. Uns beiden zur Lehre. Ich denke täglich daran, wenn ich mich zu Tisch setze.

Renate Sprung

Das Wunder

ie Schwierigkeit, die man im Verkehr mit Don Crescenzo hat, besteht darin, dass er stocktaub ist. Er hört nicht das Geringste und ist zu stolz, den Leuten von den Lippen zu lesen. Trotzdem kann man ein Gespräch mit ihm nicht einfach damit anfangen, dass man etwas auf einen Zettel schreibt. Man muss so tun, als gehöre er noch zu einem, als sei er noch ein Teil unserer lauten, geschwätzigen Welt.

Als ich Don Crescenzo fragte, wie das an Weihnachten gewesen sei, saß er auf einem der Korbstühlchen am Eingang seines Hotels. Es war sechs Uhr und der Strom der Mittagskarawanen hatte sich verlaufen. Es war ganz still und ich setzte mich auf das andere Korbstühlchen, gerade unter das Barometer mit dem Werbebild der Schifffahrtslinie, einem weißen Schiff im blauen Meer. Ich wiederholte meine Frage und Don Crescenzo hob die Hände gegen seine Ohren und schüttelte bedauernd den Kopf. Dann zog er ein Blöckchen und einen Bleistift aus der Tasche und ich schrieb das Wort Natale und sah ihn erwartungsvoll an.

Ich werde jetzt gleich anfangen, meine Weihnachtsgeschichte zu erzählen, die eigentlich Don Crescenzos Geschichte ist. Aber vorher muss ich noch etwas über diesen Don Crescenzo sagen. Meine Leser müssen wissen, wie arm er einmal war und wie reich er jetzt ist, ein Herr über hundert Angestellte, ein Besitzer von großen Wein- und Zitronengärten und von sieben Häusern. Sie müssen sich sein Gesicht vorstellen, das mit jedem Jahr der Taubheit sanfter wirkt, so als würden Gesichter nur von der beständigen Rede und Gegenrede geformt und bestimmt. Sie müssen ihn vor sich sehen, wie er unter den Gästen seines Hotels umhergeht, aufmerksam und traurig und schrecklich allein. Und dann müssen sie auch erfahren, dass er sehr gern aus seinem Leben erzählt und dass er dabei nicht schreit, sondern mit leiser Stimme spricht.

Oft habe ich ihm zugehört und natürlich war mir auch die Weihnachtsgeschichte schon bekannt. Ich wusste, dass sie mit der Nacht anfing, in der der Berg kam, ja, so hatten sie geschrien: Der Berg kommt, und sie hatten das Kind aus dem Bett gerissen und den schmalen Felsenweg entlang. Er war damals sieben Jahre alt, und wenn Don Crescenzo davon berichtete, hob er die Hände an die Ohren, um zu verstehen zu geben, dass dieser Nacht gewiss die Schuld an seinem jetzigen Leiden zuzuschreiben sei.

Ich war sieben Jahre alt und hatte das Fieber, sagte Don Crescenzo und hob die Hände gegen die Ohren, auch dieses Mal. Wir waren alle im Nachthemd, und das war es auch, was uns geblieben war, nachdem der Berg unser Haus ins Meer gerissen hatte, das Hemd auf dem Leibe, sonst nichts. Wir wurden von Verwandten aufgenommen, und andere Verwandte haben uns später das Grundstück gegeben, dasselbe, auf dem jetzt das Albergo steht. Meine Eltern haben dort, noch bevor der Winter kam, ein Haus gebaut. Mein Vater hat die Maurerarbeiten gemacht und meine Mutter hat ihm die Ziegel in Säcken den Abhang hinuntergeschleppt. Sie war klein und schwach, und wenn sie glaubte, dass niemand in der Nähe sei, setzte sie sich einen Augenblick auf die Treppe und seufzte und die Tränen liefen ihr über das Gesicht. Gegen Ende des Jahres war das Haus fertig und wir schliefen auf dem Fußboden, in Decken gewickelt, und froren.

Und dann kam Weihnachten, sagte ich, und deutete auf das Wort „Natale", das auf dem obersten Zettel stand.

Ja, sagte Don Crescenzo, dann kam Weihnachten, und an diesem Tage war mir so traurig zu Mute wie in meinem ganzen Leben nicht. Mein Vater war Arzt, aber einer von denen, die keine Rechnungen schreiben. Er ging hin und behandelte die Leute, und wenn sie fragten, was sie schuldig seien, sagte er, zuerst müssten sie die Arzneien kaufen und dann das Fleisch für die Suppe, und dann wollte er ihnen sagen, wie viel. Aber er sagte es nie. Er kannte die Leute hier sehr gut und wusste, dass sie kein Geld hatten. Er brachte es einfach nicht fertig, sie zu drängen, auch damals nicht, als wir alles verloren hatten und die letzten Ersparnisse durch den Hausbau aufgezehrt waren. Er versuchte es einmal, kurz vor Weihnachten, an dem Tage, an dem wir unser letztes Holz im Herd verbrannten. An diesem Abend brachte meine Mutter einen Stoß weißer Zettel nach Hause und legte sie vor meinen Vater hin, und dann nannte sie ihm eine Reihe von Namen und mein Vater schrieb die Namen auf die Zettel und jedes Mal ein paar Zahlen dazu. Aber als er damit fertig war, stand er auf und warf die Zettel in das Herdfeuer, das gerade am Ausgehen war. Das Feuer flackerte sehr schön und ich freute mich darüber, aber meine Mutter fuhr zusammen und sah meinen Vater traurig und zornig an.

So kam es, dass wir am vierundzwanzigsten Dezember kein Holz mehr hatten, kein Essen und keine Kleider, die anständig genug gewesen wären, damit in die Kirche zu gehen. Ich glaube nicht, dass meine Eltern sich darüber viele Gedanken machten. Erwachsene, denen so etwas geschieht, sind gewiss der Überzeugung, dass es ihnen schon einmal wieder besser gehen wird und dass sie dann essen und trinken und Gott loben können, wie sie es so oft getan haben im Laufe der Zeit. Aber für ein Kind ist das etwas ganz anderes. Ein Kind sitzt da und wartet auf das Wunder, und wenn das Wunder nicht kommt, ist alles aus und vorbei ...

Bei diesen Worten beugte sich Don Crescenzo vor und sah auf die Straße hinaus, so als ob dort etwas seine Aufmerksamkeit in Anspruch nähme. Aber in Wirklichkeit versuchte er nur, seine Tränen zu verbergen. Er versuchte, mich nicht merken zu lassen, wie das Gift der Enttäuschung noch heute alle Zellen seines Körpers durchdrang.

Unser Weihnachtsfest, fuhr er nach einer Weile fort, ist gewiss ganz anders als die Weihnachten bei Ihnen zu Hause. Es ist ein sehr lautes, sehr fröhliches Fest. Das Jesuskind wird im Glasschrein in der Prozession getragen und die Blechmusik spielt. Viele Stunden lang werden Böllerschüsse abgefeuert und der Hall dieser Schüsse wird von den Felsen zurückgeworfen, sodass es sich anhört wie eine gewaltige Schlacht. Raketen steigen in die

Luft, entfalten sich zu gigantischen Palmenbäumen und sinken in einem Regen von Sternen zurück ins Tal. Die Kinder johlen und lärmen, und das Meer mit seinen schwarzen Winterwellen rauscht so laut, als ob es vor Freude schluchze und singe. Das ist unser Christfest und der ganze Tag vergeht mit Vorbereitungen dazu. Die Knaben richten ihre kleinen Feuerwerkskörper und die Mädchen binden Kränze und putzen die versilberten Fische, die sie der Madonna umhängen. In allen Häusern wird gebraten und süßer Sirup gerührt.

So war es auch bei uns gewesen, solange ich denken konnte. Aber in der Christnacht, die auf den Bergsturz folgte, war es in unserem Hause furchtbar still. Es brannte kein Feuer, und darum blieb ich so lange wie möglich draußen, weil es dort immer noch ein wenig wärmer war als drinnen. Ich saß auf den Stufen und sah zur Straße hinauf, wo die Leute vorübergingen und wo die Wagen mit ihren schwachen Öllämpchen auftauchten und wieder verschwanden. Es waren eine Menge Leute unterwegs, Bauern, die mit ihren Familien in die Kirche fuhren, und andere, die noch etwas zu verkaufen hatten, Eier und lebendige Hühner und Wein. Als ich da saß, konnte ich das Gegacker der Hühner hören und das lustige Schwatzen der Kinder, die einander erzählten, was sie alles erleben würden heute Nacht. Ich sah jedem Wagen nach, bis er in dem dunklen Loch des Tunnels verschwand, und dann wandte ich den Kopf wieder und schaute nach einem neuen Fuhrwerk aus; als es auf der Straße stiller wurde, dachte ich, das Fest müsse begonnen haben und ich würde nun etwas vernehmen von dem Knattern der Raketen und den Schreien der Begeisterung und des Glücks. Aber ich hörte nichts als die Geräusche des Meeres, das gegen die Felsen klatschte, und die Stimme meiner Mutter, die betete und mich aufforderte, einzustimmen in die Litanei. Ich tat es schließlich, aber ganz mechanisch und mit verstocktem Gemüt. Ich war sehr hungrig und wollte mein Essen haben, Fleisch und Süßes und Wein. Aber vorher wollte ich mein Fest haben, mein schönes Fest ...

Und dann auf einmal veränderte sich alles auf eine unfassbare Art. Die Schritte auf der Straße gingen nicht mehr vorüber und die Fahrzeuge hielten an. Im Schein der Lampen sahen wir einen prallen Sack, der in unseren Garten geworfen, und hoch gepackte Körbe, die an den Rand der Straße gestellt wurden. Eine Ladung Holz und Reisig rutschte die Stufen herunter, und als ich mich vorsichtig die Treppe hinauftastete, fand ich auf dem niederen Mäuerchen, auf Tellern und Schüsseln, Eier, Hühner und Fisch. Es dauerte eine ganze Weile, bis die geheimnisvollen Geräusche zum Schweigen kamen und wir nachsehen konnten, wie reich wir mit einem Male waren. Da ging meine Mutter in die Küche und machte ein Feuer an, und ich stand draußen und sog inbrünstig den Duft in mich ein, der bei der Verbindung von heißem Öl, Zwiebeln, gehacktem Hühnerfleisch und Rosmarin entsteht.

Ich wusste in diesem Augenblick nicht, was meine Eltern schon ahnen mochten, nämlich, dass die Patienten meines Vaters, diese alten Schuldner, sich abgesprochen hatten, ihm Freude zu machen auf diese Art. Für mich fiel alles vom Himmel, die Eier und das Fleisch, das Licht der Kerzen, das Herdfeuer und der schöne Kittel, den ich mir aus einem Packen Kleider hervorwühlte und so schnell wie möglich überzog. Lauf, sagte meine Mutter, und ich lief die Straße hinunter und durch den langen finsteren Tunnel, an dessen Ende es schon glühte und funkelte von buntem Licht. Als ich in die Stadt kam, sah ich schon von weitem den roten und goldenen Baldachin, unter dem der Bischof die steile Treppe hinaufgetragen wurde. Ich hörte die Trommeln und die Pauken und das Evvivageschrei und brüllte aus Leibeskräften mit. Und dann fingen die großen Glocken in ihrem offenen Turm an zu schwingen und zu dröhnen.

Don Crescenzo schwieg und lächelte freudig vor sich hin. Gewiss hörte er jetzt wieder, mit einem inneren Gehör, alle diese heftigen und wilden Geräusche, die für ihn so lange zum Schweigen gekommen waren und die ihm in seiner Einsamkeit noch viel mehr als jedem anderen Menschen bedeuteten: Menschenliebe, Gottesliebe, Wiedergeburt des Lebens aus dem Dunkel der Nacht.

Ich sah ihn an und dann nahm ich das Blöckchen zur Hand. Sie sollten schreiben, Don Crescenzo. Ihre Erinnerungen. – Ja, sagte Don Crescenzo, das sollte ich. Einen Augenblick richtete er sich hoch auf und man konnte ihm ansehen, dass er die Geschichte seines Lebens nicht geringer einschätzte als das, was im Alten Testament stand oder in der Odyssee. Aber dann schüttelte er den Kopf. Zu viel zu tun, sagte er.

Und auf einmal wusste ich, was er mit all seinen Umbauten und Neubauten, mit der Bar und den Garagen und dem Aufzug hinunter zum Badeplatz im Sinne hatte. Er wollte seine Kinder schützen vor dem Hunger, den traurigen Weihnachtsabenden und den Erinnerungen an eine Mutter, die Säcke voll Steine schleppt und sich hinsetzt und weint.

Marie Luise Kaschnitz

Wie die Liebe Gottes durch ein Schweinskotelett zu einem Menschen kam

irklich, das nenne ich Glück, sagte sich der alte François, indem er sich auf die Bank nahe beim Feuer niedersinken ließ. Einmal ist es hier warm. Und dann sieht der Teller so verheißungsvoll aus, auch wenn er noch leer ist! Da kommt ja schon der Kochtopf! Die Heilsarmisten sind doch brave Burschen!

Der alte François war bei einer ganz besonderen Art von Razzia aufgegriffen worden. Er war einer Gruppe von Heilsarmisten ins Netz gegangen, als sie zu ihrem großen Weihnachtsessen Leute einluden, die sonst nicht vom Glück verwöhnt waren. Übrigens war er eine durchaus willfährige Beute gewesen. Jesus hatte ja

auch gesagt: „Gehet auf die Straße und Gassen der Stadt – und unter die Brücken – und führet die Armen und Krüppel herein ..."
Der alte François kannte das Gleichnis vom großen Gastmahl im Evangelium wohl. Wenn es in einer Versammlung der Heilsarmee vorgelesen wurde, lief ihm stets das Wasser im Munde zusammen. Heimlich fügte er dem Text noch hinzu: „... und unter die Brücken", um sich darin zu bestärken, dass das Evangelium auch für ihn gemeint war.

Er hielt den Löffel bereits andächtig in der Hand und wartete mit großer Geduld darauf, dass er Suppe bekäme. Man kündigte an, dass auf die heiße Suppe ein Schweinskotelett folgen würde. Angestrengt schnupperte er, um am Duft festzustellen, ob diese Nachricht auch keine Falschmeldung sei, die die Stimmung heben sollte. Doch seine Nase verriet ihm, dass es stimmte! Und nun war er ganz hingebungsvolle Erwartung im Gedanken an das Kotelett.

Endlich wurde die Suppe serviert. Alles war, wie man es sich nicht besser wünschen konnte! Sie duftete köstlich, wärmte einen auf und rief gute Stimmung hervor. Ach, wenn doch Ernest da wäre!

Ernest, dieser kranke Leidensgenosse, war die Hauptsorge des alten François. Er hatte mit ihm ungezählte Nachtlager auf den Parkbänken, unter den Brücken und in den Schuppen geteilt, wie sie ihnen abwechselnd als armseliges Quartier gedient hatten. Ernest war wie er ohne Alter und ohne Würde, abgesehen von den seltenen Fällen, wo sie sich einmal richtig hatten satt essen können und sich dann in dem stolzen Bewusstsein wiegten, auch Menschen zu sein und sich ein wenig wie die anderen fühlten. Genau so wie François war Ernest schmutzig, zerlumpt und verlaust und in einem beklagenswerten Zustand. Aber er beklagte sich nicht, selbst seit es gesundheitlich überhaupt nicht mehr gehen wollte und er zehn Tage im Krankenhaus hatte sein dürfen! In ein schneeweißes Bett hatten sie ihn gelegt, in dem man sich ganz ausstrecken konnte, ohne dass man deshalb mehr frieren musste. Und dann hatte man ihn gewaschen, den Alten, vom Kopf bis zum Fuß! Herrlich war es, als er so sauber geschrubbt wurde, auch wenn er sich dabei erkältet hatte!

François lächelte bei der Erinnerung in sich hinein. Ja, ja, dieser Ernest!

Jedoch auf die Tage im Krankenhaus war, wie die Nacht auf den Tag, wieder der Abstieg in das gewöhnliche Leben gefolgt. Der alte Ernest lebte jetzt, allerdings höchst ungern, bei seiner Tochter. Er lag dort auf einer alten Matratze, die platt wie ein Fladenkuchen war, in Bettlaken, die niemals gewaschen wurden, unter einer Decke, die zu dünn war, um zu wärmen. Trotz all der alten Lumpen, die man an Stelle eines Federbettes auf seine Beine deckte, fror er bei Tag und Nacht. Übrigens, seine Tochter ... doch sprechen wir nicht davon! Wenn François an diese Tochter dachte, fühlte er einen wilden Zorn in sich aufsteigen. Aber alles in ihm verwandelte sich in Mitleid, wenn er an den armen Ernest dachte.

„Nun, Alter, willst du etwa kein Kotelett?" Er fuhr aus seinen Gedanken auf. Richtig, man hatte angefangen, das Fleischgericht zu servieren. Er lächelte den bedienenden Heilsarmee-Bruder wie einen Engel des Lichtes an, der sich für diesen Dienst des Herrn mit einer scharfzinkigen Gabel bewaffnet hatte. Er – und kein Fleisch wollen? Weist man denn seinen Anteil am Paradies zurück?

Er lächelte noch immer und seine Augen glänzten vor Erwartung. Das Kotelett lag jetzt auf seinem Teller, knusprig, dick und fettglänzend, ein richtiges Kotelett für reiche Leute, die das Recht haben, jeden Tag gute Dinge zu essen. Und dann der Kartoffelbrei! Und das für uns, die wir es wahrhaftig anders gewöhnt sind!

An allen Tischen stürzte man sich gierig auf das Kotelett. Ein ununterbrochenes Klirren von Messern und Gabeln war zu hören, ein lang gezogenes verhaltenes Brummen tiefster Zufriedenheit. Die Rücken waren unter der Anstrengung gebeugt, die Arme, Ellenbogen und Handgelenke mit Eifer bei der Arbeit.

Nur der alte François aß nicht. Plötzlich steckte er die Hand in die Tasche und zog ein altes Stück Zeitungspapier heraus. Mit einem raschen Blick vergewisserte er sich, dass ihn niemand beobachtete, dann nahm er sein Kotelett, wickelte es in das Papier und ließ es mit der unschuldigsten Miene von der Welt in seine Tasche gleiten. Mit dem, was einem gehört, kann man doch machen, was man will, nicht wahr? Aber niemand fragte oder stellte ihn zur Rede. Höchstens konnte später sich jemand fragen, ob der Alte, der einen so sauberen Teller zurückgab, auch den Knochen mit aufgegessen hatte!

Aber der Kartoffelbrei war gut, o so gut! Und François aß ihn, indem er tief den köstlichen Fleischduft einsog, der von den Tellern seiner Nachbarn aufstieg. Gesättigt und mit zufriedener Seele ließ er sich dann gern überreden, noch an der anschließenden Weihnachtsfeier teilzunehmen. Er lauschte dem Bericht von der Geburt des armen Kindleins in einem Stall, er betrachtete von weitem die Kerzen am Weihnachtsbaum, und da er sich nahe an die Tür gesetzt hatte, verließ er unauffällig den Saal noch vor Schluss der Feier. Gewiss wollte er diesen braven Leuten, die ihm Gutes getan hatten, nicht wehtun, aber er konnte es nicht länger aushalten. Ernests wegen konnte er nicht bleiben!

Er stieg die steile Treppe hinauf und fand die Tür. Ernest lag allein im Dunkeln in dem ungeheizten Zimmer, stöhnend und mit den Zähnen klappernd.

„Mach die Lampe an", sagte eine schwache Stimme. „Auf dem Kamin liegen Streichhölzer. Aber stoß dich nicht!"

„Hab keine Angst, ich kenne den Weg. – Alter, weißt du es nicht? Ich bringe dir eine gute Nachricht: Heute ist Weihnachten. Weißt du, Weihnachten! Die Nacht, in der unser Erlöser geboren wurde!"

„Ach denkst du, dass ich mich jetzt noch für den Kalender interessiere?"

Die qualmende Lampe verbreitete ein trübes Licht, das barmherzig das Elend des armseligen Loches im Halbdunkel ließ. François setzte sich auf den Nachttisch und betrachtete die Züge seines Freundes.

O, der Ärmste der Armen! Es griff ihm ans Herz, dies hagere, bleiche Gesicht anzusehen mit der spitzen Nase und den blutlosen Lippen.

„Weißt du, was ich dir bringe, Ernest?", fragte er und senkte seine Stimme, dass sie zärtlich und ein wenig mütterlich klang. Er hatte das Gefühl, dass es dieser Tonfall sei, den Ernest brauchte.

„Nein, es ist mir auch egal!"

„Nein, es ist dir nicht egal. Sieh her! Ein Kotelett, Alter, ein Schweinskotelett!"

„Wie?"

„Ein Schweinskotelett! Es ist so, wie ich dir sage! Da sieh! Mach die Augen auf!" Ernest schien aufzuleben. Seine Augen wurden lebendig, seine Hände bewegten sich vor Ungeduld und Begier. Auf seinen Zügen spiegelte sich Überraschung und Unglaube.

„Schweinskotelett? Gibt es denn so etwas noch, Schweinskotelett? Zu meiner Zeit ..." Mit François' Hilfe setzte er sich auf. „Wo sind Teller, Messer, Gabel ...!", rief François. „O, ich finde schon."

„Ein Kotelett", murmelte Ernest. Und plötzlich bewegten ihn der Anblick und der schwache Duft, der von dem erkalteten Fleisch ausging und den er mit vor Begier geschärften Sinnen einsog, so, dass er eine Träne vergoss.

„Mach dir nichts draus. Es ist nur die Erinnerung. Was habe ich für Schweinskoteletts gegessen – früher!" Und sein müdes Gedächtnis belebte sich mit längst vergessenen Bildern aus Kindheit und Jugend. Früher!

„Lass das Vergangene", mahnte François. „Iss! Nein, warte!"

Ernest war gerade im Begriff, sein Kotelett anzuschneiden, als der Ruf des Freundes ihn innehalten ließ.

„Du bist mir ein schöner Heide", rief der. „Du willst essen ohne zu beten! Bei der Heilsarmee betet man immer zuerst."

„Ich kann kein Tischgebet. Dann sprich du es." Und François faltete die Hände: „Oh Herr, Ernest dankt dir für deinen Sohn Jesus, den du uns zu Weihnachten geschenkt hast, und für dieses Kotelett. Amen. – So, nun kannst du essen."

„Glaubst du, dass das genügt?"
„Wenn es auch nicht viel Worte waren, so ist doch das Herz dabei gewesen. Der liebe Gott versteht es schon."
„Glaubst du denn, dass er mir das Kotelett geschickt hat?"
„Ja, so gewiss wie er Jesus auf die Erde geschickt hat, um die Menschen zu lehren, dass sie sich lieben und besonders die armen Teufel zu lieben."
„Hast du's denn schon gemerkt, dass er uns liebt, uns, die Vergessenen? Was mich betrifft, so habe ich Jesus vergessen, wie er mich vergessen hat!"
„Und das Kotelett, das du isst, Undankbarer!"
„Sag mal, war es gut, dein Kotelett?"
François antwortete nicht, aber Ernest, der ihn beobachtete, sah, dass seine Augen glänzten, und sich ein genießerischer Zug über sein Gesicht verbreitete.
„Ach du Leckermaul, geh!", rief Ernest und lachte herzlich. „Und jetzt möchte ich mich ausstrecken, ich bin müde."
„Mein armer Ernest!"
François verließ ihn erst spät in der Nacht, nachdem er seinen alten Freund so bequem wie möglich zwischen die Kissen und Lumpenjacken gebettet hatte.
„Ich komme morgen, um zu sehen, wie's dir geht", hatte er noch gesagt. Als er am nächsten Tag wiederkam, stieß er mit Marie, der Tochter, zusammen. Er liebte sie nicht und sie erwiderte seine Abneigung gründlich. Er fand, dass sie ein besonders abstoßendes Gesicht habe.
„Wie geht's Ernest?", fragte er.
„Er ist nicht mehr da, der Alte. Das heißt, er ist natürlich noch in seinem Bett ... Schwer zu verstehen, was?"
François machte eine heftige Bewegung mit dem Kopf, als wenn er tief Atem schöpfen müsste. Er schluckte einmal.
„Wann ist er gestorben?"
„O, heute früh. Er war nicht mehr klar im Kopf. Er betete für mich, ich hörte ihn immer wieder ‚Jesus, Jesus' sagen. Ich hab nie

gewusst, dass er fromm ist! Und dann brachte er noch eine Geschichte von einem Kotelett dazwischen. Du meine Güte, er hatte wirklich schon 'nen Dachschaden!"

Dann ging François; mühsam stieg er die schlüpfrige, steile Treppe wieder hinunter. Sein Herz war schwer, und doch auch wieder nicht! Irgendetwas sang in ihm, der Gedanke, dass die letzte Erdennacht seines Kameraden ein wenig erhellt worden war durch die Gnade Gottes, die sich zu Weihnachten barmherzig zu alten enttäuschten Herzen und ausgemergelten, lebensmüden Menschen neigt, auch wenn sie sich dazu eines armen, kalt gewordenen Schweinskoteletts bedienen müsste.

Robert Farelly

Das Paket des lieben Gottes

Nehmt eure Stühle und eure Teegläser mit hier hinter an den Ofen und vergeßt den Rum nicht. Es ist gut, es warm zu haben, wenn man von der Kälte erzählt.

Manche Leute, vor allem eine gewisse Sorte Männer, die etwas gegen Sentimentalität hat, haben eine starke Aversion gegen Weihnachten. Aber zumindest ein Weihnachten in meinem Leben ist bei mir wirklich in bester Erinnerung. Das war der Weihnachtsabend 1908 in Chicago. Ich war Anfang November nach Chicago gekommen, und man sagte mir sofort, als ich mich nach der allgemeinen Lage erkundigte, es würde der härteste Winter werden, den diese ohnehin genügend unangenehme Stadt zustande bringen könnte. Als ich fragte, wie es mit den Chancen für einen Kesselschmied stünde, sagte man mir, Kesselschmiede hätten keine Chancen, und als ich eine halbwegs mögliche Schlafstelle suchte, war alles zu teuer für mich. Und das erfuhren in diesem Winter 1908 viele in Chicago, aus allen Berufen.

Der Wind wehte scheußlich vom Michigansee herüber durch den ganzen Dezember, und gegen Ende des Monats schlossen auch noch eine Reihe großer Fleischpackereien ihren Betrieb und warfen eine ganze Flut von Arbeitslosen auf die kalten Straßen.

Wir trabten den ganzen Tag durch sämtliche Stadtviertel und suchten verzweifelt nach etwas Arbeit und waren froh, wenn wir am Abend in einem winzigen, mit erschöpften Leuten angefüllten Lokal im Schlachthofviertel unterkommen konnten. Dort hatten wir es wenigstens warm und konnten ruhig sitzen. Und wir saßen, solange es irgend ging mit einem Glas Whisky, und wir sparten alles den Tag über auf für dieses eine Glas Whisky, in das noch Wärme, Lärm und Kameraden mit einbegriffen waren, all das, was es an Hoffnung für uns noch gab.

Dort saßen wir auch am Weihnachtsabend dieses Jahres, und das Lokal war noch überfüllter als gewöhnlich und der Whisky noch wäßriger und das Publikum noch verzweifelter. Es ist einleuchtend, daß weder das Publikum noch der Wirt in Feststimmung geraten, wenn das ganze Problem der Gäste darin besteht, mit einem Glas eine ganze Nacht auszureichen, und das ganze Problem des Wirtes, diejenigen hinauszubringen, die leere Gläser vor sich stehen hatten.

Aber gegen zehn Uhr kamen zwei, drei Burschen herein, die, der Teufel mochte wissen woher, ein paar Dollars in der Tasche hatten, und die luden, weil es doch eben Weihnachten war und Sentimentalität in der Luft lag, das ganze Publikum ein, ein paar Extragläser zu leeren. Fünf Minuten darauf war das ganze Lokal nicht wiederzuerkennen. Alle holten sich frischen Whisky (und paßten nun ungeheuer darauf auf, daß ganz korrekt eingeschenkt wurde), die Tische wurden zusammengerückt, und ein verfroren aussehendes Mädchen wurde gebeten, einen Cakewalk zu tanzen, wobei sämtliche Festteilnehmer mit den Händen den Takt klatschten. Aber was soll ich sagen, der Teufel mochte seine schwarze Hand im Spiel haben, es kam keine rechte Stimmung auf.

Ja, geradezu von Anfang an nahm die Veranstaltung einen

direkt bösartigen Charakter an. Ich denke, es war der Zwang, sich beschenken lassen zu müssen, der alle so aufreizte. Die Spender dieser Weihnachtsstimmung wurden nicht mit freundlichen Augen betrachtet. Schon nach den ersten Gläsern des gestifteten Whiskys wurde der Plan gefaßt, eine regelrechte Weihnachtsbescherung, sozusagen ein Unternehmen größeren Stils, vorzunehmen.

Da ein Überfluß an Geschenkartikeln nicht vorhanden war, wollte man sich weniger an direkt wertvolle und mehr an solche Geschenke halten, die für die Beschenkenden passend waren und vielleicht sogar einen tieferen Sinn hatten.

So schenkten wir dem Wirt einen Kübel mit schmutzigem Schneewasser von draußen, wo es davon gerade genug gab, *damit er mit seinem alten Whisky noch ins neue Jahr hinein ausreichte.* Dem Kellner schenkten wir eine alte, erbrochene Konservenbüchse, *damit er wenigstens ein anständiges Servicestück hätte,* und einem zum Lokal gehörigen Mädchen ein schartiges Taschenmesser, *damit sie wenigstens die Schicht Puder vom vergangenen Jahr abkratzen könnte.*

Alle diese Geschenke wurden von den Anwesenden, vielleicht nur die Beschenkten ausgenommen, mit herausforderndem Beifall bedacht. Und dann kam der Hauptspaß.

Es war nämlich unter uns ein Mann, der mußte einen schwachen Punkt haben. Er saß jeden Abend da, und Leute, die sich auf dergleichen verstanden, glaubten mit Sicherheit behaupten zu können, daß er, so gleichgültig er sich auch geben mochte, eine gewisse, unüberwindliche Scheu vor allem, was mit der Polizei zusammenhing, haben mußte. Aber jeder Mensch konnte sehen, daß er in keiner guten Haut steckte.

Für diesen Mann dachten wir uns etwas ganz Besonderes aus. Aus einem alten Adreßbuch rissen wir mit Erlaubnis des Wirtes drei Seiten aus, auf denen lauter Polizeiwachen standen, schlugen sie sorgfältig in eine Zeitung und überreichten das Paket unserm Mann.

Es trat eine große Stille ein, als wir es überreichten. Der Mann nahm das Paket zögernd in die Hand und sah uns mit einem etwas kalkigen Lächeln von unten herauf an. Ich merkte, wie er mit den Fingern das Paket anfühlte, um schon vor dem Öffnen festzustellen, was darin sein könnte. Aber dann machte er es rasch auf. Und nun geschah etwas sehr Merkwürdiges. Der Mann nestelte eben an der Schnur, mit der das „Geschenk" verschnürt war, als sein Blick, scheinbar abwesend, auf das Zeitungsblatt fiel, in das die interessanten Adreßbuchblätter geschlagen waren. Aber da war sein Blick schon nicht mehr abwesend. Sein ganzer dünner Körper (er war sehr lang) krümmte sich sozusagen um das Zeitungsblatt zusammen, er bückte sein Gesicht tief darauf und las. Niemals, weder vor- noch nachher, habe ich je einen Menschen so lesen sehen. Er verschlang das, was er las, einfach. Und dann schaute er auf. Und wieder habe ich niemals, weder vor- noch nachher, einen so strahlend schauen sehen wie diesen Mann.

„Da lese ich eben in der Zeitung", sagte er mit einer verrosteten, mühsam ruhigen Stimme, die in lächerlichem Gegensatz zu seinem strahlenden Gesicht stand, „daß die ganze Sache einfach schon lang aufgeklärt ist. Jedermann in Ohio weiß, daß ich mit der ganzen Sache nicht das geringste zu tun hatte." Und dann lachte er. Und wir alle, die erstaunt dabeistanden und was ganz anderes erwartet hatten und fast nur begriffen, daß der Mann unter irgendeiner Beschuldigung gestanden und inzwischen, wie er eben aus diesem Zeitungsblatt erfahren hatte, rehabilitiert worden war, fingen plötzlich an, aus vollem Halse und fast aus dem Herzen mitzulachen, und dadurch kam ein großer Schwung in unsere Veranstaltung, die gewisse Bitterkeit war überhaupt vergessen, und es wurde ein ausgezeichnetes Weihnachten, das bis zum Morgen dauerte und alle befriedigte.

Und bei dieser allgemeinen Befriedigung spielte es natürlich gar keine Rolle mehr, daß dieses Zeitungsblatt nicht wir ausgesucht hatten, sondern Gott.

Bertolt Brecht

Kaschubisches Weihnachtslied

Wärst du, Kindchen, im Kaschubenlande,
wärst du, Kindchen, doch bei uns geboren!
Sieh, du hättest nicht auf Heu gelegen,
wärst auf Daunen weich gebettet worden.

Nimmer wärst du in den Stall gekommen,
dicht am Ofen stünde warm dein Bettchen,
der Herr Pfarrer käme selbst gelaufen,
dich und deine Mutter zu verehren.

Kindchen, wie wir dich gekleidet hätten!
Müßtest eine Schaffellmütze tragen,
blauen Mantel von kaschubischem Tuche,
pelzgefüttert und mit Bänderschleifen.

Hätten dir den eignen Gurt gegeben,
rote Schuhchen für die kleinen Füße,
fest und blank mit Nägelchen beschlagen!
Kindchen, wie wir dich gekleidet hätten!

Kindchen, wie wir dich gefüttert hätten!
Früh am Morgen weißes Brot mit Honig,
frische Butter, wunderweiches Schmorfleisch,
mittags Gerstengrütze, gelbe Tunke.

Gänsefleisch und Kuttelfleck mit Ingwer,
fette Wurst und goldnen Eierkuchen,
Krug um Krug das starke Bier aus Putzig!
Kindchen, wie wir dich gefüttert hätten!

Und wie wir das Herz dir schenken wollten!
Sieh, wir wären alle fromm geworden,

alle Knie würden sich dir beugen,
alle Füße Himmelswege gehen.

Niemals würde eine Scheune brennen,
sonntags nie ein trunkner Schädel bluten, –
wärst du, Kindchen, im Kaschubenlande,
wärst du, Kindchen, doch bei uns geboren!

Werner Bergengruen

Zwischenfall im Hürtgenwald

m Heiligen Abend 1944, mitten in der Ardennenschlacht, hatten Mutter und ich unerwartete Gäste.
Als es an diesem Weihnachtsabend an die Tür klopfte, ahnten Mutter und ich nichts von dem Wunder, das wir erleben sollten.

Ich war damals 12 und wir lebten in einem kleinen Häuschen in den Ardennen, nahe der deutsch-belgischen Grenze. Vater hatte das Häuschen vor dem Krieg benützt, wenn er an Wochenenden auf die Jagd ging; und als unsere Heimatstadt Aachen immer stärker unter Luftangriffen zu leiden hatte, schickte er uns dorthin. Ihn selbst hatte man in der sechs Kilometer entfernten Grenzstadt Monschau zum Luftschutzdienst eingezogen.

„In den Wäldern seid ihr sicher", hatte er zu mir gesagt. „Pass gut auf Mutter auf. Du bist jetzt ein Mann."

Aber vor einer Woche hatte Generalfeldmarschall von Rundstedt mit der letzten verzweifelten deutschen Offensive dieses Krieges begonnen, und während ich jetzt zur Tür ging, tobte ringsum die Ardennenschlacht. Wir hörten unablässig das dumpfe Wummern der Geschütze, über unsere Köpfe dröhnten Flugzeuge hinweg und des Nachts durchbrachen Scheinwerfer die Finsternis.

Ganz in unserer Nähe kämpften und starben Tausende von deutschen und alliierten Soldaten.

Als es klopfte, blies Mutter rasch die Kerzen aus. Dann ging sie vor mir zur Tür und stieß sie auf. Draußen standen, vor dem gespenstischen Hintergrund der verschneiten Bäume, zwei Männer mit Stahlhelmen. Der eine redete Mutter in einer Sprache an, die wir nicht verstanden, und zeigte dabei auf einen dritten, der im Schnee lag. Sie begriff schneller als ich, dass es sich um Amerikaner handelte. Feinde!

Mutter stand, die Hand auf meiner Schulter, schweigend da, unfähig, sich zu bewegen. Die Männer waren bewaffnet und hätten sich den Eintritt erzwingen können, aber sie rührten sich nicht und baten nur mit den Augen. Der Verwundete schien mehr tot als lebendig. „Kommt rein!", sagte Mutter schließlich. Die Soldaten trugen ihren Kameraden ins Haus und legten ihn auf mein Bett.

Keiner von ihnen sprach Deutsch. Mutter versuchte es mit Französisch und in dieser Sprache konnte sich einer der Männer einigermaßen verständigen. Bevor Mutter sich des Verwundeten annahm, sagte sie zu mir: „Die Finger der beiden sind ganz steif. Zieh ihnen die Jacken und die Stiefel aus und bring einen Eimer Schnee herein." Kurz darauf rieb ich ihnen die blau gefrorenen Füße mit Schnee ab.

Der Untersetzte, Dunkelhaarige, erfuhren wir, war Jim. Sein Freund, groß und schlank, hieß Robin. Harry, der Verwundete, schlief jetzt auf meinem Bett, mit einem Gesicht so weiß wie draußen der Schnee. Sie hatten ihre Einheit verloren und irrten seit drei Tagen im Wald umher, auf der Suche nach den Amerikanern, auf der Hut vor den Deutschen. Sie waren unrasiert, sahen aber, ohne ihre schweren Mäntel, trotzdem aus wie große Jungen. Und so behandelte Mutter sie auch.

„Geh, hol Hermann", sagte Mutter zu mir. „Und bring Kartoffeln mit."

Das war eine einschneidende Änderung in unserem Weihnachtsprogramm. Hermann war ein fetter Hahn, den wir seit

Wochen mästeten, in der Hoffnung, Vater werde Weihnachten zu Hause sein. Und als es uns vor einigen Stunden klar geworden war, dass er nicht kommen würde, hatte Mutter gemeint, Hermann solle noch ein paar Tage am Leben bleiben, für den Fall, dass Vater zu Neujahr kam. Nun hatte sie sich wieder anders besonnen. Hermann sollte jetzt gleich eine dringende Aufgabe erfüllen.

Während Jim und ich in der Küche halfen, kümmerte sich Robin um Harry, der einen Schuss in den Oberschenkel abbekommen hatte und fast verblutet war. Mutter riss ein Laken in Streifen zum Verbinden der Wunde.

Bald zog der verlockende Duft von gebratenem Hahn durch das Zimmer. Ich deckte gerade den Tisch, als es wieder klopfte. In der Erwartung, noch mehr verirrte Amerikaner zu sehen, öffnete ich ohne Zögern. Draußen standen vier Männer in Uniformen, die mir nach fünf Jahren Krieg wohlvertraut waren: deutsche Soldaten – unsere! Ich war vor Schreck wie gelähmt. Trotz meiner Jugend kannte ich das Gesetz: Wer feindliche Soldaten beherbergt, begeht Landesverrat. Wir konnten alle erschossen werden! Mutter hatte auch Angst. Ihr Gesicht war weiß, aber sie trat hinaus und sagte ruhig: „Fröhliche Weihnachten!" Die Soldaten wünschten ihr ebenfalls eine frohe Weihnacht.

„Wir haben unsere Einheit verloren und möchten gern bis Tagesanbruch warten", erklärte der Anführer, ein Unteroffizier. „Können wir bei Ihnen bleiben?"

„Natürlich", erwiderte Mutter mit der Ruhe der Verzweiflung. „Sie können auch eine gute, warme Mahlzeit haben und essen, solange etwas da ist."

Die Soldaten lächelten, vergnügt den Duft schnuppernd, der ihnen durch die halb offene Tür entgegenschlug. „Aber", fuhr Mutter energisch fort, „wir haben noch drei Gäste hier, die Sie vielleicht nicht als Freunde ansehen werden." Ihre Stimme war mit einem Mal so streng, wie ich sie noch nie gehört hatte.

„Heute ist Heiliger Abend und hier wird nicht geschossen."

„Wer ist drin?", fragte der Unteroffizier barsch. „Amerikaner?" Mutter sah jedem Einzelnen in das frosterstarrte Gesicht. „Hört mal", sagte sie langsam, „ihr könntet meine Söhne sein und die da drin auch. Einer von ihnen ist verwundet und ringt um sein Leben. Und seine beiden Kameraden: verirrt und hungrig und müde wie ihr. In dieser Nacht", sie sprach jetzt zu dem Unteroffizier und hob die Stimme, „in dieser Heiligen Nacht denken wir nicht an Töten!"

Der Unteroffizier starrte sie an. Für zwei, drei endlose Sekunden herrschte Schweigen. Dann machte Mutter der Ungewissheit ein Ende. „Genug geredet!", sagte sie und klatschte in die Hände. Legen Sie Ihre Waffen auf das Holz – und machen Sie schnell, sonst essen die anderen alles auf."

Die vier Soldaten legten wie benommen ihre Waffen auf die Kiste mit Feuerholz im Gang: zwei Pistolen, drei Karabiner, ein leichtes MG und zwei Panzerfäuste. Mutter sprach indessen hastig mit Jim auf Französisch. Er sagte etwas auf Englisch und ich sah verwundert, wie auch die Amerikaner Mutter ihre Waffen gaben.

Als nun die Deutschen und die Amerikaner Schulter an Schulter verlegen in der kleinen Stube standen, war Mutter in ihrem Element. Lächelnd suchte sie für jeden einen Sitzplatz. Wir hatten nur drei Stühle, aber Mutters Bett war groß. Dorthin setzte sie zwei der später Gekommenen neben Jim und Robin.

Dann machte sie sich, ohne von der gespannten Atmosphäre Notiz zu nehmen, wieder ans Kochen. Aber Hermann wurde ja nun nicht mehr größer und wir hatten vier Esser mehr. „Rasch", flüsterte sie mir zu, „hole noch ein paar Kartoffeln und etwas Haferflocken. Die Jungen haben Hunger, und wenn einem der Magen knurrt, ist man reizbar."

Während ich die Vorratskammer plünderte, hörte ich Harry stöhnen. Als ich zurückkam, hatte einer der Deutschen eine Brille aufgesetzt und beugte sich über die Wunde des Amerikaners. „Sind Sie Sanitäter?", fragte Mutter. „Nein", erwiderte er, „aber ich habe bis vor wenigen Monaten in Heidelberg Medizin studiert."

Dann erklärte er den Amerikanern in, wie mir schien, recht fließendem Englisch, Harrys Wunde sei dank der Kälte nicht infiziert. „Er hat nur sehr viel Blut verloren", sagte er zu Mutter. „Er braucht jetzt einfach Ruhe und kräftiges Essen."

Der Druck begann zu weichen. Selbst mir kamen die Soldaten, als sie so nebeneinander saßen, alle noch sehr jung vor. Heinz und Willi, beide aus Köln, waren sechzehn. Der Unteroffizier war mit seinen Dreiundzwanzig der älteste. Er brachte aus seinem Brotbeutel eine Flasche Rotwein zum Vorschein und Heinz fand einen Laib Schwarzbrot, den Mutter in Scheiben schnitt. Sie sollten zum Essen auf den Tisch kommen. Von dem Wein aber stellte sie einen Rest beiseite. „Für den Verwundeten."

Dann sprach Mutter das Tischgebet. Ich sah, dass sie Tränen in den Augen hatte, als sie die vertrauten Worte sprach: „Komm, Herr Jesu, sei unser Gast ..." Und als ich mich in der Tischrunde umsah, waren auch die Augen der kriegsmüden Soldaten feucht. Sie waren wieder Buben, die einen aus Amerika, die anderen aus Deutschland, alle fern von zu Haus.

Gegen Mitternacht ging Mutter zur Tür und forderte uns auf, mitzukommen und den Stern von Betlehem anzusehen. Bis auf Harry, der friedlich schlief, standen wir alle neben ihr, und für jeden war in diesem Augenblick der Stille und im Anblick des Sirius, des hellsten Sterns am Himmel, der Krieg sehr fern und fast vergessen.

Unser privater Waffenstillstand hielt auch am nächsten Morgen an. Harry erwachte, verschlafen brummelnd, in den letzten Nachtstunden, und Mutter flößte ihm etwas Brühe ein. Bei Tagesanbruch war er dann sichtlich kräftiger. Mutter quirlte ihm aus unserem einzigen Ei, dem Rest Rotwein und etwas Zucker einen stärkenden Trank. Wir anderen aßen Haferflocken. Dann wurde aus zwei Stöcken und Mutters bestem Tischtuch eine Tragbahre für Harry gemacht.

Der Unteroffizier zeigte den Amerikanern, über Jims Karte gebeugt, wie sie zu ihrer Truppe zurückfinden konnten (in diesem

Stadium des Bewegungskrieges erwiesen sich die Deutschen als überraschend gut informiert). Er legte den Finger auf einen Bach. „Da geht ihr lang", sagte er. „Am Oberlauf trefft ihr auf die 1. Armee, die sich dort neu formiert." Der Mediziner übersetzte alles ins Englische.

Mutter gab nun allen ihre Waffen zurück. „Seid vorsichtig, Jungens", sagte sie. „Ich wünsche mir, dass ihr eines Tages dahin zurückkehrt, wo ihr hingehört, nach Hause. Gott beschütze euch alle!" Die Deutschen und die Amerikaner gaben einander die Hand, und wir sahen ihnen nach, bis sie in entgegengesetzter Richtung verschwunden waren.

Als ich wieder ins Haus trat, hatte Mutter die alte Familienbibel hervorgeholt. Ich sah ihr über die Schulter. Das Buch war bei der Weihnachtsgeschichte aufgeschlagen, bei dem Bericht von der Geburt in der Krippe und den drei Weisen, die von weit her kamen, um ihre Geschenke darzubringen. Ihr Finger glitt über die Zeile: „... und sie zogen über einen anderen Weg wieder in ihr Land."

Fritz Vincken

Lüttenweihnachten

„üchtig neblig heute", sagte am 20. Dezember der Bauer Gierke ziellos über den Frühstückstisch hin. Es war eigentlich eine ziemlich sinnlose Bemerkung, jeder wusste auch so, dass Nebel war, denn der Leuchtturm von Arkona heulte schon die ganze Nacht mit seinem Nebelhorn wie ein Gespenst, das das Ängsten kriegt.

Wenn der Vater die Bemerkung trotzdem machte, so konnte sie nur eines bedeuten. „Neblig ...?" fragte gedehnt sein dreizehnjähriger Sohn Friedrich.

"Verlauf dich bloß nicht auf dem Schulweg", sagte Gierke und lachte. Und nun wusste Friedrich genug, und auf seinem Zimmer steckte er schnell die Schulbücher aus dem Ranzen in die Kommode, lief in den Stellmacherschuppen und „borgte" sich eine kleine Axt und eine Handsäge. Dabei überlegte er: Den Franz von Gäbels nehm ich nicht mit, der kriegt Angst vor dem Rotvoss. Aber Schöns Alwert und die Frieda Benthin. Also los!

Wenn es für die Menschen Weihnachten gibt, so muss es das Fest auch für die Tiere geben. Wenn für uns ein Baum brennt, warum nicht für Pferd und Kühe, die doch das ganze Jahr unsere Gefährten sind? In Baumgarten jedenfalls feiern die Kinder vor dem Weihnachtsfest Lüttenweihnachten für die Kinder, und dass es ein verbotenes Fest ist, von dem der Lehrer Beckmann nicht wissen darf, erhöht seinen Reiz. Nun hat der Lehrer nicht nur körperlich einen Buckel, sondern er kann auch sehr bösartig werden, wenn seine Schüler etwas tun, was sie nicht sollen. Darum ist Vaters Wink mit dem nebligen Tag eine Sicherheit, dass das Schulschwänzen heute jedenfalls von ihm nicht allzu tragisch genommen wird.

Schule aber muss geschwänzt werden, denn wo bekommt man einen Weihnachtsbaum her? Den muss man aus dem Staatsforst an der See oben stehlen, das gehört zu Lüttenweihnachten. Und weil man beim Stehlen erwischt werden kann und weil der Förster Rotvoss ein schlimmer Mann ist, darum muss der Tag neblig sein, sonst ist es zu gefährlich. Wie Rotvoss wirklich heißt, das wissen die Kinder nicht, aber er ist der Förster und hat einen fuchsroten Vollbart, darum heißt er Rotvoss.

Von ihm reden sie, als sie alle drei etwas aufgeregt über die Feldraine der See entgegenlaufen. Schöns Alwert weiß von einem Knecht, den hat Rotvoss an einen Baum gebunden und so lange mit der gestohlenen Fichte geschlagen, bis keine Nadeln mehr daran saßen. Und Frieda weiß bestimmt, dass er zwei Mädchen einen ganzen Tag lang im Holzschauer eingesperrt hat, erst als Heiligabend vorbei war, ließ er sie wieder laufen.

Sicher ist, sie gehen zu einem großen Abenteuer, und dass der Nebel so dick ist, dass man keine drei Meter weit sehen kann, macht alles noch viel geheimnisvoller. Zuerst ist es ja sehr einfach: Die Raine auf der Baumgartener Feldmark kennen sie: Das ist Rothspracks Winterweizen, und dies ist die Lehmkuhle, aus der Müller Timm sein Vieh sommers tränkt.

Aber sie laufen weiter, immer weiter, sieben Kilometer sind es gut bis an die See, und nun fragt es sich, ob sie sich auch nicht verlaufen im Nebel. Da ist nun dieser Leuchtturm von Arkona, er heult mit seiner Sirene, dass es ein Grausen ist, aber es ist so seltsam, genau kriegt man nicht weg, wo er heult. Manchmal bleiben sie stehen und lauschen. Sie beraten lange, und wie sie weitergehen, fassen sie sich an den Händen, die Frieda in der Mitte. Das Land ist so seltsam still, wenn sie dicht an einer Weide vorbeikommen, verliert sie sich nach oben ganz in Rauch. Es tropft sachte von ihren Ästen, tausend Tropfen sitzen überall, nein, die See kann man noch nicht hören. Vielleicht ist sie ganz glatt, man weiß es nicht, heute ist Windstille.

Plötzlich bellt ein Hund in der Nähe, sie stehen still, und als sie dann zehn Schritte weitergehen, stoßen sie an eine Scheunenwand. Wo sie hingeraten sind, machen sie aus, als sie um eine Ecke spähen. Das ist Nagels Hof, sie erkennen ihn an den bunten Glaskugeln im Garten.

Sie sind zu weit rechts, sie laufen direkt auf den Leuchtturm zu, und dahin dürfen sie nicht, da ist kein Wald, da ist nur die steile, kahle Kreideküste. Sie stehen noch eine Weile vor dem Haus, auf dem Hof klappert einer mit Eimern und ein Knecht pfeift im Stall: Es ist so heimlich! Kein Mensch kann sie sehen, das große Haus vor ihnen ist ja nur wie ein Schattenriss.

Sie laufen weiter, immer nach links, denn nun müssen sie auch vermeiden, zum alten Schulhaus zu kommen – das wäre so schlimm! Das alte Schulhaus ist gar kein Schulhaus mehr, was soll hier in der Gegend ein Schulhaus, wo keine Menschen leben – nur die paar weit verstreuten Höfe ... Das Schulhaus besteht nur aus runtergebrannten Grundmauern, längst verwachsen, verfallen, aber im Sommer blüht hier herrlicher Flieder. Nur, dass ihn keiner pflückt. Denn dies ist ein böser Platz, der letzte Schullehrer hat das Haus abgebrannt und sich aufgehängt. Friedrich Gierke will es nicht wahrhaben, sein Vater hat gesagt, das ist Quatsch, ein Altenteilhaus ist es mal gewesen. Und es ist gar nicht abgebrannt, sondern es hat leer gestanden, bis es verfiel. Darüber geraten die Kinder in großen Streit.

Ja, und das Nächste, dem sie nun begegnen, ist gerade dies alte Haus. Mitten in ihrer Streiterei laufen sie gerade darauf zu! Ein Wunder ist es in diesem Nebel. Die Jungen können's nicht lassen, drinnen ein bisschen zu stöbern, sie suchen etwas Verbranntes. Frieda steht abseits auf dem Feldrain und lockt mit ihrer hellen Stimme. Ganz nah, wie schräg über ihnen, heult der Turm, es ist schlimm anzuhören. Es setzt so langsam ein und schwillt und schwillt, und man denkt, der Ton kann gar nicht mehr voller werden, aber er nimmt immer mehr zu, bis das Herz sich ängstigt und der Atem nicht mehr will: „Man darf nicht so hinhören ..."

Jetzt sind es höchstens noch zwanzig Minuten bis zum Wald. Alwert weiß sogar, was sie hier finden: erst einen Streifen hoher Kiefern, dann Fichten, große und kleine, eine ganze Wildnis, gerade, was sie brauchen, und dann kommen die Dünen, und dann die See. Ja, nun beraten sie, während sie über einen Sturzacker wandern: Erst der Baum oder erst die See? Klüger ist es, erst an die See, denn wenn sie mit dem Baum länger umherlaufen, kann sie Rotvoss doch noch erwischen, trotz des Nebels. Sind sie ohne Baum, kann er ihnen nichts sagen, obwohl er zu fragen fertig bringt, was Friedrich in seinem Ranzen hat. Also erst See, dann Baum.

Plötzlich sind sie im Wald. Erst dachten sie, es sei nur ein Grasstreifen hinter dem Sturzacker, und dann waren sie schon zwischen den Bäumen, und die standen enger und enger. Richtung? Ja, nun hört man doch das Meer, es donnert nicht gerade, aber gestern ist Wind gewesen, es wird starke Dünung sein, auf die sie zulaufen.

Und nun seht, das ist nun doch der richtige Baum, eine Fichte, eben gewachsen, unten breit, ein Ast wie der andere, jedes Ende gesund – und oben so schlank, eine Spitze so hell, in diesem Jahre getrieben. Kein Gedanke, diesen Baum stehen zu lassen, so einen finden sie nie wieder. Ach, sie sägen ihn ruchlos ab, sie bekommen ein schönes Lüttenweihnachten, das herrlichste im Dorf, und Posten stellen sie auch nicht aus. Warum soll Rotvoss grade hierher kommen? Der Waldstreifen ist über zwanzig Kilometer lang. Sie binden die Äste schön an den Stamm, und dann essen sie ihr Brot, und dann laden sie den Baum auf, und dann laufen sie weiter zum Meer.

Zum Meer muss man doch, wenn man ein Küstenmensch ist, selbst mit solchem Baum. Anderes Meer haben sie näher am Hof, aber das sind nur Bodden und Wieks. Dies hier ist richtiges Außenmeer, hier kommen die Wellen von weit, weit her, von Finnland oder von Schweden oder auch von Dänemark. Richtige Wellen ...

Also, sie laufen aus dem Wald über die Dünen.

Und nun stehen sie still.

Nein, das ist nicht mehr die Brandung allein, das ist ein seltsamer Laut, ein wehklagendes Schreien, ein endloses Flehen, tausendstimmig. Was ist es? Sie stehen und lauschen.

„Jung, Manning, das sind Gespenster!"

„Das sind die Ertrunkenen, die man nicht begraben hat."

„Kommt, schnell nach Haus!"

Und darüber heult die Nebelsirene.

Seht, es sind kleine Menschentiere, Bauernkinder, voll von Spuk und Aberglauben, zu Haus wird noch besprochen, da wird gehext und blau gefärbt. Aber sie sind kleine Menschen, sie laden ihren Baum wieder auf und waten doch durch den Dünensand dem klagenden Geschrei entgegen, bis sie auf der letzten Höhe stehen, und ...

Und was sie sehen, ist ein Stück Strand, ein Stück Meer. Hier über dem Wasser weht es ein wenig, der Nebel zieht in Fetzen, schließt sich, öffnet den Ausblick. Und sie sehen die Wellen, grüngrau, wie sie umstürzen, weiß schäumend draußen auf der äußersten Sandbank, näher tobend, brausend. Und sie sehen den Strand, mit Blöcken besät, und dazwischen lebt es, dazwischen schreit es, dazwischen watschelt es in Scharen.

„Die Wildgänse!", sagen die Kinder. „Die Wildgänse ..."

Sie haben nur davon gehört, sie haben es noch nie gesehen, aber nun sehen sie es. Das sind die Gänsescharen, die zum offenen Wasser ziehen, die hier an der Küste Station machen, eine Nacht oder drei, um dann weiterzuziehen, nach Polen oder wer weiß, wohin, Vater weiß es auch nicht. Da sind sie, die großen, wilden Vögel, und sie schreien, und das Meer ist da und der Wind und der Nebel, und der Leuchtturm von Arkona heult, und die Kinder stehen da mit ihrem gemausten Tannenbaum und starren und lauschen und trinken es in sich ein ...

Und plötzlich sehen sie noch etwas, und magisch verführt, gehen sie dem Wunder näher. Abseits, zwischen den hohen Steinblöcken, da steht ein Baum, eine Fichte wie die ihre, nur viel, viel höher, und sie ist besteckt mit Lichtern, und die Lichter flackern im leichten Windzug ...

„Lüttenweihnachten", flüstern die Kinder. „Lüttenweihnachten für die Wildgänse ..."

Immer näher kommen sie, leise gehen sie, auf den Zehen – oh, dieses Wunder! – und um den Felsblock biegen sie. Da ist der Baum vor ihnen in all seiner Pracht und neben ihm steht ein Mann, die Büchse über die Schulter, ein roter Vollbart ...

„Ihr Schweinekerls!", sagt der Förster, als er die drei mit der Fichte sieht.

Und dann schweigt er. Und auch die Kinder sagen nichts. Sie stehen und starren. Es sind kleine Bauerngesichter, sommersprossig, selbst jetzt im Winter, mit derben Nasen und einem festen Kinn, es sind Augen, die was in sich reinsehen. Immerhin, denkt der Förster, haben sie mich auch erwischt beim Lüttenweihnachten. Und der Pastor sagt, es sind Heidentücken. Aber was soll man denn machen, wenn die Gänse so schreien und der Nebel so dick ist, und die Welt so eng und so weit und Weihnachten vor der Tür ... Was soll man da machen ...?

Man soll einen Vertrag machen auf ewiges Stillschweigen, und die Kinder wissen ja nun, dass der gefürchtete Rotvoss nicht so schlimm ist, wie sich die Leute erzählen ...

Ja, da stehen sie nun: ein Mann, zwei Jungen, ein Mädel. Die Kerzen flackern am Baum und ab und zu geht auch eine aus. Die Gänse schreien und das Meer braust und rauscht. Die Sirene heult. Da stehen sie, es ist eine Art Versöhnungsfest, sogar auf die Tiere erstreckt, es ist Lüttenweihnachten. Man kann es feiern, wo man will, am Strand auch, und die Kinder werden es nachher in ihres Vaters Stall noch einmal feiern.

Und schließlich kann man hingehen und danach handeln. Die Kinder sind imstande und bringen es fertig, die Tiere nicht unnötig zu quälen und ein bisschen nett zu ihnen zu sein. Zuzutrauen ist ihnen das.

Das Ganze aber heißt Lüttenweihnachten und ist ein verbotenes Fest, der Lehrer Beckmann wird es ihnen morgen schon zeigen!

Hans Fallada

Janine feiert Weihnachten

Wann ist Weihnachten? Man sagt am 24. Dezember, am 25. vielleicht. Das habe ich auch immer geglaubt, bis jene Geschichte passierte, die ich jetzt erzählen möchte. Seither bin ich nicht mehr so sicher.

Die Geschichte nahm ihren Anfang im Sommer des Jahres 1958 in einem kleinen Juradorf. Das Juradorf war wirklich sehr klein – ein paar Häuser, ein Bäcker, zwei, drei Wirtschaften, eine kleine Schule, eine Kirche und ein paar Familien über die Hänge verstreut. Eine dieser Familien bestand aus einem jungen Ehepaar und einem achtjährigen Mädchen, nennen wir es Janine.

Janine war ein fröhliches Mädchen, aber in diesem Sommer begann es zu kränkeln. Es wurde apathisch, es war immer müde, es nahm nicht mehr an den Spielen seiner Gefährtinnen teil; es begann Kopfweh zu haben, es wollte morgens nicht mehr aufstehen; es war krank. Zuerst schien die Sache nicht sehr Besorgnis erregend; aber, nachdem Janine immer mehr zu klagen begann, ging die Mutter zum Arzt des nächsten größeren Dorfes. Der Arzt untersuchte sie und kam der Krankheit nicht auf die Spur.

So fuhr die Mutter denn eines Tages im September nach Basel und ließ Janine von einem berühmten Professor an der Universitätsklinik untersuchen. Der Bescheid, den Janines Mutter bekam, war erschreckend. Janine hatte Leukämie, eine Blutkrankheit, gegen die es auch heute noch kein Mittel gibt und die binnen kurzer Zeit zum sicheren Tode führt. Der Professor gab Janine höchstens noch zwei Monate zu leben. Die Mutter war verzweifelt. Sie beschwor den berühmten Arzt, sie bat ihn, sie fragte, was sie tun könne, und dem Arzt blieb nichts übrig, als ihr zu sagen, das Einzige, was sie für Janine noch unternehmen könne, sei, ihr die letzten Wochen ihres Lebens so schön wie immer möglich zu machen.

Janines Eltern waren nicht reich, aber es ging ihnen nicht

schlecht, und sie beschlossen, für Janine zu tun, was immer nur zu tun sei: mit ihr zu reisen, ihr die Schweiz zu zeigen, die Welt zu zeigen; sie mit Geschenken zu überschütten.

Aber Janine wollte von all dem nichts wissen. Sie wollte nicht reisen, sie wollte keine Geschenke haben. Sie hatte nur einen einzigen Wunsch und das war: Weihnachten zu feiern. Sie wollte Weihnachten haben, und zwar wunderschöne Weihnachten, wie sie sich ausdrückte. Weihnachten mit allem, was Weihnachten zu Weihnachten macht. Das war der einzige Wunsch, der Janine nicht zu erfüllen war. Dezember rückte näher, der Vater wurde immer verzweifelter, und in seiner Verzweiflung vertraute er sich einem Freund, nämlich dem Lehrer des Dorfes, an. Zusammen kamen die Männer auf eine Idee. Der Vater ging nach Hause, mit gespielter Begeisterung erzählte er Janine, dass Weihnachten ausnahmsweise in diesem Jahre früher stattfinden werde, und zwar bereits am 2. Dezember. Janine war ein gescheites Kind und glaubte die Geschichte zunächst nicht; das heißt, sie hätte sie gerne geglaubt, aber sie konnte das gar nicht fassen. Nun, der Vater sagte, mit Ostern sei es ja auch so, und genauso sei es nun eben einmal mit Weihnachten. Die Idee schien dem Vater sehr gut; er hatte nur etwas dabei vergessen: Weihnachten ist ein Fest, das man nicht alleine feiern kann. Zu Weihnachten gehören die Weihnachtsvorbereitungen, das Packen der Paketchen, der Geschenke. Zu Weihnachten gehört als Vorbereitung, dass in den Geschäften die Geschenke ausgestellt sind, dass die Christbäume auf dem Dorfplatz aufgerichtet werden. Zu Weihnachten gehört die ganze Zeit vor Weihnachten, und zu Weihnachten gehört vor allem, dass alle es feiern.

Der Nächste im Dorf, der ins Vertrauen gezogen wurde, war der Bäcker. Und der Bäcker beschloss, seine Lebkuchenherzen dieses Jahr schon früher zu backen. Er beschloss auch, sein berühmtes Schokoladenschiff, das er jedes Jahr ausstellte, dieses Jahr schon früher ins Fenster zu stellen und aus den Schloten des Schiffes die Watte dampfen zu lassen. Und nun begannen die anderen Geschäftsleute des Dorfes, die sich zunächst gesträubt hatten – denn Weihnachten ist für Geschäftsleute nicht nur ein Fest, sondern eben auch ein Geschäft –, die Leute, die sich zunächst gesträubt hatten, begannen auch, ihre Weihnachtsvorbereitungen zu treffen.

Der Plan setzte sich immer fester in den Köpfen der Leute des kleinen Juradorfes. In der Schule wurde gebastelt; im Kindergarten wurde gebastelt; den Kindern wurde eingeschärft, dass Weihnachten dieses Jahr früher sei als in anderen Jahren, und es wurde überall gemalt, gebacken. Die Hausfrauen machten mit; die Väter gingen auf den Dachboden, holten die Lokomotiven und die Eisenbähnchen und begannen, sie neu zu bemalen oder auszubessern; die Puppen wurden in die Puppenklinik gebracht. In dem kleinen Dorf setzten schon Mitte November ganz große Weihnachtsvorbereitungen ein. Der letzte Widerstand, der zu überwinden war, war der des Pfarrers: Konnte er denn die ganze Weihnachtsliturgie vorwegnehmen? Er konnte es. Er setzte Weihnachten für den 2. Dezember fest.

Der 2. Dezember kam, und es wurde ein wundervolles Weihnachten für Janine, ein Weihnachtsfest wie in anderen Jahren. Die Sternsinger kamen, verteilten ihre Lebkuchen, ihre Nüsse, ihre Birnen, und sogar aus dem Radio kam weihnachtliche Musik, kam „O du fröhliche", kamen die Schweizer Weihnachtslieder, und daran war nicht das Radio schuld, daran war ein kleiner Elektriker im Dorf schuld, der eine direkte Leitung in das Haus Janines gelegt hatte und vom Nebenhaus her Platten abspielte, deren Musik nun direkt aus dem Lautsprecher kam.

Es war ein wundervolles Weihnachtsfest und zwei Tage später starb Janine. Am 24. Dezember 1958 wurde in diesem kleinen Juradorf nicht mehr Weihnachten gefeiert.

Werner Wollenberger

Der Weihnachtsmann im Niemandsland

s war im Ersten Weltkrieg, als sich in den Schützengräben Frankreichs ein deutsches Regiment, hauptsächlich Berliner, und ein französisches Regiment, ausnahmslos dunkelhäutige Algerier, gegenüberlagen. Am 24. Dezember 1917, dem Tag, an dem die Christen in aller Welt den Heiligen Abend feierten, herrschte, ohne dass es besonderer Abmachungen bedurft hätte, Waffenruhe auf beiden Seiten der Front.

Deutsche wie Franzosen zollten dem heiligen Fest ihren Respekt. Jene Algerier aber, denen das Berliner Regiment gegenüberlag, waren Mohammedaner: Ihnen bedeutete der 24. Dezember nichts. Sie kannten kein Weihnachtsfest. Auch hatte die französische Heeresleitung versäumt, sie darüber zu unterrichten, dass an diesem Tag nach stillschweigendem Übereinkommen die Waffen zu schweigen pflegten. So knallten und ballerten die algerischen Artilleristen wie jeden Tag aus purer Unkenntnis auf die deutschen Linien los. Das deutsche Regiment, empört über die Missachtung des ungeschriebenen Gesetzes, ballerte zornig zurück. Das sorgfältig ausgeübte Umbringen von Menschen mittels Pulver, Feuer, Metall und Mathematik, das man Krieg nennt, nahm auf diese Weise auch am Heiligen Abend seinen blutigen Fortgang.

Nun war in einem der vordersten deutschen Gräben ein Berliner Konditor namens Alfred Kornitzke damit beschäftigt, Marzipan für seine Kompanie herzustellen. Das Grabenstück, in dem er hingebungsvoll Mandeln klein hackte, war gegen Einschläge der feindlichen Artillerie ziemlich abgesichert. Aber die Detonationen der in der Umgebung einschlagenden Granaten behinderten den Konditor erheblich in seiner Arbeit. Da er die Mandeln mangels einer Mandelmühle mit einem eigens fein geschliffenen Seitengewehr zerhackte, schnitt er sich bei der plötzlichen Erschütterung durch eine berstende Granate in die linke Hand und musste mit einem störenden dicken Verband weiterwerkeln. Wenig später verlor er einen Teil des kostbaren, mühevoll beschafften Rosenwassers, als die Karaffe bei einem besonders lauten Knall einen Sprung bekam. Das Rosenwasser musste in leere Konservendosen umgefüllt werden.

Am schlimmsten aber war, dass der kleine dicke Konditor ständig um die Flamme des Petroleumkochers fürchten musste, da für die Marzipanherstellung ein gleichmäßig brennendes Feuer von Wichtigkeit ist. Gerade in dem Augenblick, als Kornitzke den Topf auf die Flamme setzte, um bei gleichmäßiger Wärme die Masse gleichmäßig rührend in edles Marzipan zu verwandeln, riss die Erschütterung einer sehr nahen Detonation ihm den Holzlöffel aus der Hand, die Flamme ging mit einem Schnalzlaut aus, und der Topf wäre unweigerlich umgekippt und ausgelaufen, wenn der Konditor ihn nicht, seinen Verband als Topflappen benutzend, aufgefangen hätte.

„Jetzt reicht's mir aber!", brüllte der in seiner sorgfältigen Arbeit wieder einmal gestörte Konditor. „Diese Knallköppe von Mohammedanern haben nich mal vor'n ordentlich ausjebildeten Berliner Zuckateichkünstla Respekt!"

„Aber Alfred", belehrte ihn ein Kamerad, „wie solln denn die Mohammedanischen wissen, det wir heute Weihnachten feiern und Marzipan machen? Det kenn'n die doch nich!" Wieder gefährdete eine Detonation den Topf mit seinem kostbaren Inhalt. Wieder musste Alfred Kornitzke ihn auffangen, und jetzt geriet er in förmliche Raserei. „Det kenn'n die nich?", brüllte er. „Hast du'ne Ahnung Teuerster! Det Rosenwasser kommt ja von die Orientalen."

„Aber Weihnachten kenn'n die nich, Alfred, det is det Malöhr!" Wieder ein fürchterlicher Knall, wieder eine Erschütterung, wieder war das Werk des Zuckerteigkünstlers in Gefahr.

Jetzt war in dem kleinen Dicken kein Halten mehr. „Det reicht mir, Jeschäftsfreunde!", tobte er in Richtung auf die gegnerischen Linien. „Weihnachten is Weihnachten und Marzipan is Marzipan.

Ick lass mir det nich von euch vermiesen. Da schieb ick jetzt 'n Riegel oder vielmehr Tannboom vor!"

Ehe seine Kameraden ihn begriffen, hatte der rasende Konditor, der selbst hier an der Front eine Bäckermütze trug, einen kleinen kerzenbesteckten Tannenbaum gepackt und war mit ihm über den Grabenrand aufs freie Feld gehechtet, das die feindliche Linie in der sternklaren Nacht vollständig einsehen und mit Feuersalven bestreichen konnte. Die hinter schmalen Schießscharten postierten deutschen Beobachter glaubten, ihren Augen nicht trauen zu können, als sie plötzlich einen deutschen Soldaten, der eine Bäckermütze trug, mit einem Tannenbaum auf die feindlichen Schützengräben zulaufen sahen.

Feldtelefone und Morsegeräte begannen zu läuten oder zu ticken, eine unglaubliche Meldung sprang von Kommandostelle zu Kommandostelle durch das viel verzweigte Grabensystem, und unter den Soldaten, die nur Bruchstücke der Meldung aufschnappten, entstanden die wildesten Gerüchte. Das einzig Greifbare im Durcheinander der Erkundigungen, Gerüchte und hin und her flitzenden Nachrichten war der Befehl des Regimentskommandeurs, das Feuer sofort einzustellen.

Nun verwirren im Kriege ungewöhnliche Vorkommnisse Freund wie Feind gleichermaßen. Für die algerischen Schützen und Artilleristen war ein Soldat mit einer Bäckermütze und einem Baum mit Kerzen in der Hand eine Sache, über die keine Dienstvorschrift Anweisungen gab. Das Ding war zu verrückt, um darauf zu schießen, und viel zu ulkig, um es bedrohlich zu finden. Man schoss ganz einfach nicht auf Alfred Kornitzke. Man sah ihm ratlos zu, bis nach einer Weile auch in den französischen Linien Telefone zu läuten und Morseapparate zu ticken begannen. Dabei erfuhren die Algerier plötzlich auch von der allgemeinen Waffenruhe während der Weihnachtsfeiertage und stellten ebenfalls das Feuer ein.

Alfred Kornitzke war inzwischen ein ganzes Stück vorwärtsmarschiert. Nun blieb er stehen, schätzte die Entfernung zwischen den Fronten ab, fand, dass er etwa in der Mitte zwischen den feindlichen Linien sei, ebnete den Boden mit einer Schuhspitze, stellte das Tannenbäumchen sorgfältig hin, holte in aller Seelenruhe die Streichhölzer, die für den Petroleumkocher bestimmt waren, aus seiner Uniformtasche und steckte, da es eine windstille, frostklare Nacht war, Kerze um Kerze an.

Gerade in dem Augenblick, in dem das ganze Bäumchen festlich strahlte, stellte die feindliche Artillerie ihr Feuer ein. Es war plötzlich unheimlich still, und in diese Stille hörte man auf beiden Seiten Alfred Kornitzke brüllen: „Na also, ihr Dösköppe, jetzt wisst ihr, wat los is! Fröhliche Weihnachten!"

Dann marschierte er wieder zu den deutschen Linien und turnte zurück in den Graben, wo man ihn lachend und Hände schüttelnd empfing. „Als der Alte zuerst von deinem Alleingang gehört hat, wollte er dich einbunkern", hörte er sagen. „Jetzt überlegt er, ob er dich für einen Orden vorschlagen soll."

„Er soll mich mein Marzipan machen lassen", sagte der Konditor, eilte an seinen Topf, zündete wieder den Petroleumkocher an, begann gleichmäßig rührend mit der Marzipanherstellung und erklärte seinen andächtigen Zuschauern, er würde, wenn er wieder ins Zivilleben zurückkehre, Heidenapostel werden. „Ick weeß nun, wie man det macht!", fügte er hinzu.

Das Bäumchen zwischen den Linien strahlte noch lange und gab den Militärseelsorgern willkommenen Stoff für die Weihnachtspredigt am nächsten Tag.

Auf diese Weise kam die Geschichte vom Weihnachtsbaum im Niemandsland in viele erbauliche Kalender, und der rasende Marzipanbäcker Alfred Kornitzke wurde zu einem frommen Helden, der er in Wahrheit nie gewesen ist.

James Krüss

Und die Finsternis hat's nicht begriffen – von Trauer und Schmerz

An der Endstation

„Wo fahren S' denn um die Zeit noch hin?" Der Straßenbahnfahrer lenkte seinen hell erleuchteten Wagenzug durch leere, finstere Straßen. Er drehte sich nicht um, setzte sich aber über das Verbot, dass zwischen Wagenführer und Passagieren kein Gespräch stattzufinden habe, hinweg, weil nur der Mann mit dem schwarzen Bart und die dicke Frau im Wagen saßen.

„Endstation", sagte der Mann.

„So, so", sagte der Fahrer, „Sie sind nicht von da? Wahrscheinlich?"

„Nein", sagte der Mann, „wir Türk. Verstehen?"

„Ah ja –", sagte der Fahrer, „verstehe. Du Türk. Aha. Ja, dann. Dann feiern Sie ja nicht Weihnachten. Denk ich mir. Oder?"

„Weihnachten?", fragte der Türke. „Nein, nix Weihnachten."

„Drum fahren S' am Heilig Abend mit der Straßenbahn. Ich –", sagte der Fahrer, „ich nix Türk. Verstehen? Ich von hier. Ich tät schon Weihnachten feiern, aber ich hab Dienst. Scheiße."

„Scheiße. Verstehe", sagte der Türke.

An der Endstation stiegen die Türken aus, erst der Mann, dann die Frau. Die Frau war nicht dick, sondern schwanger. Die Frau konnte kaum aussteigen, der Türke half ihr aber nicht, denn er zündete sich sofort eine Zigarette an und war damit beschäftigt, sein Feuerzeug zu suchen. Auch der Fahrer stieg aus und zündete sich eine Zigarette an.

Der Türke trat zu dem Fahrer hin, zog einen Zettel aus der Tasche, auf dem eine Adresse geschrieben stand. „Du wissen, bitte", sagte der Türke, „wo das sind?"

Der Fahrer nahm den Zettel, trat in das Licht, das aus der Fahrerkabine fiel, las den Zettel und sagte: „Hm. Leider. Ich fahr normalerweise nicht auf dieser Linie. Ich kenn mich in dieser Gegend nicht aus. Leider." Er gab den Zettel zurück. Der Türke und seine Frau gingen die Straße, eine breite Allee, hinunter.

"Gottverlassene Gegend", sagte der Fahrer.
Es regnete. Von den Ästen ohne Laub tropfte es. Die Bäume boten keinen Schutz. Die Straße spiegelte schwarz. Die Türkin saß auf der Bank eines Bus-Wartehäuschens – der letzte Bus war aber längst abgefahren – und wimmerte. Der Türke schimpfte. Die Frau wimmerte lauter. Der Türke hörte auf zu schimpfen, zündete sich wieder eine Zigarette an und ging ein paar Schritte auf und ab.
Weiter drüben lag eine Reihe Einfamilienhäuser. Aus den Fenstern leuchteten bunte Lichter. Ein Funkstreifenwagen rollte langsam heran. Bevor der Wagen noch ganz angehalten hatte, kurbelte der Beamte, der rechts saß, das Fenster herunter.
"Wer seid's denn nachher ihr?", fragte der Polizist.
"Ich Türk", sagte der Türke.
"So. Auweh", sagte der Polizist. "Hast einen Ausweis? Ha?! Da –? Ausweis –? – haben?" Der Polizist blieb in seinem Wagen sitzen. Der Türke knöpfte seinen groben, kurzen Überzieher auf, langte dann darunter in seine Jackentasche und zog den Ausweis heraus. Der Beamte warf einen gelangweilten Blick darauf.
"Na ja", sagte er mehr zu sich als zum Türken, "ist schon gut. Kann man eh nicht lesen. Und schauen alle gleich aus. Wird schon der richtige Ausweis sein."
"Ha? Bitte!", sagte der Türke.
"Nix, nix", sagte der Polizist, dann warf er einen Blick auf die Frau.
"Wird bald so weit sein bei deiner Frau!"
"Ha? Bitte?"
"Bei deiner Frau –", schrie der Polizist – merkwürdigerweise neigen alle, nicht nur Polizisten, dazu, mit Leuten, die nicht die eigene Sprache verstehen, zu schreien –, "– bald Kind – Baby – ja?"
"Ja", sagte der Türke dumpf, "Kind nix von mir."
"Ist das nicht deine Frau?"
"Schon Frau", der Türke nickte heftig, "nur Kind, was kommen, nix. Frau meine Frau, Kind nix mein Kind." Auch der Türke schrie.

„Brauchst nicht so schreien", sagte der Polizist. „Na ja – kommt in den besten Familien vor." Der Polizist kurbelte das Fenster wieder hoch. Vorher sagte er zum Türken: „Frohes Fest, nachher."

Der Türke wedelte plötzlich mit einem Zettel und lief ein paar Schritte hinter dem schon anfahrenden Wagen her. Der Wagen hielt nochmals, der Polizist kurbelte das Fenster wieder herunter.

„Wo das sind?", schrie der Türke.

Der Polizist las den Zettel und erklärte dann dem Türken mit Hilfe des Stadtplanes, wo das Haus stand, dessen Adresse auf dem Zettel geschrieben stand.

Der Fahrer gab Gas. Der Wagen rollte durch die Nacht. „Kommt in den besten Familien vor", sagte der rechts sitzende Polizist.

„Was?" fragte der Fahrer.

„Dass das Kind nicht vom Ehemann ist."

„Mhm", sagte der Fahrer.

Etwas abseits der Straße stand das Wohnhaus, ein lang gestreckter Bau, weiter vorn, vom Wohnhaus durch einen großen Hof getrennt, der mit rautenförmigen Betonziegeln bepflastert war, die beiden Wirtschaftgebäude, das heißt: die Werkstätte und das Lager. Arbeitsmaschinen und ein Lastwagen standen seitlich in der Dunkelheit. Das Tor war weit offen. Das signalisierte dem Türken, dass kein Hund da war. Es war aber doch ein Hund da, ein Deutscher Schäferhund. Er schoss aus seiner Hütte und kläffte. Die Türkin schrie auf, aber der Hund hing an einer Kette. Das fette Vieh raste, bis die Kette spannte und den Hund zwang, auf den Hinterbeinen zu tänzeln. Es kläffte und röchelte gleichzeitig. Vor der Hundehütte lag ein großer Knochen, der stank. Auf der Hütte stand ein kleiner Christbaum mit drei Kugeln und etwas Lametta, aber ohne Kerzen. Der Türke und die Türkin machten einen Bogen um den Deutschen Schäferhund. Der Hund folgte ihnen, so weit der Radius der Kette, die ihn immer noch aufrecht zurrte, es erlaubte. – Sie brauchten nicht mehr zu läuten. Im ersten Stock des Wohnhauses ging ein Fenster auf. Ein Mann schrie herunter: „Ist wer da?"

„Bitte –", sagte der Türke, „Kollege Nihad?" Was der Türke sagte, ging im Gekläff des Hundes unter.
„Was?", schrie der Mann oben.
„Bitte –!", wiederholte der Türke schreiend, „Kollege Nihad?!"
„Platz! Sascha!", schrie der Mann oben. Der Hund wich etwas zurück und kläffte weniger laut. „Was ist jetzt? Wer sind Sie denn? Sie können doch nicht am Heiligabend daherkommen. Wir sind mitten in der Bescherung."
„Bitte –", sagte der Türke. „Kollege Nihad?" Der Türke hob seinen Zettel hoch.
„Was willst denn vom Kollegen Nihad – der ist doch schon längst weggefahren."
„Bitte nix verstehen?", sagte der Türke.
„Weg!", schrie der Mann oben. „Nihad weg! Fort – weg. In Türkei. Verstehst mich jetzt? Weg in Türkei. Heim."
„Ah", sagte der Türke. „Wirklich?"
„Natürlich wirklich. Weg. Fort. Heim – fort."
Der Türke steckte seinen Zettel ein.
„Ja – tut mir Leid. Am ersten Februar kommt er wieder. Du verstehen? Erster Februar! Capito?" Der Mann oben machte das Fenster zu, machte es gleich wieder auf und sagte: „Frohe Weihnachten."
„Ein Augenblick", sagte der Türke und lief näher ans Haus hin, was den Deutschen Schäferhund Sascha veranlasste, sofort wieder lauter zu kläffen.
„Bist still, Sascha. Braver Burli –." Der fette Hund legte sich nun hin und röchelte nur noch durch die Zähne. „Was ist denn jetzt noch?", sagte der Mann zum Türken.
„Kann Möglichkeit – bitte Frau hier und ich – im Zimmer von Nihad schlafen? Nur eine Nacht? Vielleicht?"
„Was wollt's ihr? Im Zimmer vom Nihad übernachten?"
„Nihad – zu Hause, denn Zimmer frei – vielleicht? Frau hier ... ist bald kleine Kind habe – gehabt – gekriegt ..."
„Ja – also ... ja – nein ...", sagte der Mann, „aber ... das ist ja das

Zimmer vom Nihad – das geht ja nicht so ohne weiteres, da könnt ja jeder kommen. Ich weiß ja gar nicht, wer ihr seid's."
„Ich –! Kollege von Nihad. Gut Kollege!"
„Nein, nein, alles was recht ist. Also: Frohe Feiertage dann. " Der Mann machte das Fenster zu. Er wandte sich ins Zimmer. Sein jüngerer Sohn weinte, weil er einen Electronic-Baukasten A 606 auf den Wunschzettel geschrieben, aber nur einen A 604 bekommen hatte. Die Frau sagte: „Lässt du noch lang das Fenster offen? Heizen wir den Hof draußen?"

„Natürlich ist es schlimm für die Leut' – ausgerechnet am Heiligabend", sagte der Mann später auf dem Weg zur Christmette. „Aber – ich kenn's doch gar nicht. Wer weiß, wer das ist. Zwei Wildfremde – am Heiligabend."

„Wenn's Türken waren", sagte die Frau, die den neuen Persianer trug, „dann bedeutet der Heiligabend sowieso nichts für sie."

„Die Frau war in andere Umständ'."

„Mir wär's genug – dank' schön. Womöglich hättst' dann mitten in der Nacht den Notarzt holen dürfen."

Sie fanden den Weg zurück zur Endstation der Straßenbahn nicht mehr. Es hätte auch nichts geholfen, denn die letzte Straßenbahn war schon abgefahren. Es hörte auf zu regnen und wurde kälter.

Die Frau hielt sich den Bauch und jammerte. Der Mann redete auf sie ein. Die Frau setzte sich auf eine jener länglichen Kisten mit Griffen, in denen die Straßenverwaltung Streusand aufbewahrt. Der Mann gestikulierte und zeigte mehrfach in eine bestimmte Richtung. Offenbar meinte er, dass dort die Endstation der Straßenbahn sei. Die Frau jammerte lauter und versuchte, sich auf die Kiste zu legen, deren Deckel war aber abschüssig, sodass die Frau herunterrollte. Der Mann fing sie grad noch auf. Dann gingen sie in die entgegengesetzte Richtung als die, in die der Mann gezeigt hatte.

Nachdem sie ein kleines Waldstück durchquert hatten, kamen sie an ein großes Gebäude. Der Mann entzifferte in der Dunkelheit eine Aufschrift: Es handelte sich um ein Waldgasthaus. Die Frau setzte sich auf eine der Bänke, die im Sommer im Gastgarten unter den Kastanien standen, jetzt aber zusammengeschoben an der Wand der Garage. Die Frau wimmerte stoßweise in regelmäßigen Abständen. Der Mann ging um das Haus herum. Er fand insgesamt sechs Türen, zwei große, doppelflügelige und vier kleine. An keiner war eine Klingel. Der Mann ging zurück, dorthin, wo die Frau saß. Er klopfte an der einen der großen, doppelflügeligen Türen. Obwohl im ersten Stock hinter einigen Fenstern Licht brannte, rührte sich auf das Klopfen niemand. Ein Tonbandgerät war da oben weit aufgedreht. Es ertönte das Lied: Stille Nacht, heilige Nacht. Der Türke rüttelte an der Klinke der Garagentür. Zu seinem Erstaunen war sie offen. Die Garage war für drei Wagen berechnet, es standen aber nur zwei darin. Aus vier Autoreifen schob der Mann eine Liegegelegenheit zusammen und legte einige Säcke drauf, die er hinter dem einen Auto fand. Die Frau brachte einen Knaben zur Welt. Es wurde noch kälter, die Sterne kamen heraus. Im Haus wurde ein Fenster aufgemacht. Das Tonbandgerät war jetzt noch deutlicher zu hören. „Gloria in excelsis Deo." Der Türke deckte die Frau, die das Kind im Arm hielt, mit seinem sperrig-steifen Überzieher zu und setzte sich auf den Kotflügel des einen Autos.

Das Kind starb noch in der gleichen Nacht.

Herbert Rosendorfer

Die Legende vom vierten König

Wisst ihr auch, dass nicht drei, sondern vier Könige aus dem Morgenlande aufgebrochen waren, um den König der Menschen anzubeten?, so erzählt es eine alte russische Legende. Auf vier verschiedenen Wegen kamen sie gezogen und jeder trug das Köstlichste seines Landes: leuchtendes Gold der eine, süßen Weihrauch der andere, herrliche Myrrhe der dritte, und der vierte und jüngste drei Edelsteine von unschätzbarem Wert.

Der geheimnisvolle Stern zog ihnen voran und rastlos folgten sie ihm. Sie kannten nicht Tag noch Nacht, nicht Hunger und Durst. Blind waren sie für die Schönheit der Erde, taub für die lärmende Pracht der Städte. Die Wüste fürchteten sie nicht. Die Sonne selbst konnte ihnen nicht schaden, sie suchten ja ihn, nach dem ihr Volk seit tausend Jahren ausgeschaut hatte, den Gottkönig, den Erlöser.

In keinem brannte die Sehnsucht, Gott zu schauen, so wie in dem jungen König. Er ritt zuletzt ganz in seine Wunschträume versunken. Da – auf einmal vernahm er ein Schluchzen, so zwingend und bitterlich, dass er aus allen Träumen aufgerissen war. Im Staub sah er ein Kind liegen, nackt, aus fünf Wunden blutend. So seltsam fremd und zart war dies Kind und ohne jede Hilfe, dass er es in heißem Erbarmen behutsam aufs Pferd hob. Langsam ritt er ins Dorf, durch das sie eben erst gekommen waren, zurück. Die drei anderen Könige indessen hatten nichts gemerkt. Sie zogen unentwegt dem Sterne nach.

Im Dorf kannte niemand das Kind. Der junge König aber hatte es so lieb gewonnen, dass er es einer guten Frau zur Pflege gab. Aus seinem Gürtel holte er den einen Edelstein und vermachte ihn dem Kind, damit so sein Leben gesichert sei. Dann aber trieb es ihn fort, die Gefährten und den Stern, den er verloren hatte, zu suchen.

Er fragte die Menschen um den Weg, den die fremden Könige

genommen und – o Freude – eines Tages erblickte er den Stern wieder und eilte ihm nach. Doch seltsam, so sehr er sich sehnte, den Heiland der Welt zu finden und vor ihm niederzuknien – die Not des Kindes hatte ihn hellhörig gemacht für alle Not und sie ließ ihn nicht mehr los.

Der Stern führte ihn durch eine Stadt. Ein Leichenzug begegnete ihm. Hinter dem Sarg schritt eine Frau mit ihren Kindern. Äußerste Trostlosigkeit sprach aus ihren Zügen und in Verzweiflung klammerten sich die Kinder an ihre Mutter. Da stieg der König vom Pferd, denn er sah wohl, dass nicht allein die Trauer um den Toten solchen Schmerz hervorgerufen hatte. Den Mann und Vater trug man zu Grabe, und vom Grabe weg sollten die Frau und die Kinder als Sklaven verkauft und auseinandergerissen werden, weil niemand für die Schuld aufkommen wollte. Von Mitleid übermannt, entnahm er dem Gürtel den zweiten Edelstein. Er lag ihm auf der Hand und die Sonne ließ ihn funkeln und leuchten. Dem neugeborenen König war er zugedacht. Doch mit einer raschen Bewegung legte er ihn in die Hand der trauernden Witwe: „Bezahlet, was ihr schuldig seid, und kauft euch Haus und Hof und Land, damit ihr und eure Kinder eine Heimat haben."

Sprach's und schwang sich aufs Pferd und wollte dem Stern entgegenreiten – doch dieser war erloschen. Tage- und wochenlang suchte und forschte er. Eine große Traurigkeit befiel seine Seele. Zweifel quälten seinen Geist: War er wohl seiner Berufung untreu geworden? Und die Angst, nie mehr Gott finden zu dürfen, zehrte an seinem Leibe. Bis sein Licht ihm eines Tages wieder aufleuchtete und er mit frischer Kraft und frohem Herzen dem neuen Ziel entgegenstrebte.

Er kam durch ein fremdes Land, Krieg wütete dort und Leid und Elend und Blut bedeckten die Erde und Herzen. In einem Dorf hatten die Soldaten die Bauern auf einem Platze zusammengetrieben. Eines grausamen Todes sollten sie sterben. In den Hütten schrien die Frauen im Wahnsinn des Entsetzens und die Kinder wimmerten. Da packte den jungen König das Grauen. Er hatte zwar nur mehr einen einzigen Stein, sollte er denn mit leeren Händen vor dem König der Menschen erscheinen? Doch dies Elend war so riesengroß, dass er auch den letzten mit zitternden Händen opferte, die Männer vom Tode loskaufte und das Dorf vor Verwüstung, die Frauen vor Schändung bewahrte.

Müde und traurig ritt er weiter. Sein Stern leuchtete nicht mehr. Seine Seele war im Leid schier untergegangen. Wo war sein eigenster Weg? Immer und immer wieder riss die Not der Menschen ihn vom Ziel zurück. Jahrelang wanderte er. Zuletzt zu Fuß, da er auch sein Ross verschenkt hatte. Nichts besaß er mehr. Selber bettelnd durchzog er die Länder, half dort einer alten Frau die zu schwere Last zu tragen, zeigte hier einem Schwachen, wie er sich gegen die Übermacht der Stärkeren durchsetzen könne, pflegte Kranke und scheuchte einem halb verhungerten Pferde die lästigen Fliegen fort.

Keine Not blieb ihm fremd. Keinem Schmerz, dem er begegnete, konnte er ausweichen. Und eines Tages begab es sich, dass er am Hafen einer großen Stadt gerade dazu kam, wie ein Vater seiner unglücklichen Frau und den klagenden Kindern mit Gewalt entrissen werden sollte. Ein Sklave war es, der sich gegen die Tyrannei seines Herrn aufgelehnt hatte. Dafür sollte er auf einem Sträflingsschiff, auf einer Galeere, büßen. Der König bat und flehte so inständig für den armen Menschen, und als alles nichts helfen wollte, bot er sich selber an. Mit seiner eigenen Freiheit, seinem eigenen Leben kaufte er den Unglücklichen los und stieg nun als Galeerensklave in das Schiff hinab.

War es nicht zu schwer, was er sich damit aufgeladen hatte? Sein Stolz bäumte sich auf, als er in eiserne Ketten gelegt wurde. Bisher war er noch nicht gequält worden. Hier war zwischen Verbrechern sein Platz. Dumpf hallten die Schläge durch den Raum, die unaufhörlich den Takt des Ruderns angaben. Angekettet an dies Sträflingsschiff war er bei Sturm oder Kampf dem sicheren Tode preisgegeben.

Hatte er nicht sinnlos gehandelt? Ein qualvolles Stöhnen drang aus seiner Brust. In dieser gefährlichen Stunde, da sein Geist sich empören und sein Herz sich verhärten wollte, leuchtete der Stern, sein Stern, den er wohl nie mehr am Himmel würde sehen dürfen, in seiner Seele auf. Dieses innere Licht erfüllte ihn mit einer ruhigen Gewissheit, dennoch auf dem richtigen Weg zu sein. Getröstet erfasste er die Ruder. Jahre vergingen. Er vergaß, sie zu zählen. Grau war sein Haar geworden, seine Hände voller Schwielen, müde sein geschundener Leib. Doch sein Herz kannte keine Bitterkeit, denn sein Stern leuchtete ihm immer noch. Aus seinem Gesicht strahlte herzliche Güte.

Längst war man auf diesen seltsamen Sklaven aufmerksam geworden. Und was er nie zu hoffen geglaubt hatte, geschah: Man schenkte ihm die Freiheit. An der Küste eines fremden Landes verließ er das Schiff. Arme Fischer nahmen sich seiner für die Nacht an.

In dieser Nacht träumte er von seinem Stern, dem zu folgen er als junger Mann ausgezogen war und Heimat und Reichtum verlassen hatte. Eine Stimme rief ihn: „Eile dich, eile!"

Da brach er noch zur selben Stunde auf. Und – o Wunder – als er in die Nacht hineinschritt, siehe, da leuchtete der Stern vor ihm, und sein Glanz war rot wie die Sonne am Abend.

So eilte er und kam an die Tore einer großen Stadt. In ihren Straßen war lärmendes Treiben. Aufgeregte Gruppen von Menschen standen zusammen, immer wieder von Soldaten zum Weitergehen auseinandergescheucht. Viele zogen hinaus vor die Mauern.

Der Menschenstrom riss auch ihn mit – er wusste nicht wie. Dumpfe Angst beengte ihm die Brust. Einen Hügel schritt er hinauf. Oben, zwischen Himmel und Erde, ragten drei Pfähle. Was war das?

Sein Stern, der ihn zum König der Welt führen sollte, blieb über dem Pfahl in der Mitte stehen, leuchtete noch einmal auf – es war, als schrie der Stern – und war erloschen.

Da traf ihn der Blick dieses Menschen, der da am Pfahl hing.

Alles Leid, alle Qual der Erde musste dieser Mensch in sich gesogen haben, so war dieser Blick. Aber auch alle Güte und eine grenzenlose Liebe atmete aus seiner Gestalt, die noch in der Entstellung des Schmerzes schön und voll Würde war. Seine Handflächen, von Nägeln durchbohrt, waren eingekrümmt. Es leuchtete wie Strahlen aus diesen Händen.

Wie ein Blitz durchbebte den König die Erkenntnis: Dieser ist der König der Menschen. Dieser ist Gott, der Heiland der Welt, den ich gesucht, nach dem ich mich in Sehnsucht verzehrte. Er ist mir begegnet in all den Menschen, die hilflos und in Not waren. Ihm habe ich gedient, indem ich all den Gequälten und Überforderten geholfen habe.

Er sank unter dem Kreuz in die Knie. Was hatte er ihm zu bringen? Nichts! Seine leeren Hände streckte er dem Herrn entgegen. Da fielen drei dunkelrote Tropfen des kostbaren Blutes vom Kreuz in die Hände des Königs. Sie leuchteten mehr als jeder Edelstein.

Ein Schrei durchbebte die Luft – der Herr neigte das Haupt und starb. Unter dem Kreuz war der König tot zusammengebrochen. Seine Hände umschlossen die Blutstropfen. Noch im Tode schaute er auf den Herrn am Kreuz.

Nach einer russischen Legende

flucht nach ägypten

nicht
ägypten
ist
fluchtpunkt
der flucht.

das kind
wird gerettet
für härtere tage.

fluchtpunkt
der flucht
ist
das kreuz.

Kurt Marti

Die drei dunklen Könige

Er tappte durch die dunkle Vorstadt. Die Häuser standen abgebrochen gegen den Himmel. Der Mond fehlte und das Pflaster war erschrocken über den späten Schritt. Dann fand er eine alte Planke. Da trat er mit dem Fuß gegen, bis eine Latte morsch aufseufzte und losbrach. Das Holz roch mürbe und süß. Durch die dunkle Vorstadt tappte er zurück. Sterne waren nicht da.

Als er die Tür aufmachte (sie weinte dabei, die Tür), sahen ihm die blaßblauen Augen seiner Frau entgegen. Sie kamen aus einem müden Gesicht. Ihr Atem hing weiß im Zimmer, so kalt war es. Er beugte sein knochiges Knie und brach das Holz. Das Holz seufzte. Dann roch es mürbe und süß ringsum. Er hielt sich ein Stück davon unter die Nase. Riecht beinahe wie Kuchen, lachte er leise. Nicht, sagten die Augen der Frau, nicht lachen. Er schläft.

Der Mann legte das süße mürbe Holz in den kleinen Blechofen. Da glomm es auf und warf eine Handvoll warmes Licht durch das Zimmer. Die fiel hell auf ein winziges rundes Gesicht und blieb einen Augenblick. Das Gesicht war erst eine Stunde alt, aber es hatte schon alles, was dazugehört: Ohren, Nase, Mund und Augen. Die Augen mußten groß sein, das konnte man sehen, obgleich sie zu waren. Aber der Mund war offen, und es pustete leise heraus. Nase und Ohren waren rot. Er lebt, dachte die Mutter. Und das kleine Gesicht schlief.

Da sind noch Haferflocken, sagte der Mann. Ja, antwortete die Frau, das ist gut. Es ist kalt. Der Mann nahm noch von dem süßen weichen Holz. Nun hat sie ihr Kind gekriegt und muß frieren, dachte er. Aber er hatte keinen, dem er dafür die Fäuste ins Gesicht schlagen konnte. Als er die Ofentür aufmachte, fiel wieder eine Handvoll Licht über das schlafende Gesicht. Die Frau sagte leise: Kuck, wie ein Heiligenschein, siehst du? Heiligenschein! dachte er, und er hatte keinen, dem er die Fäuste ins Gesicht schlagen konnte.

Dann waren welche an der Tür. Wir sahen das Licht, sagten sie, vom Fenster. Wir wollen uns zehn Minuten hinsetzen. Aber wir haben ein Kind, sagte der Mann zu ihnen. Da sagten sie nichts weiter, aber sie kamen doch ins Zimmer, stießen Nebel aus den Nasen und hoben die Füße hoch. Wir sind ganz leise, flüsterten sie und hoben die Füße hoch. Dann fiel das Licht auf sie.

Drei waren es. In drei alten Uniformen. Einer hatte einen Pappkarton, einer einen Sack. Und der dritte hatte keine Hände. Erfroren, sagte er, und hielt die Stümpfe hoch. Dann drehte er dem Mann die Manteltasche hin. Tabak war darin und dünnes Papier. Sie drehten Zigaretten. Aber die Frau sagte: Nicht, das Kind!

Da gingen die vier vor die Tür, und ihre Zigaretten waren vier Punkte in der Nacht. Der eine hatte dick umwickelte Füße. Er nahm ein Stück Holz aus seinem Sack. Ein Esel, sagte er, ich habe sieben Monate daran geschnitzt. Für das Kind. Das sagte er und gab es dem Mann. Was ist mit den Füßen? fragte der Mann. Wasser, sagte der Eselschnitzer, vom Hunger. Und der andere, der dritte? Fragte der Mann und befühlte im Dunkeln den Esel. Der dritte zitterte in seiner Uniform: Oh, nichts, wisperte er, das sind nur die Nerven. Man hat eben zuviel Angst gehabt. Dann traten sie die Zigaretten aus und gingen wieder hinein.

Sie hoben die Füße hoch und sahen auf das kleine schlafende Gesicht. Der Zitternde nahm aus seinem Pappkarton zwei gelbe Bonbons und sagte dazu: Für die Frau sind die.

Die Frau machte die blassen blauen Augen weit auf, als sie die drei Dunklen über das Kind gebeugt sah. Sie fürchtete sich. Aber da stemmte das Kind seine Beine gegen ihre Brust und schrie so kräftig, daß die drei Dunklen die Füße aufhoben und zur Tür schlichen. Hier nickten sie noch mal, dann stiegen sie in die Nacht hinein.

Der Mann sah ihnen nach. Sonderbare Heilige, sagte er zu seiner Frau. Dann machte er die Tür zu. Schöne Heilige sind das, brummte er und sah nach den Haferflocken. Aber er hatte kein Gesicht für seine Fäuste.

Aber das Kind hat geschrien, flüsterte die Frau, ganz stark hat es geschrien. Da sind sie gegangen. Kuck mal, wie lebendig es ist, sagte sie stolz. Das Gesicht machte den Mund auf und schrie.

Weint er? fragte der Mann und roch an dem Holz, wie Kuchen. Ganz süß.

Heute ist ja auch Weihnachten, sagte die Frau.

Ja, Weihnachten, brummte er, und vom Ofen her fiel eine Handvoll Licht hell auf das kleine schlafende Gesicht.

Wolfgang Borchert

Der Schulaufsatz

Der folgende Text ist ein Ausschnitt aus dem Fernsehspiel „Fröhliche Weihnachten", das im Dezember des Jahres 1970 vom NDR gesendet wurde.

Ort der Handlung: Küche der Familie Eckerts

Vater: Na, und du, Spatz? Was macht der Aufsatz?
Helge: Den Anfang habe ich schon.
Vater: Dann lies mal vor.
Helge: „Warum ich mich auf Weihnachten freue. Ich freue mich auf Weihnachten, weil ich da viel geschenkt kriege." Weiter komme ich nicht.
Vater: *(nett)* Na, überleg doch mal; über was freut man sich denn alles; außer den Geschenken. Doch ganz einfach.
Helge: Ich weiß es aber nicht.
Vater: Aber Kind! Man freut sich über – na, beispielsweise – –
Mutter: *(grinsend)* Über die Ferien.
Vater: Die hat sie an Ostern auch. Nein, an Weihnachten freut man sich vor allen Dingen – – Das ist aber auch ein blödes Thema. Über was freut man sich?
Helge: Über die Geschenke; aber das habe ich schon geschrieben.
Vater: Aber so kannst du den Aufsatz nicht anfangen. Man schreibt ja nicht gleich am Anfang, dass man sich über seine Geschenke freut. Was machst denn das für einen Eindruck.
Mutter: Wieso? So ist es doch.
Vater: *(widerwillig)* Natürlich ist es so, aber – –
Helge: Dann kann ich's auch schreiben.
Vater: Nein, das kannst du nicht! Nicht am Anfang! Da will der Lehrer was anderes hören. Außerdem hat das nichts mit dem Sinn von Weihnachten zu tun. Das Aufsatzthema heißt: „Warum ich mich auf Weihnachten freue." Worauf geht denn das Weihnachtsfest zurück?

Helge: Aufs Christkind.
Vater: Auf Christus, sehr richtig; der ist da geboren worden. Und deshalb freuen wir uns.
Helge: Weil Christus geboren wurde?
Vater: Natürlich.
Helge: Aber ich kann doch nicht schreiben: Ich freue mich, weil Christus geboren wurde.
Vater: *(langsam nervös)* Sonja, setz dich doch mal dazu.
Mutter: *(kommt an den Tisch)* Du hilfst ihr doch.
Vater: *(zu Helge)* Ich habe ja auch nur vom Sinn gesprochen. Vom Ursprung. Friede auf Erden und den Menschen ein Wohlgefallen.
Helge: Soll ich das schreiben?
Mutter: Nein, das kannst du nicht schreiben.
Helge: Ihr sagt immer nur das, was ich nicht schreiben kann.
Vater: Davon musst du ausgehen! Von der Freude, die unter uns gekommen ist.
Helge: Über unsere Geschenke?
Vater: Du schenkst doch anderen auch was. Oder etwa nicht?
Helge: Du hast uns ja noch kein Geld gegeben.
Vater: Ich meine in deinem Aufsatz!
Helge: Ach so.
Vater: *(ist aufgestanden)* Um die Freude, Freude zu bereiten, darum geht es. Um die Vorfreude, wenn man die Geschenke aussucht – –
(Mutter sieht Vater an) Wenn man sie liebevoll verpackt, um die Freude, wenn man am Heiligen Abend in die Kirche geht, die Glocken hört, das Orgelspiel, wenn man vorm Christbaum steht und Weihnachtslieder singt – –
Helge: Aber Vati, das stimmt doch gar nicht. Wir gehen nicht in die Kirche und wir singen auch vorm Christbaum keine Weihnachtslieder.
Vater: – –
Mutter: Nicht mehr. *(Sie steht auf und arbeitet weiter.)*

Vater: *(zu Helge)* Sag mal, was willst du schreiben: einen Tatsachenbericht oder einen Aufsatz, für den du 'ne gute Note kriegst?
Helge: Aber ich kann doch nicht lügen.
Vater: Sonja – bitte, sag doch auch mal was.
Mutter: Sie kann keinesfalls etwas schreiben, was nicht stimmt.
Vater: Sie kann aber auch nicht schreiben, wie es ist! Da ist der Aufsatz nämlich schon zu Ende.
Helge: Was soll ich denn jetzt machen?
Mutter: So blöd ist das Thema gar nicht ...
Vater: *(zu Helge)* Ich will dir was sagen: du vergisst morgen dein Heft und hörst dir erst mal an, was die anderen geschrieben haben. Schluss für heute.

Robert Stromberger

Die Krone des Mohrenkönigs

amals, in jenen Tagen und Nächten, als die Dreikönige aus dem Morgenland unterwegs waren, um nach dem Jesusknaben zu suchen und ihm mit Myrrhen, Weihrauch und Gold ihre Huldigung darzubringen, sind sie, so ist uns als Kindern erzählt worden, auch in die Gegend gekommen, wo ich in früheren Jahren zu Hause gewesen bin: also ins Böhmische, über die schlesische Grenze herein, durch die großen verschneiten Wälder. Das mag man, vergegenwärtigt man sich die Landkarte, einigermaßen befremdlich, ja abwegig finden; indessen bleibt zu erinnern, dass die Dreikönige, wie geschrieben steht, nicht der Landkarte und dem Kompass gefolgt sind auf ihrer Reise, sondern dem Stern von Betlehem, und dem wird man es schwerlich verübeln können, wenn er sie seine eigenen Wege geführt hat.

Jedenfalls kamen sie eines frostklaren Wintermorgens über die Hänge des Buchbergs gewandert und waren da: nur sie drei allein, wie man uns berichtet hat, ohne Tross und Dienerschaft, ohne Reitpferde und Kamele (die hatten sie wohl zurücklassen müssen, der Kälte wegen, und weil sie im tiefen Schnee kaum weitergekommen wären, die armen Tiere). Sie selbst aber, die Dreikönige aus dem Morgenland, seien ganz und gar unköniglich gewandet gewesen; in dicken, wattierten Kutschermänteln kamen sie angestapft, Pelzmützen auf dem Kopf, und jeder mit einem Reisebündel versehen, worin er nebst einiger Wäsche zum Wechseln und den Geschenken, die für den Jesusknaben bestimmt waren, seine goldene Krone mitführte: weil man ja, wenn man von weitem schon an der Krone als König kenntlich ist, bei den Leuten bloß Neugier erregt und Aufsehen, und das war nicht gerade nach ihrem Geschmack.

„Kalt ist es!", sagte der Mohrenkönig und rieb sich mit beiden Händen die Ohren. „Die Sterne am Himmel sind längst verblasst – wir sollten uns, finde ich, für den Tag eine Bleibe suchen."

„Recht hast du, Bruder Baltasar", pflichtete König Kaspar ihm bei, sich die Eiszapfen aus dem weißen Bart schüttelnd. „Seht ihr das Dorf dort? Versuchen wir's gleich an der ersten Haustür und klopfen wir an!"

König Melchior als der Jüngste und Kräftigste watete seinen Gefährten voran, durch den knietiefen Schnee auf das Haus zu, das ihnen am nächsten war. Dieses Haus aber, wie es der Zufall wollte, gehörte dem Birnbaum-Plischke; und Birnbaum-Plischke, das darf nicht verschwiegen werden, stand bei den Leuten im Dorf nicht gerade im besten Ruf, weil er habgierig war und ein großer Geizkragen – und aufs Geld aus, herrje, dass er seine eigene Großmutter, wenn sie noch lebte, für ein paar Kreuzer an die Zigeuner verkauft hätte, wie man so sagt. Nun klopfte es also an seiner Haustür und draußen standen die Könige aus dem Morgenland, aber in Kutschermänteln, mit Pelzmützen auf dem Kopf, und baten den Birnbaum-Plischke um Herberge bis zum Abend.

Zuerst hatte der Plischke sie kurzerhand wegschicken wollen, weil nämlich: Mit Bettelleuten mochte er nichts zu tun haben, knurrte er.

Aber da hat ihm der König Melchior einen Silbertaler unter die Nase gehalten, um ihm zu zeigen, dass sie die Herberge nicht umsonst begehrten – und Plischke den Taler sehen, die Augen aufreißen und die Haustür dazu: Das war alles eins.

„Belieben die Herren nur einzutreten!", hat er gesagt und dabei nach dem Taler gegrabscht, und dann hat er gekatzbuckelt, dass er sich bald das Kreuz verrenkt hätte. „Wenn die Herren so gut sind und möchten mit meiner bescheidenen Stube vorlieb nehmen, soll's ihnen an nichts fehlen!" Seit er den Taler bekommen hatte, war Birnbaum-Plischke wie ausgewechselt. Vielleicht, hat er sich gesagt, sind die Fremden reisende Kaufherren – oder verkleidete polnische Edelleute, die mitsamt ihrem Leibmohren unerkannt über die Grenze wollten; jedenfalls sind sie was Besseres, weil sie Geld haben, und zwar viel, wie es scheint: Denn wer zahlt schon für ein paar Stunden am warmen Ofen mit einem vollen Taler? Da kann, wenn du Glück hast, Plischke, und es den Herren recht machst, leicht noch ein Zweites herausspringen.

Solches bedenkend, führt Birnbaum-Plischke die Könige in die gute Stube und hilft ihnen aus den Mänteln; dann ruft er sein Weib, die Rosina, herzu und sagt ihr, sie soll eine Biersuppe für die Herren kochen, aber geschwind, geschwind, und dass sie ihm ja nicht an Zucker und Zimt spart, die Nelken auch nicht vergisst und zum Schluss ein paar Löffel Branntwein daran tut! Die Plischken erkennen ihren Alten kaum wieder. Was ist denn in den gefahren? Er aber scheucht sie zur Tür hinaus, in die Küche, und poltert, dass sie sich sputen soll, denn die Herren sind hungrig und durchgefroren und brauchen etwas Heißes zum Aufwärmen, und da ist eine Biersuppe akkurat richtig für sie, die wird ihnen gut tun. Er selbst eilt hernach in den Holzschuppen, schleppt einen Korb voll Buchenscheiten herbei und dann schürt er im Kachelofen ein mächtiges Feuer an, dass es nur so prasselt.

Den Königen ist nicht entgangen, wie gründlich sich Birnbaum-Plischkes Verhalten geändert hat, und es ist ihnen nicht ganz wohl dabei, denn sie können den Blick nicht vergessen, mit dem er sich auf den Taler gestürzt hat.

„Kann sein", sagt der König Melchior, während Plischke noch einmal um Holz hinausläuft, „kann sein, dass es besser ist, wenn wir ein Häusel weitergehen: Der Mann da gefällt mir nicht."

König Kaspar ist einer Meinung mit ihm. Doch der Mohrenkönig erwidert: „Bedenkt, liebe Brüder, dass wir in Gottes Hand stehen. Wenn es sein Wille ist, dass wir das Kindlein finden, um dessentwillen wir seinem Stern hinterdrein wandern Nacht für Nacht, dann wird er auch dafür sorgen, dass uns unterwegs kein Leid geschieht – weder hier, unterm Dach dieses Menschen, der voller Geldgier und Falsch ist, noch anderswo." Das sehen die Könige Kaspar und Melchior ein, und sie schämen sich ihres Kleinmuts und sagen zum König Baltasar: „Recht hast du, Bruder Mohrenkönig! Wir wollen uns Gott befehlen und bis zum Abend hier bleiben, wo wir nun einmal sind."

Bald danach tischte Plischkens Rosina ihnen die Biersuppe auf, und das heiße Gebräu, das nach Zimt und nach Nelken duftete, und ein wenig nach Branntwein obendrein, tat den Königen wohl, auf die kalte Nacht hin. So wohl, dass der Mohrenkönig die alte Plischken um das Rezept bat und es sich aufschrieb und ihr dafür einen Taler verehrte, obgleich, wie er meinte, ein solches Rezept nicht mit Geld zu bezahlen sei.

Was aber eine richtige Biersuppe ist, noch dazu, wenn die Köchin nicht mit dem Branntwein gespart hat, die macht, wie man weiß, nicht nur warm, die macht auch schläfrig. Den Königen aus dem Morgenland kam das gerade recht, sie hätten sich ohnehin ein paar Stunden aufs Ohr gelegt, wie sie das allerorten zu tun pflegten, wo sie Tagrast hielten.

Sie waren dabei, was ihr Lager anging, nicht wählerisch. Schon wollten sie auf dem hölzernen Fußboden ihre Mäntel ausbreiten, um sich darauf zu legen, in Hemd und Hosen, das Reisebündel unter dem Kopf und die Jacke, so weit sie reichte, als Zudecke über den Leib – da kommt Birnbaum-Plischke hinzu, schlägt die Hände über dem Kopf zusammen und sagt, dass er das nicht zulässt, dass sich die Herren Reisenden auf den Fußboden legen. Das könnten sie ihm nicht antun, da müsst er sich ja sein Lebtag in Grund und Boden schämen, kurzum, er besteht darauf, dass die Drei ihm hinauffolgen in die Schlafkammer, wo die Rosina inzwischen schon alles frisch bezogen hat, und dass sie in ihren eigenen, Plischkens, Betten schlafen, denn anders macht er's auf keinen Fall, und das dürften sie ihm nicht abschlagen. Damit eilt er auch schon hinaus und zieht die Tür hinter sich zu.

Die Könige Kaspar und Melchior haben sich staunend angeblickt und den Kopf geschüttelt; aber der Mohrenkönig, der Baltasar, hat ganz einfach sein Reisebündel neben die Tür geworfen und angefangen sich auszuziehen.

„Wie lang ist es her", rief er lachend, „dass wir in keinen richtigen Betten geschlafen haben? Kommt, worauf wartet ihr, da ist Platz genug für uns!" Die Könige Kaspar und Melchior mussten ihm Recht geben, und nachdem sie den Birnbaum-Plischke noch einmal herbeigerufen und ihm den Auftrag gegeben hatten, er möge sie gegen Abend wecken, sie müssten bei Einbruch der Dunkelheit weiterziehen, legten auch sie ihre Bündel und Kleider ab; und es zeigte sich nun, dass der Mohrenkönig sich nicht verschätzt hatte: Plischkens Ehebett war so breit und geräumig, dass sie zu dritt darin unterkamen, ohne sich gegenseitig im Weg zu sein. Das frische Leinen duftete nach dem Quendelkraut, das die Rosina als gute Hausfrau in ihrer Wäschetruhe nicht missen mochte, das Lager war weich und warm und die Biersuppe tat ein Übriges nach der langen Nacht: Den Königen aus dem Morgenland fielen die Augen zu und es dauerte kaum ein paar Atemzüge, da schliefen sie tief und fest, und der Mohrenkönig fing voller Inbrunst zu schnarchen an, als gelte es, einen ganzen Palmenhain kurz und klein zu sägen.

So schliefen sie also und schliefen und merkten nicht, wie sich

Birnbaum-Plischke auf leisen Sohlen hereinschlich und sich an ihren Bündeln zu schaffen machte, atemlos und mit flinken Fingern. Denn Plischke ist nicht von gestern; er ahnt, dass die fremden Herren in seiner Kammer von reicher Herkunft sind, und nun will er es ganz genau wissen, was es mit ihren Bündeln auf sich hat. Er durchwühlt sie – und findet die Königskronen! Da ist es um ihn geschehen. Ohne sich lang zu besinnen, nimmt er die größte und kostbarste der drei goldenen Kronen an sich (dass es die Krone des Mohrenkönigs ist, kann er natürlich nicht wissen, woher denn auch), und nachdem er die Bündel wieder verschnürt hat, eilt er mit seiner Beute hinab in den Ziegenstall, wo er sie unters Stroh schiebt und einen leeren Melkeimer drüberstülpt. Hoffentlich, denkt er, merken die Fremden nichts davon, wenn sie aufwachen und sich anziehen – hoffentlich ...

Aber die Könige aus dem Morgenland schöpfen keinen Verdacht, wie Plischke sie wecken kommt. Außerdem sind sie in Eile, sie essen nur rasch noch ein paar Löffel Hafergrütze, dann ziehen sie ihre Mäntel an, schlagen die Krägen hoch, geben Plischkens zum Abschied zwei Taler, bedanken sich für das gute Quartier und das Essen und ziehen ahnungslos ihres Weges.

Die Sterne funkeln über den Wäldern, der Schnee knirscht bei jedem Schritt, und Birnbaum-Plischke steht unter der Tür seines Hauses und blickt den Dreikönigen nach, bis sie endlich zum Dorf hinaus und verschwunden sind.

Nun hält es ihn nicht mehr länger, er rennt in den Ziegenstall, stößt den Melkeimer mit dem Fuß weg und zieht unterm Stroh die goldene, mit Juwelen besetzte Krone hervor. Er läuft damit in die Küche, wo die Rosina gerade dabei ist, die Teller und Löffel zu spülen; und wie sie die Krone in seinen Pratzen funkeln und blitzen sieht, da erschrickt sie und wendet sich von ihm ab. „Plischke!", ruft sie. „Was soll das, um Himmels willen, was hast du da?"

Plischke erklärt ihr des langen und breiten, woher er die Krone hat; und er will sie, so sagt er ihr, einem Goldschmied verkaufen, drüben in Bunzlau oder herüben in Reichenberg – je nachdem, wo ihm mehr geboten wird. Sie aber, die Rosina, will das nicht hören, sie fällt ihm ins Wort und beginnt zu keifen.

„Plischke!", zetert sie. „Bist du um allen Verstand gekommen? Die Fremden werden dich an den Galgen bringen, wenn sie herauskriegen, was du getan hast!"

„Nu, nu", beschwichtigt sie Plischke, „die haben ja keinen Beweis gegen mich, die können die Krone ja sonst wo verloren haben – da mach dir keine Sorgen, das hab ich mir alles genau zurechtgelegt."

Und dann sticht ihn der Hafer. Er nimmt die Krone des Mohrenkönigs in beide Hände und setzt sie sich auf den Schädel, zum Spaß nur, aus schierem Übermut – und, o Wunder, sie passt ihm wie angegossen, als sei sie für ihn geschmiedet.

„Sieh her!", ruft er der Rosina zu und tanzt damit in der Küche herum. „Wie gefall ich dir mit dem Ding?"

Die Plischken, kaum dass sie ihn flüchtig betrachtet hat, fängt zu lachen an. „Aber nein doch!", prustet sie. „Lass den Unsinn, Alter, und wasch dir den Ruß vom Gesicht, du siehst ja zum Fürchten aus!"

„Welchen Ruß denn?", fragt Birnbaum-Plischke und schaut in den Spiegel neben dem Kühlschrank; und da sieht er, dass seine Stirn und die Wangen schwarz sind, die Nase, das Kinn und die Ohren ebenso – schwarz, wie mit Schuhwichse vollgeschmiert.

„Sonderbar", meint er, „das muss von der Lampe kommen oder vom Ofenschüren ... Schaff Wasser her, Alte, und Seife, damit ich das wieder runterbringe!"

Dann setzt er die Krone ab, zieht das Hemd aus und wäscht sich; er schrubbt das Gesicht mit der Wurzelbürste und heißem Wasser, mit Soda und Seifenlauge. Es ist wie verhext mit der schwarzen Farbe, sie lässt sich nicht wegrubbeln, auch mit Waschsand nicht, eher scheuert er sich die Haut durch.

Da dämmert es Plischke, dass er zu einem Mohren geworden ist; und die Rosina merkt auch, dass die Farbe echt ist und nie mehr abgehen wird.

„Ogottogott!", schluchzt sie. „Was werden die Leute bloß sagen, wenn du mit deiner schwarzen Visage ins Dorf kommst! Die werden sich schief und krumm lachen, wenn sie dich sehen! Und glaub mir, die Kinder werden dir nachlaufen, wo du auftauchst, und schreien: ‚Der Mohr kommt, der Mohrenplischke!' Und alles nur, weil du die Krone gestohlen hast!"

„Was denn?", meint Plischke betroffen. „Was soll denn die Krone damit zu tun haben, dass ich schwarz bin?"

„Da fragst du noch?", fährt die Alte ihn an. „Ich sage dir: Weil du die Krone gestohlen hast, bist du zur Strafe ein Mohr geworden – das ist doch so klar wie nur irgendwas auf der Welt! Und ein Mohr wirst du bleiben in alle Ewigkeit, wenn du sie nicht zurückgibst!"

„Die Krone?", ruft Plischke. „Die Krone soll ich zurückgeben? Überleg dir mal, was du da redest, Alte!"

„Da gibt's nichts zu überlegen", sagt die Rosina, „begreif das doch! Zieh dir die Stiefel an, Plischke und lauf, was du kannst, damit du die Herren einholst und die Geschichte ins Reine bringst!"

Plischke, nach einigem Wenn und Aber, sieht ein, dass ihm keine Wahl bleibt: Die Alte hat Recht. Also her mit den Stiefeln, den Mantel an und die Mütze auf! Und die Krone!

„Wir schlagen sie in ein Tuch ein", sagt die Rosina. Das tut sie auch und dann schiebt sie den Birnbaum-Plischke zur Tür hinaus in die Kälte. „Lauf zu!", ruft sie hinter ihm drein. „Lauf zu und verlier die Spur nicht!"

Der Mond scheint, es ist eine helle Nacht, und die Spur, die die Könige hinterlassen haben, ist leicht zu finden; sie führt über Berg und Tal, durch die Wälder und über Blößen, immer geradeaus, wie mit dem Lineal gezogen. Plischke, was-hast-du-was-kannst-du, folgt ihr, so schnell ihn die Füße tragen – und endlich, schon tief im Böhmischen ist es, die Sterne am Himmel verblassen bereits und hinter den Bergen zeigt sich der Morgen an: Endlich erblickt er die drei vor sich, einen Hügel emporsteigend. „Heda!", schreit er und „Hallo!" und „Wartet doch, wartet doch! Ich bin's, ich hab was für euch!"

Da bleiben die Könige stehen und wenden sich nach ihm um, und der Birnbaum-Plischke nimmt seine letzte Kraft zusammen und rennt auf sie zu mit den Worten: „Ihr habt was vergessen bei uns in der Schlafkammer – das da ... Ich hab es gefunden und bin euch nachgerannt: hier!" Damit schlägt er das Tuch auseinander und hält ihnen die gestohlene Krone hin. „Die gehört euch doch – oder?"

Der Mohrenkönig erkennt sie und er freut sich darüber, dass Plischke sie ihm gebracht hat. „Hab Dank, guter Mann", sagt er. „Weit hast du laufen müssen, um sie mir nachzutragen: Gott lohn es dir!"

Birnbaum-Plischke blickt überrascht in das freundliche schwarze Gesicht des Fremden; und plötzlich, er kennt sich kaum wieder, kommt er sich fürchterlich schäbig vor. Etwas würgt ihn im Halse, das muss er loswerden, sonst erstickt er dran.

„Herr", bringt er mühsam hervor, „sag nie wieder ‚guter Mann' zu mir! Du musst wissen, dass ich ein Dieb bin – und dass ich die Krone gestohlen habe."

„Gestohlen?", staunte der Mohrenkönig. „Und wiedergebracht?"

„Weil mir's Leid tut", stammelte Plischke, „und weil es nicht recht war. Verzeiht mir, ihr werten Herren, ich bitte euch sehr darum!"

Die Dreikönige aus dem Morgenland blickten sich an und es schien, dass sie einer Meinung waren.

„Wenn es dir Leid tut", sagte der Mohrenkönig, „dann sei dir verziehen, Alter, und alles hat seine Ordnung. – Aber was hast du denn?"

„Ach", druckste Plischke herum; denn mit einem Mal war es ihm wieder eingefallen, „es ist bloß ... Ich möchte sagen ... Mir ist da ein dummes Ding passiert. – Werd ich auch wieder ein weißes Gesicht haben, wenn ich zurückkomme in mein Dorf?"

„Dein Gesicht wird so weiß sein wie eh und je", versprach ihm der Mohrenkönig. „Doch scheint es mir auf die Farbe, die eines Menschen Gesicht hat, nicht anzukommen. Lass sie von mir aus schwarz oder gelb oder rot sein wie Kupfer – Hauptsache, dass du kein schwarzes Herz hast! Die Leute freilich, die sehen das nicht. Aber einer sieht es, der alles sieht: Das bedenke!"

Dann wandten die Könige sich zum Gehen, und Plischke allein zurücklassend (mochte er zusehen, wie er mit sich ins Reine kam), zogen sie ihres Weges.

Otfried Preußler

Das Weihnachtslamm

eit einem Monat sah er jeden Morgen, wenn er zur Schule in die Stadt ging, die große und ihn beunruhigende Inschrift in blauen und roten Lettern auf dem Anschlag vor der Kirche: „Alljährliche Sammlung von Weihnachtsgaben am Abend vor dem Fest in der Kirche. Helft uns, anderen zu helfen! Keine Gabe ist zu groß, keine Gabe ist zu gering. Spendet freigebig!" Und dann folgte in viel größeren, eindringlichen und, wie ihm vorkam, ärgerlichen Buchstaben: „DIES GEHT DICH AN!"

Er war ein kleiner Junge mit dem Ausdruck suchender Entschlossenheit um den schmalen Mund. Weite braune Hosen, die aussahen wie aus den Hosen seines Vaters zurechtgeschnitten, gaben ihm ein Aussehen, als sei er in der Welt nicht recht am Platz. Sein Haar wirkte wie mit der Schafschere geschnitten und seine Stirn lag ständig in erstaunten Falten. Seine Schuhe waren immer voll Schmutz, und es gab Zeiten, da er nicht besonders gut roch.

Dieser Geruch hatte seinen Grund. Seine Eltern hatten zwei Meilen vor der Stadt eine kleine Farm von etwa zehn Acker in Pacht. Sie hatten dort Weideland für eine Stute, zwei oder drei

Kühe und eine Schar pickender Hühner. Vor dem Hause, auf dem Grün am Straßenrand, grasten ein Dutzend Ziegen. Diese Ziegen waren schuld, dass der Junge bisweilen einen recht penetranten und überraschenden Eindruck hervorrief. Er liebte die Tiere sehr und es gehörte zu seinen Pflichten, sie jeden Morgen am grasbewachsenen Straßenrand anzubinden und sie, wenn er vor Anbruch der Dunkelheit heimkam, über Nacht in den unbenutzten Schweinestall zu sperren. Er behandelte die Ziegen wie Freunde. Er wusste, sie waren seine Freunde. Die Ziegen vermehrten sich rasch, aber dem Vater gelang es nie, die Lämmer zu verkaufen, ja nicht einmal, sie zu verschenken. Das freute den Jungen jedes Mal; augenblicklich hatten sie dreizehn Ziegen: Die dreizehnte war ein sechs Wochen altes schneeweißes Lamm.

Jeden Morgen, wenn er an der Kirche vorbeikam, machte der Anschlag ihn irgendwie unruhig. Besonders die Aufforderung: „DIES GEHT DICH AN" verwirrte ihn. Je näher Weihnachten kam, umso häufiger musste er daran denken. Die Lettern schienen aus dem Anschlag herauszuspringen und ihn ins Gesicht zu schlagen; sie trafen ihn ins Gewissen. Sie zeichneten ihn vor den übrigen Menschen aus: „DIES GEHT DICH AN!"

Morgens auf dem Weg in die Stadt und abends auf dem Heimweg dachte er nach, was er tun könne. Er hatte das Gefühl, er müsse irgendetwas tun. Irgendwann hatte er eine Geschichte gehört, in der ein Satz immer wieder vorkam, der ihn auch beunruhigt hatte: „Gott sieht alles." Allmählich nahm der Gedanke Besitz von ihm, dass nicht nur die Ankündigung ihn beobachte, sondern auch Gott auf ihn aufpasse. Auf eine gewisse Art waren Gott und jene Worte ein und dasselbe.

Doch erst am Abend vor Weihnachten beschloss er, der Kirche das Zicklein zu schenken. Er wachte auf und sein Entschluss war gefasst. Es war, als hätte ein anderer die Entscheidung für ihn getroffen, und er wusste, dass er sich ihr nicht entziehen konnte.

Er hatte die kleine Ziege schon sehr lieb gewonnen und es fiel ihm sehr schwer, sie wegzugeben. An dem Tag war keine Schule und er verbrachte den größten Teil des Nachmittags im Schweinestall: Er kniete auf dem strohbedeckten Boden und kämmte das weiche Fell der kleinen Ziege mit einem Pferdestriegel. In dem Stall stand dick der Geruch der Ziegen.

Als er mit Bürsten und Kämmen fertig war, war er sehr stolz auf das Lamm und freute sich an ihm; es kam ihm in den Sinn, dass keine andere Gabe ebenso schön sein würde. Er wusste nicht, was die anderen Leute spenden würden. Keine Gabe war zu groß und keine zu gering; vielleicht brachten die Leute Dinge wie Apfelsinen oder Nüsse oder vielleicht Spielzeug und Weihnachtsbäume. Man konnte es nicht wissen. Er wusste nur, dass niemand eine Gabe wie die Seine bringen würde: etwas Kleines, Schönes, Lebendiges, das ein Freund war.

Als das Zicklein fertig war, band er ihm ein Stück saubere Schnur um den Hals und machte es an einem Ring im Schweinestall fest. Er hatte sich einen einfachen Plan ausgedacht, wie er es in die Stadt bringen würde. Jeden Weihnachtsabend ging er eine Tante besuchen, die einen kleinen Gemüseladen an einer Straßenecke hatte. Die Tante würde ihm einen Kasten Datteln für den Vater, eine Schachtel Schokolade für die Mutter und irgendein Geschenk für ihn selbst mitgeben. Er brauchte das Lamm dann nur im Schutz der Dunkelheit mitzunehmen. Es war so leicht, dass er es auf dem Arm tragen konnte.

Er kam kurz vor sieben in die Stadt. Für den Fall, dass es regnen würde, hatte er der kleinen Ziege einen sauberen Mehlsack umgebunden. Wenn sie müde vom Laufen war, konnte er sie auf den Arm nehmen, und wenn er müde vom Tragen war, konnte sie wieder laufen. Nur etwas machte ihm Sorge: Er wusste nicht, wie es in der Kirche sein würde. Vielleicht, stellte er sich vor, gab es dort einen langen Tisch, hinter dem Männer standen. Er würde an den Tisch treten und einfach sagen: „Ich habe das hier gebracht", und wieder gehen.

Er war etwas erstaunt, als er Licht durch die Kirchenfenster schimmern sah. Leute mit Paketen gingen durch die Tür. Er sah den nun vom Wetter schon etwas mitgenommenen Anschlag: „DIES GEHT DICH AN" und war etwas eingeschüchtert, als er, das Zicklein wie einen kleinen Hund an der Schnur, auf der anderen Straßenseite stand.

Als schließlich keine Leute mehr in die Kirche gingen und es ganz still geworden war, beschloss er hineinzugehen. Er zog dem Lamm den Sack ab, nahm es auf den Arm und strich mit zitternden Fingern sein Fell glatt.

Als er in die Kirche kam, war er sehr überrascht, sie so voll zu finden. Irgendein Gottesdienst war schon im Gang und er setzte sich schnell ans Ende einer Stuhlreihe. Ganz vorn in der Kirche sah er in dem sanften Kerzenlicht die Nachbildung einer Krippe und des Kindes und der weisen Männer, die dem Stern gefolgt waren. Der Stall und die Krippe erinnerten ihn an den Schweinestall, in dem die Ziegen gehalten wurden, und sein erster Gedanke war, dass er eine gute Schlafstätte für das Zicklein abgeben würde.

Er saß ein paar Minuten da, bevor irgendetwas geschah. Ein Priester sprach von der Kanzel aus über das Vorrecht des Schenkens.

„Sie", sagte er, „brachten Weihrauch und Myrrhen. Ihr könnt keinen Weihrauch bringen, aber was ihr gebracht habt, hat einen süßeren Duft: den Duft des Opfers für andere."

Während er sprach, wandte ein Mann direkt vor dem Jungen sich schnuppernd an seine Frau und flüsterte: „Komischer Weihrauchgeruch."

„Ja", flüsterte sie. Auch sie schnupperte jetzt. „Ich habe es schon bemerkt, aber ich wollte nichts sagen." Jetzt schnupperten alle beide wie Hunde. Nach einem Weilchen drehte die Frau sich um und sah den Jungen nervös und verlegen dasitzen, mit erstaunt gerunzelter Stirn und dem Lamm im Arm. „Dreh dich mal um!", sagte sie.

Der Mann drehte sich um und sah die Ziege. „Aha!", sagte er, „aha, kein Wunder."

„Ich kann sie nicht ausstehen", flüsterte die Frau. „Ich hasse diesen Geruch."

Sie schnupperten nun beide möglichst auffällig und machten andere Leute aufmerksam, die sich ebenfalls umdrehten und auf die Ziege starrten. In den Stuhlreihen um den Jungen herrschte unterdrückte Aufregung und Bestürzung. Auf Veranlassung seiner Frau stand der Mann, der vor dem Jungen saß, schließlich auf und ging hinaus.

Eine Minute später kam er mit einem Kirchendiener zurück. Bevor er wieder in seine Reihe ging, sagte er leise: „Dort. Meine Frau kann den Geruch nicht ertragen."

Gleich darauf flüsterte der Kirchendiener dem Jungen ins Ohr: „Es tut mir Leid, aber ich glaube, dein Lamm ist hier nicht am richtigen Ort. Du musst hinausgehen."

Als der fremde Mann herankam, wurde die kleine Ziege unruhig und stieß plötzlich ein hohes, erschrecktes Meckern aus. Im Aufstehen schien dem Jungen, als drehten sich alle Leute in der Kirche um und sähen ihn halb belustigt, halb erschreckt an, wie wenn die Anwesenheit des Lammes eine Art Gotteslästerung wäre. Draußen zeigte der Kirchendiener die Treppe hinunter. „Nun geh, mein Kind!"

„Ich wollte das Lamm spenden", sagte der Junge.

„Ich weiß", antwortete der Mann, „aber du hast die Aufforderung falsch verstanden. Niemand kann eine Ziege gebrauchen."

Der Junge lief die Stufen, die von der Kirche in die Straße führten, hinunter. Die Ziege lag jetzt ruhig in seinem Arm. Er sah nicht nach dem Anschlag, der so lange „GEHT DICH AN" gerufen hatte, denn er begriff jetzt, dass hier irgendein Irrtum entstanden war. Es war klar, dass diese Aufforderung gar nicht ihm galt.

Außerhalb der Stadt ging er langsam durch die Dunkelheit. Die Nachtluft war still und das Zicklein schien in seinen Armen eingeschlafen zu sein. Er bedauerte jetzt nicht mehr, dass man es nicht haben wollte, sondern er freute sich schon, dass es wieder ihm gehörte.

Nur etwas verstand er nicht. Er hatte so lange geglaubt, dass zu Weihnachten Schnee über der Erde liegt und dass Glocken läuten und ein Stern sich bewegt.

Aber es lag kein Schnee über der Erde. Keine Glocken läuteten, und hoch über ihm und dem Lamm standen die Sterne ganz still.

Herbert Ernest Bates

Anhang

Was Sie schon immer einmal von Weihnachten wissen wollten – oder Wie kommen Ochs und Esel in den Stall?

Die Weihnachtsgeschichte aus dem Evangelium des Lukas gehört zu den großen Storys der Weltliteratur. Und wie alle wirklich bedeutsamen Geschichten ist sie eine stark verdichtete Erzählung. Sie hat eine Oberfläche, Tiefendimensionen und eine vielfältige Wirkungsgeschichte.

Um die Oberfläche hat sich im Lauf der Jahrhunderte viel Ballast gesammelt. Viel Kitsch und Geschäftemacherei. Ähnlich wie man in der Französischen Revolution versucht hat, den christlichen Gottesdienst durch einen *Kult der Vernunft* zu ersetzen, so scheint heute der *Kult des Konsums* den Zugang zu den Aussagen der Erzählung von der Geburt des Kindes in Betlehem zu verstellen. Selbst die christlichen Gottesdienste können kaum Schneisen schlagen in das Dickicht von ökonomischen Zusammenhängen, die die Weihnachtsgeschichte überwuchert haben – da dient die Krippe im Schaufenster als Magnet für die Kinder kaufkräftiger Eltern, die Engel halten statt Spruchbändern mit erfreulichen Nachrichten Preisschilder, und viele Sterne weisen den Weg zur Kasse. Wir erleben es und viele beklagen es in jedem Jahr neu – und können uns den geschickten Strategien der Werbepsychologie und den gesellschaftlichen Zwängen doch selbst kaum entziehen.

Aber seltsamerweise – ganz hat die Ökonomie den Zauber der Weihnachtsgeschichte nicht erschlagen können. Da leuchtet immer noch so etwas wie ein Hoffnungsglanz durch all die vordergründigen Lichterketten. Es hängt wohl mit den Tiefendimensionen ihrer Wirkung zusammen, dass die Botschaft von der Geburt des Kindes Menschen anrührt und ihnen Hoffnung gibt.

Die Maler, Bildhauer und Holzschnitzer vieler Jahrhunderte haben zur Festigung der Vorstellungen von dem Geschehen der Heiligen Nacht viel beigetragen. Aber jeder Stil der Zeit hat auch für seine eigenen Akzentsetzungen gesorgt und Elemente eingebracht, die nicht unbedingt etwas mit der ursprünglichen Geschichte zu tun haben. Gleiches gilt für die Entwicklung der Weihnachtslieder.

Wie kann man aber Ursprüngliches vom Späteren trennen? Nun, glücklicherweise hat sich an den Texten der ältesten Überlieferungen nichts geändert – seit bald 2000 Jahren nicht. So möchten wir Sie einladen, diesen Geschichten einmal nachzuspüren, um ihre ursprünglichen Aussagen – sozusagen wie bei archäologischen Ausgrabungen – wieder freizulegen, sie vom Ballast der Missverständnisse und Fehldeutungen zu befreien.

Voraussetzungen zum Verstehen

Mit lexikalischen Erläuterungen – nach dem Motto „Der Stern über dem Stall bedeutet ..." – lässt sich diese dramatische Geschichte nicht einfach erklären. Etwas Geduld müssen Sie aufbringen. Diese Geschichte steht in bestimmten Zusammenhängen, die man kennen muss, will man sie wirklich verstehen.

Und noch etwas: Diese Geschichte ist ganz im Religiösen verwurzelt. Wer Weihnachten nur als Familienfest, Geschenkorgie oder besinnliche deutsche Weihnacht haben und gestalten und dabei das Religiöse draußen vorlassen will – der mag etwas feiern, was entfernte Ähnlichkeit mit dem Fest der Feste hat, aber der Sinn des ganzen Geschehens wird ihm verschlossen bleiben.

In der Religion wird der Mensch mit den Grenzen seiner Möglichkeiten konfrontiert. Das passt wenig zu dem Machbarkeitswahn unserer Zeit. Aber vielleicht ist gerade das die bleibende Aufgabe von Religion, zu zeigen, dass es über das Menschenmögliche hinaus und trotz aller Sackgassen, in die uns mancher Fortschritt führt, etwas gibt, das Hoffnung schenkt, Licht in der Dunkelheit, Aussicht auf Besserung und Rettung in Gefahr.

Im christlichen Glauben, in dem die Weihnachtsgeschichte überliefert worden ist, spielt das Vertrauen auf Gott als einer fürsorgenden Gestalt eine zentrale Rolle. Die Sorge Gottes um das Wohlergehen der Menschen ist ein Grundmotiv. Viele Geschichten im ersten Teil der Bibel, dem Alten Testament, erzählen davon, wie diese Zuwendung Gottes zu den Menschen konkret geworden ist. Auffallend ist dabei, dass Gott oft Leute aussucht, die nicht im Mittelpunkt des gesellschaftlichen Interesses stehen, sondern Randständige. Die Menschen – und das ist wohl eine ständige Versuchung von Religion – haben sich Gottes Handeln immer wieder nach einem Wenn-dann-Schema erklärt: „Wenn du das und das tust, dann tut Gott das und das." Solche Versuche sind alle gescheitert. Gott lässt sich auf solche Art und Weise nicht einfangen. So wie sich die Liebe unter Menschen nicht bis ins Letzte rational erklären lässt, bleibt auch Gottes Zuwendung zu den

Menschen, seine Liebe, im Letzten unerklärlich. Aber fest steht, dass Gott an den Menschen fest hält, ihnen nachgeht und ihr Bestes will.
Von solch einer Glaubensvoraussetzung geht die Weihnachtsgeschichte aus und von solchem Grundmotiv will sie erzählen – auf eine ganz neue und unerhörte Weise.

Zwar hat es in damaliger Zeit Geschichten von wunderbaren Ereignissen bei der Geburt von Herrschern durchaus gegeben, aber sie unterscheiden sich doch in ihren Einzelzügen so erheblich von unserer Überlieferung, dass wir sie hier nicht weiter berücksichtigen müssen.

Auch dass ihre Aussagen in die literarische Form von Legenden verpackt sind, soll uns nicht lange aufhalten. Geschichtsschreibung in unserem Sinne als kritische Historie gibt es erst seit etwa 200 Jahren. Die antiken Schriftsteller haben sich anderer Mittel bedienen müssen, als wir sie heute nutzen können. Die christlichen und jüdischen Überlieferungen im Neuen und Alten Testament gehören ohnehin zu den am besten belegten Texten aus jener Zeit.

Die Quellen der Weihnachtsgeschichte

Die Berichte, die wir über Jesus Christus – über die Bedeutung seines Lebens und Sterbens und seiner Auferstehung – haben, finden sich vor allem in den vier Evangelien-Büchern. Unter ihnen legt besonders das Lukas-Evangelium einen Akzent auf die früheste Kindheit Jesu. Der Evangelist bindet die Geschichte von seiner Geburt sogar noch in eine Erzählung ein, die für damalige Verhältnisse unerhört und ungewöhnlich ist. Einmal, weil in ihr Frauen eine besondere Rolle spielen, und dann, weil schon vor der Geburt deutlich gemacht wird, dass dieser Jesus eine Schlüsselstellung in der Weltgeschichte haben soll. Lesen Sie das erste Kapitel im Lukas-Evangelium.

Diese vier Evangelien (Matthäus, Markus, Lukas und Johannes) sind etwa vierzig bis einhundert Jahre nach der Auferstehung Jesu in die Form gebracht worden, in der sie uns heute vorliegen. Sie sind an ganz unterschiedliche Empfängergruppen adressiert und ihrer Endform sind mündliche Weitergabe und kleinere Geschichtensammlungen vorausgegangen. Es ist schon erstaunlich, dass trotz solcher Verschiedenheiten ihre Grundaussagen übereinstimmen.

Lukas-Evangelium, Kapitel 2, Verse 1–20

Und nun zur Weihnachtsgeschichte selbst; die Verse bilden einen festen Zusammenhang. Aber es empfiehlt sich doch, sie zu gliedern.

Lukas-Evangelium, Kapitel 2, Verse 1–3
¹Es begab sich aber zu der Zeit, dass ein Gebot von dem Kaiser Augustus ausging, dass alle Welt geschätzt würde. ²Und diese Schätzung war die allererste und geschah zu der Zeit da Quirinius Statthalter in Syrien war. ³Und jedermann ging, dass er sich schätzen ließe, ein jeder in seine Stadt.

Der Eingang der Geschichte bestimmt Ort und Zeit des Geschehens; darüber hinaus spricht Lukas das Thema der Macht an.

Der damalige Herrscher des römischen Reiches, Gaius Octavianus Cäsar, geboren 63 v. Chr., gestorben 14 n. Chr., genannt Augustus, göttlich verehrter Führer der damals unzweifelhaft einzigen Weltmacht, erlässt den Befehl für eine Steuerschätzung. Eine solche Erhebung, die natürlich Folgen für den Geldbeutel jeden Bürgers hat, ist – damals wie heute – neben physischer Gewaltanwendung wirksamster Ausdruck der Machtausübung. Der römische Kaiser hatte genug Soldaten und Verwaltungsbeamte, um eine solche Anordnung auch durchsetzen zu können. Das Machtinstrument einer Steuererhebung rief große Erbitterung hervor bei den zu sehr hohen Abgaben verpflichteten besetzten Ländern. Das römische Reich war nämlich das Ergebnis vieler Eroberungskriege. Über die eroberten Gebiete wurden Statthalter („Landpfleger" heißt es in Luthers früherer Bibelübersetzung) als Stellvertreter des Kaisers eingesetzt und je nachdem, was diese aus ihrer Provinz erwirtschafteten, konnten sie mehr oder weniger gut leben und ihre Altersvorsorge sichern.

In einer solchen von römischer Eroberern besetzten Provinz – Syrien – und unter der Statthalterschaft eines gewissen Quirinius – wird nun diese Steuermaßnahme durchgeführt. Sie ist die erste und war möglich, weil im Reich Ruhe herrscht. Die großen Kriege sind abgeschlossen und eine wirtschaftliche Blütezeit ist angebrochen. Die Provinz Syrien allerdings gehörte damals zu den weniger bedeutenden. Sie lag sozusagen in einem Winkel der Weltgeschichte.

Nach der Durchführungsverordnung der Steuererhebung musste sich jeder in seiner Geburtsstadt registrieren lassen. Da es sonst kein Meldewesen gab, war dies vielleicht ein erster Versuch, alle zu erfassen, in den Griff zu bekommen.

Lukas-Evangelium, Kapitel 2, Verse 4–5
⁴Da machte sich auf auch Josef aus Galiläa, aus der Stadt Nazaret, in das jüdische Land zur Stadt Davids, die da heißt Betlehem, weil er aus dem Hause und Geschlechte Davids war, ⁵damit er sich schätzen ließe mit Maria, seinem vertrauten Weibe, die war schwanger.

Nachdem Lukas so den Rahmen für unsere Geschichte erst einmal abgesteckt hat, nennt er nun konkrete Personen. Wie mit dem Zoom-Objektiv wird die Perspektive auf ein Paar gerichtet. Sie gehen den Weg von Nazaret nach Betlehem, viele Kilometer. Vielleicht zu Fuß, vielleicht per Esel, darüber schweigt die Geschichte. Aber anderes Bedeutungsvolles erfahren wir, zwei Städtenamen.

Erst *Nazaret* in Galiläa: „Was kann aus Nazaret Gutes kommen?" – Das ist eine bekannte Redewendung in jener Zeit. Und später stellten die Gegner Jesu den Zusammenhang zwischen Jesus und Nazaret her und wollen damit sagen, von dorther sei noch nie jemand Bedeutendes gekommen.

Dann *Betlehem* in Judäa: Von dort soll nach einer alten Überlieferung, die im jüdischen Volk lebendige Erinnerung war, der letzte König der Juden kommen, der am Ende der Zeiten das Volk wieder zu seiner früheren Größe führen soll. Betlehem wird als *Stadt Davids* bezeichnet. David war der bis dahin erfolgreichste König in der jüdischen Geschichte gewesen. Genau dies ist der Zusammenhang, den Lukas deutlich machen will. Jesus soll nicht *irgendwo* zur Welt gekommen sein, sondern genau an dem Ort, an dem sich nach jüdischer Überzeugung das entscheidende Ereignis der Weltgeschichte vollziehen soll: Die Geburt des Friedenskönigs, der in Gerechtigkeit herrscht.

Und nun zu den Hauptpersonen: Lukas berichtet, dass *Josef*, von Beruf Zimmermann und Tischler, aus Betlehem stammte und ein Nachkomme jenes berühmten Königs David sei. Davon sehen seine Zeitgenossen zwar nichts, aber Lukas weiß es und stellt damit den notwendigen Zusammenhang für seine Leser klar: Nicht nur der Ort stimmt mit den Überlieferungen überein, sondern auch die Voraussetzungen seiner Abstammung sind zutreffend.

Maria ist die Verlobte des Josef, wie Lukas es im ersten Kapitel seines Evangeliums erwähnt hat. Die kurze Mitteilung, dass sie *schwanger* war, ist für damalige Zeiten unerhört. Schwanger konnte und durfte man erst mit der Heirat werden, wenn man als Frau zur Verwandtschaft des Mannes in sein Elternhaus zog. Aber auch hier hat Lukas (1, 26–28) zuvor seine Leser darüber informiert, dass dies keine ungebührliche Schwangerschaft war, sondern eine nach Gottes Willen ermöglichte, eine besondere. Mit diesen knappen Mitteilungen sagt er, dass Josef den Willen Gottes in dieser Schwangerschaft sieht und sie akzeptiert. Wenn nicht, hätte er die Verlobung nach damaligen Recht sofort lösen müssen (vgl. Matthäus 1,18–25; siehe auch Seite 212). Alle diese Zusammenhänge sind im ersten Kapitel des Evangeliums erklärt. Mit der Erzählung von der jungfräulichen Geburt will Lukas seinen Lesern sagen: Jesus ist von Beginn seines Lebens an Mensch *und* Gott. Durch seine menschliche Mutter ist er wirklich Mensch, durch seinen göttlichen Vater wirklich Gott.

Lukas-Evangelium, Kapitel 2, Verse 6–7
⁶Und als sie dort waren, kam die Zeit, dass sie gebären sollte. ⁷Und sie gebar ihren ersten Sohn und wickelte ihn in Windeln und legte ihn in eine Krippe; denn sie hatten sonst keinen Raum in der Herberge.

In Betlehem angekommen, ist der Tag der Geburt erreicht. „Es kam die Zeit." Solche Formulierungen zeigen in der Sprache der Bibel immer etwas Besonderes an (vgl. Seite 207). Zeit ist nichts Zufälliges. In ihr waltet kein blindes Schicksal, sondern Gottes guter Wille.

Ganz schlicht wird berichtet, dass Maria ihren ersten Sohn zur Welt bringt und ihn in Windeln legt. Das Normalste, das Einfache und Angemessene geschieht bei der Geburt dieses Kindes. Diese Einfachheit wird noch unterstrichen durch die erste Schlafstätte des Neugeborenen. Es ist eine *Krippe,* die wir uns wahrscheinlich – wie in palästinischen Anwesen üblich – als eine in die Wand eingelassene Mulde für die Viehfütterung vorzustellen haben, ein sicherer Platz für ein Kind. Die Häuser in Palästina bestanden oft nur aus einem einzigen Raum, in dem Mensch und Tier zusammen wohnten und es ziemlich eng sein konnte.

Ziehen wir eine Zwischenbilanz der Erzählung des Lukas: In einen unbedeutenden Ort reist ein Paar, das wohl der unteren Mittelschicht angehört. Anlass für die Reise ist ein Verwaltungserlass. In dem Ort bringt die Frau in ziemlich bescheidenen Verhältnissen ihr erstes Kind zur Welt.

Nichts Großartiges, für die damaligen Verhältnisse ziemlich Normales hat sich bisher vor unseren Augen abgespielt. Das Geschehen an der Oberfläche enthält nichts, was den Anlass für ein großes Fest hergeben könnte. Aber an einigen Stellen *(Betlehem, aus dem Geschlechte Davids)* haben wir schon etwas von den Tiefendimensionen dieses Geschehens in den Blick bekommen. Im Folgenden erfahren wir noch mehr davon.

Lukas-Evangelium, Kapitel 2, Verse 8–14

⁸Und es waren Hirten in derselben Gegend auf dem Felde bei den Hürden, die hüteten des Nachts ihre Herde. ⁹Und der Engel des Herrn trat zu ihnen, und die Klarheit des Herrn leuchtete um sie; und sie fürchteten sich sehr. ¹⁰Und der Engel sprach zu ihnen: Fürchtet euch nicht! Siehe, ich verkündige euch große Freude, die allem Volk widerfahren wird; ¹¹denn euch ist heute der Heiland geboren, welcher ist Christus, der Herr, in der Stadt Davids. ¹²Und das habt zum Zeichen; ihr werdet finden das Kind in Windeln gewickelt und in einer Krippe liegen. ¹³Und alsbald war da bei dem Engel die Menge der himmlischen Heerscharen, die lobten Gott und sprachen: ¹⁴Ehre sei Gott in der Höhe und Friede auf Erden bei den Menschen seines Wohlgefallens.

Die Umgebung von Betlehem wird hier ins Spiel gebracht – wieder ein ganz normales Geschehen. *Hirten* bewachen ihre *Herden*, bestehend aus Schafen, vielleicht auch Ziegen. Es ist *Nacht*. Wölfe, Diebe – es gibt genug Gründe für das *Hüten*.

Was dann geschieht, erhält vom Licht her seinen besonderen Charakter. Es wird Licht in das Dunkel gebracht. Einer tritt zu den Hirten, und wie er auftritt, macht deutlich: Das ist einer, der ausrichtet, was Gott selbst zu sagen hat, ein Engel. Darüber, wie er aussieht, sagt Lukas nichts. All unsere Vorstellungen, wie Engel auszusehen hätten, sind von der Kunstgeschichte geprägt. Die Bibel selbst gibt keine Beschreibung. Wichtig ist, was diese Boten zu sagen haben. Aber mit seiner Beschreibung von der *Klarheit*, die von dem *Herrn*, nämlich Gott, kommt und sie umleuchtet, weist Lukas wieder hin auf eine der alten Verheißungen, auf deren Erfüllung die Menschen warten. Bei einem Propheten heißt es: „Das Volk, das im Finsteren wandelt, sieht ein großes Licht" (Jesaja 9,1) – und das wird sein, wenn der König aus dem Geschlechte Davids kommt.

Die Gestalt mit der Lichterscheinung jagt den Hirten *Furcht* ein. Eine ganz normale Reaktion auf ein plötzliches Ereignis, etwas noch nie Erlebtes.

Lukas-Evangelium, Kapitel 2, Verse 10–12

¹⁰Und der Engel sprach zu ihnen: Fürchtet euch nicht! Siehe, ich verkündige euch große Freude, die allem Volk widerfahren wird; ¹¹denn euch ist heute der Heiland geboren, welcher ist Christus, der Herr, in der Stadt Davids. ¹²Und das habt zum Zeichen: Ihr werdet finden das Kind in Windeln gewickelt und in einer Krippe liegen.

Überall da, wo Menschen vor der Begegnung mit Gottes Wirklichkeit Angst haben, da ist das Erste, was ihnen gesagt wird: *Fürchtet euch nicht!* Dies gehört zu dem Grundmotiv, von dem wir eingangs gesprochen haben: Gott kommt in guter Absicht auf die Menschen zu.

Und das ist nach christlichem Verständnis ein ganz wesentliches Element, um wahre von falscher Religion zu unterscheiden: Überall dort, wo Leute mit ihrer Religion andere Menschen in Furcht und Angst versetzen, um dann daraus Kapital zu schlagen, da hat man es mit falscher Religion zu tun, zumindest passt eine solche Haltung nicht zum christlichen Glauben (wenn auch nicht verschwiegen werden darf, dass es Zeiten in der Geschichte der Kirche gegeben hat, wo solcher Missbrauch auch getrieben wurde). Es ist ganz wesentlich, dass mitten in der Weihnachtsgeschichte dieser Zuruf steht, der schon das ganze Alte Testament – mehr als 700 Mal – durchzieht. Wo Gott zu reden anfängt, da wird die Furcht gegenstandslos.

Das Erste, was es in unserer Geschichte an Rede gibt, ist dieser Zuspruch, der immer die Zuwendung Gottes anzeigt. Lukas verbindet ihn noch mit einer besonderen Ankündigung. Ein Grund für große Freude wird angesagt, eine *Freude*, die man sich nicht selbst machen kann, sondern die allem Volk *widerfahren* wird, die auf einen zukommt. Mit der Wendung *alles Volk* will Lukas seinen Leserinnen und Lesern klar machen, dass nicht nur das jüdische Volk, sondern die ganze Menschheit gemeint ist.

Und dann lässt Lukas den Grund dieser großen Freude für „alles Volk" aussagen: Der *Heiland* (ein altes deutsches Wort für den Retter aus allen Nöten) ist geboren und das ist der, auf den die Leute schon so lange gewartet haben. Lukas bezeichnet ihn mit den Namen der Überlieferung, der *Christus* (das ist der griechische Begriff für das jüdische *Messias* und meint den von Gott Auserwählten, den Erlöser), der *Herr* (das ist ein Ehrentitel, der sonst nur für Gott selbst gebraucht wird) in der *Stadt Davids*, nämlich in Betlehem. *Heute* ist er geboren, wieder so ein Zeitbegriff, wie wir schon einen kennen gelernt haben („Es kam die Zeit." – Seite 205). Nicht zufällig, sondern weil Gott die Zeit in den Händen hat, ist „jetzt" geschehen, was geschehen sollte.

Und ein kleines Wort kann man leicht übersehen, aber es hat eine grundlegende Bedeutung: *Euch* ist dieser Heiland geboren. Nicht für große Programme, Revolutionen oder Ähnliches ist dies Ereignis eingetreten, will Lukas uns sagen, sondern für die Menschen, die es hören, die Botschaft vernehmen, stellvertretend für alles Volk; den Menschen zugute.

Ausgerechnet Hirten, Lohnempfänger der untersten Einkommensklassen und in der Erzählung des Lukas dementsprechend gering angesehen, werden zu den ersten Empfängern dieser Nachricht, dass der Retter der Welt geboren ist.

Die besondere Zuwendung Gottes zu den Armen und Kleinen der Geschichte findet hier ihre Fortsetzung – wie auch der größte bisherige König (David) ursprünglich nichts anderes war als ein Hirte und von der Herde weg in den Dienst Gottes gerufen worden war.

Alle diese großartigen Ankündigungen bezieht der Evangelist ganz konkret auf das Kind in der Krippe, über dessen Geburt er vorher nüchtern berichtet hat. So erhält das Geschehen der Heiligen Nacht erst durch die aufklärenden Worte des Engels seinen Sinn, seine Bedeutung. Ohne diese Engelsbotschaft hätten wir nichts als eine – vielleicht rührende – Szene aus bescheidenen Verhältnissen, die aber wahrscheinlich nicht einmal überliefert worden wäre.

Wieder begegnen wir hier einem Grundzug der christlichen Religion: Erst das Wort Gottes klärt die Ereignisse. Die Geschehnisse als solche sind immer vieldeutig. Selbst mit den christlichen Handlungen wie Taufe oder Abendmahl / Eucharistie ist es nicht anders. Ohne die erläuternden Worte der Bibel hätte man nichts als Wasser, Brot und Wein vor Augen.

Lukas-Evangelium, Kapitel 2, Verse 13–14
[13]Und alsbald war da bei dem Engel die Menge der himmlischen Heerscharen, die lobten Gott und sprachen: [14]Ehre sei Gott in der Höhe und Friede auf Erden bei den Menschen seines Wohlgefallens.

Wie zur Bestätigung der Worte des Gottesboten stimmen „himmlische Chöre" am Ende dieses Abschnitts das Gotteslob auf der Erde an. Diese Stelle ist einzigartig im Neuen Testament und für die jüdische Überlieferung. In allen anderen Zusammenhängen werden die irdische und himmlische Welt streng unterschieden und getrennt. Lukas lässt die beiden Sphären sich berühren und das himmlische Gotteslob ertönt auf der Erde – wieder nicht in einem großartigen Rahmen, in einer Konzerthalle oder in einem Palast, sondern bei den armseligen Hirten auf dem Acker.

Was die Geschichte von der besonderen Schwangerschaft andeutet und was in der Engelsbotschaft zum Ausdruck kommt, wird eindrucksvoll durch das Lob bestätigt: In diesem Kind verbinden sich Himmel und Erde. Darum gebührt *Gott in der Höhe die Ehre*. Das bedeutet zugleich *Friede auf Erden* und das nicht abstrakt, sondern es gilt den *Menschen seines Wohlgefallens*.

Diese letzte Formulierung hat den Auslegern des Lukas-Evangeliums Schwierigkeiten bereitet. Sie ist wohl so gemeint, dass die Geburt des Kindes Hoffnung für alle Menschen bedeutet und dass darum Gott sein Wohlgefallen in ihm auch allen zuwendet.

Lukas-Evangelium, Kapitel 2, Verse 15–18 und 20

[15]Und als die Engel von ihnen gen Himmel fuhren, sprachen die Hirten untereinander. Lasst uns nun gehen nach Betlehem und die Geschichte sehen, die da geschehen ist, die uns der Herr kundgetan hat. [16]Und sie kamen eilend und fanden beide, Maria und Josef, dazu das Kind in der Krippe liegen. [17]Als sie es aber gesehen hatten, breiteten sie das Wort aus, das zu ihnen von diesem Kinde gesagt war. [18]Und alle, vor die es kam, wunderten sich über das, was ihnen die Hirten gesagt hatten. [20]Und die Hirten kehrten wieder um, priesen und lobten Gott für alles, was sie gehört und gesehen hatten, wie denn zu ihnen gesagt war.

Wieder vollzieht Lukas einen Szenenwechsel. Er hätte die Geschichte auch mit den himmlischen Chören enden lassen können, aber es geht weiter. Kaum sind die Engel entschwunden, die übrigens wieder in keiner Weise näher beschrieben worden sind, da fassen die Hirten einen weit reichenden Beschluss. Sie wollen mit eigenen Augen sehen, was sie gehört haben. Für sie ist es ganz klar, dass es eine Botschaft von Gott ist, die sie empfangen haben (*„die uns der Herr kundgetan hat"*). Sie *eilen*, sie säumen nicht. Das Wort Gottes versetzt sie in Bewegung. Es ließen sich leicht andere Verhaltensmöglichkeiten ausdenken, aber sie zaudern nicht, gehen los und sehen die „ganze Bescherung": *Maria und Josef, dazu das Kind in der Krippe liegend*.

Auch hier hätte die Geschichte zu Ende sein können, aber Lukas lässt die Hirten auf dem einmal beschrittenen Wege weitergehen. Und sie reden von dem, was sie gesehen und gehört haben. Sie bringen beides zusammen, das, was vor Augen liegt, die Oberfläche, und die Tiefendimension, das deutende Wort. So werden sie zu den ersten Verkündigern der frohen Botschaft von der Geburt des Weltenretters.

Später wird Jesus Fischer und andere Männer aus Handwerksberufen um sich scharen und sie als Verkündiger aussenden. Auch das sind Leute, die keine höhere Bildung genossen hatten. Aber dieses Predigen – so sagt es uns Lukas – hat einmal mit Leuten angefangen, die noch eine Stufe tiefer standen. So bedient sich Gott der einfachen Leute und „adelt" sie gleichsam durch seine Berufung.

Die Leute wundern sich über das, was die Hirten ihnen sagen. Mehr wird nicht berichtet. Keine Wallfahrten nach Betlehem, keine Anbetung des Kindes. Ob sie den Hirten Glauben geschenkt haben?
Auch hier hätte Lukas die Geschichte wieder enden lassen können. Sie hätte dann den berühmten „offenen Schluss" gehabt, der alle möglichen Spekulationen zulässt. Aber es geht noch bei den Hirten weiter. Alles, was sie erfahren und erlebt haben, hinterlässt bei ihnen selbst eine tief greifende Wirkung. Sie stimmen – wie vorher die Engel – das Gotteslob an. Sie setzen die himmlischen Lobgesänge fort. Dieses Feiern der Hirten hat noch eine besondere Pointe. Zu ihrer Zeit hat man sie von den Gottesdiensten ausgeschlossen. Sie galten als „kultisch unrein", das heißt mit zu viel Fehlverhalten belastet, einfach unsaubere Typen. Und ausgerechnet die stimmen das Gotteslob an. So – will er sagen – im Verborgenen und unerwartet macht Gott Geschichte.

Lukas-Evangelium, Kapitel 2, Verse 19
19Maria aber behielt alle diese Worte und bewegte sie in ihrem Herzen.

Und noch eine Person hebt Lukas besonders hervor: die Mutter des Kindes, jene Verlobte des Josef. Sie merkt sich das alles. Es bewegt sie. Sie denkt darüber nach. Mehr sagt der Evangelist nicht. Aber damit wird diese Frau zu einer Herausforderung für alle, die die Weihnachtsbotschaft hören: Behaltet *ihr* diese Worte und bewegt *ihr* sie in euren Herzen?

Und wo bleiben Ochs und Esel?

Vielleicht haben Sie bei diesem Durchgang manches vermisst, was zu der Normalausstattung einer weihnachtlichen Szene gehört. Die beiden Tiere gehören sicher dazu. Wie kommt es, dass sie in diesem biblischen Bericht nicht vorkommen, aber auf fast allen bildlichen Darstellungen? Das Stichwort *Krippe* hat sie in die Darstellungen gebracht.
Bei dem Propheten Jesaja findet sich in einem sehr kritischen Zusammenhang der Vers: „Ein Ochse kennt seinen Herrn und ein Esel die

Krippe seines Herrn; aber Israel kennt's nicht und mein Volk versteht's nicht." (Jesaja, Kap. 1, Vers 3). So hat eine frühchristliche Tradition die verständigen Tiere in das Bild eingefügt. Ihre Darstellung wird damit zugleich zu einer Anfrage an die Menschen, die die Bilder ansehen: Wisst *ihr* wohin ihr gehört, und versteht *ihr*, was Gott mit dem Kind in der Krippe euch sagen will?

Ganz andere Akzente hat der Evangelist Matthäus in seiner Weihnachtsgeschichte gesetzt. Da kennen wir vor allem die Geschichte von den Heiligen Drei Königen. Was es mit ihr auf sich hat und in welchem Zusammenhang sie steht – darum soll es im Folgenden gehen.

Matthäus, Kapitel 1 – ein Überblick

Matthäus, Kapitel 1, Verse 1–17

Matthäus fängt sein Evangelium mit einem Stammbaum an. Der beginnt mit dem Stammvater des Volkes Israel, Abraham, und geht dann über viele Namen bis zum König David und schließlich zu Josef, dem Mann der Maria. Diese Herleitung der Abkunft Jesu aus königlichem Geschlecht ist für Matthäus ganz wichtig. Er will damit sagen, dass Jesus nicht erst durch seine Taten, seine Wunder und Predigten bedeutend geworden ist, sondern dass durch Gottes Willen von Anfang an feststand, dass er der König der Juden (vgl. Kapitel 27, Vers 29) ist. Wie er Abraham und David einst erwählt hat, so auch Jesus.

Und noch eine besondere Aussage hat der Evangelist Matthäus in seinem Stammbaum ganz kunstvoll eingebaut. Die Frauen, die dort genannt werden – Tamar, Rahab, Rut, das Weib des Uria (die wir unter dem Namen Batseba kennen) – gelten in der jüdischen Tradition alle als Ausländerinnen und standen unter dem Verdacht, moralisch nicht ganz einwandfrei zu sein. Normalerweise gehörten in einen solchen Stammbaum die bekannten Stammmütter Sara, Rebekka und Lea. Warum wählt Matthäus so ganz andere aus? Er will wohl zeigen, dass Gottes Geschichte schon immer auch die „Heiden", die nicht zum auserwählten jüdischen Volk gehören, einbezogen hat.

So macht Matthäus schon mit dem Stammbaum etwas klar, was für die Deutung seiner „Weihnachtsgeschichte" wichtig ist: Der König der Juden wird geboren und das ist auch für die Heiden von Bedeutung.

Matthäus, Kapitel 1, Verse 18–20
¹⁸Die Geburt Jesu Christi geschah aber so: Als Maria, seine Mutter, dem Josef vertraut war, fand es sich, ehe er sie heimholte, dass sie schwanger war von dem heiligen Geist. ¹⁹Josef aber, ihr Mann, war fromm und wollte sie nicht in Schande bringen, gedachte aber, sie heimlich zu verlassen. ²⁰Als er das noch bedachte, siehe, da erschien ihm der Engel des Herrn im Traum und sprach: Josef, du Sohn Davids, fürchte dich nicht, Maria, deine Frau, zu dir zu nehmen; denn was sie empfangen hat, das ist von dem heiligen Geist.

Zur so genannten Jungfrauengeburt hatten wir schon bei Lukas etwas gehört (siehe Seite 205). Auch dem Evangelisten Matthäus liegt vor allem daran, klar zu machen, dass der persönliche Gott, der Herr der Geschichte Israels, selbst in dieser Geburt handelt. War es bei Lukas Maria, die eine Begegnung mit den Gottesboten hatte, steht bei Matthäus Josef im Vordergrund. Im Traum hat er eine Engelerscheinung. Matthäus lässt ihn – und die Leser seines Evangeliums – die Tiefendimension des Geschehens verstehen: Es ist Gottes eigener Schöpferwille, der hier am Werk ist. Und was ist das Ziel des göttlichen Handelns? Matthäus macht es deutlich mit den „Jesus"-Namen:

Matthäus, Kapitel 1, Verse 21–23
²¹Und sie wird einen Sohn gebären, dem sollst du den Namen Jesus geben, denn er wird sein Volk retten von ihren Sünden. ²²Das ist aber alles geschehen, damit erfüllt würde, was der Herr durch den Propheten gesagt hat, der da spricht (Jesaja 7, 14). ²³»Siehe, eine Jungfrau wird schwanger sein und einen Sohn gebären, und sie werden ihm den Namen Immanuel geben«, das heißt übersetzt: Gott mit uns.

Der Engel, den Matthäus hier reden lässt, vertritt Gott auf Erden. Seine Weisung ist unkompliziert. „Jesus" war damals ein verbreiteter jüdischer Name. Man hörte aus ihm die Bedeutung „heil machen", „retten" heraus (Lukas bezeichnet ihn als „Heiland"). Matthäus gibt ihm aber eine besondere Zuspitzung, indem er ausdrücklich die „Sünden" als das benennt, wovon die Menschen geheilt werden sollen. Sünde kommt in der deutschen Sprache von „sondern", „absondern", d. h. sich trennen. Und schon das Alte Testament erkennt darin, dass die Menschen sich von Gott getrennt haben, das Grundübel der ganzen Weltgeschichte. Die Folgen dieser Trennung sind alle Schlechtigkeiten, unter denen die Menschen leiden. Mit Jesus soll nach Matthäus der kommen, der Abhilfe schafft. Und aus dem Buch des Propheten Jesaja (der uns auch schon bei Lukas begegnet ist) führt er einen Hinweis an, der die Geburt des Heilands mit einem anderen Namen interpretiert: „Immanuel" – Gott mit uns. Das heißt: Gott selbst kommt in diesem Jesus-Kind den Menschen zu Hilfe, er selbst ist der Retter. Er schlägt die Brücke und erneuert die Verbindung.

Matthäus sagt es wie Lukas: Wahrer Mensch und wahrer Gott zugleich ist dieser Jesus, zum Heil der Menschen geboren.

Matthäus, Kapitel 2

Matthäus hat die 23 Verse dieses Kapitels so gestaltet, dass der Erzählzusammenhang immer wieder von Zitaten aus der jüdischen Überlieferung unterbrochen wird. Dieser Hinweis auf frühere Ankündigungen hat mehrere Funktionen. Zum einen erklärt und deutet der Evangelist auf diese Weise das Geschehen, zum anderen will er damit zum Ausdruck bringen, dass sich hier nichts Zufälliges ereignet, sondern Gottes Wille erfüllt wird, und zuletzt bindet er so die jüdische Überlieferung mit der Jesus-Geschichte ganz eng zusammen (Verse 6, 15, 18, 23).

Ein anderes durchgehendes Motiv ist die Wegweisung durch Träume. Nur der Evangelist Matthäus benutzt im Neuen Testament diese Art der Offenbarung des göttlichen Willens (Verse 12, 13, 19, 22). Die Träume sind bei ihm nicht durch großartige Visionen und Bilder ausgeschmückt, sondern ganz auf die Mitteilung der Wegweisung reduziert. So vermeidet Matthäus alle Fantastereien, die es in den Religionen seiner Zeit in Verbindung mit Traumerlebnissen gab.

Matthäus, Kapitel 2, Verse 1–6

¹Als Jesus geboren war in Betlehem in Judäa zur Zeit des Königs Herodes, siehe, da kamen Weise aus dem Morgenland nach Jerusalem und sprachen: ²Wo ist der neugeborene König der Juden? Wir haben seinen Stern gesehen im Morgenland und sind gekommen, ihn anzubeten. ³Als das der König Herodes hörte, erschrak er und mit ihm ganz Jerusalem, ⁴und er ließ zusammenkommen alle Hohenpriester und Schriftgelehrten des Volkes und erforschte von ihnen, wo der Christus geboren werden sollte. ⁵Und sie sagten ihm: In Betlehem in Judäa; denn so steht geschrieben durch den Propheten (Micha 5,1): ⁶»Und du, Betlehem im jüdischen Lande, bist keineswegs die kleinste unter den Städten in Juda; denn aus dir wird kommen der Fürst, der mein Volk Israel weiden soll.«

Matthäus setzt mit seiner Erzählung ein, als die Heilige Nacht schon vorbei war. Es geht um die Zeit nach Jesu Geburt. Das ist die ungefähre Angabe, die nur durch den Hinweis auf die Herrschaft des Königs Herodes des Großen präzisiert wird.

Wenn später die christliche Kunst die Anbetung der Heiligen Drei Könige in die Heilige Nacht zurückverlegt, dann ist das eine freie Gestaltung, mit der sie die weltgeschichtliche Bedeutung des Ereignisses besonders hervorheben will.

Über die Anzahl der „Weisen aus dem Morgenland" erfahren wir nichts. Es sind Magier, die aus der Himmelsbeobachtung und der Auslegung altehrwürdiger Texte, die Gegenwart deuten und Prognosen für die Zukunft stellen. Sie hatten einen teils angesehenen Beruf – wir können sie mit heutigen Politikberatern vergleichen – teils standen sie aber auch im Verdacht, ihre Meinung so zum Ausdruck zu bringen, dass möglichst viel finanzieller Gewinn dabei für sie heraussprang – „nach dem Munde der Mächtigen reden" oder „Opportunisten" würden wir das heute nennen. Auf jeden Fall aber sind sie Heiden, kommen vielleicht aus Persien oder von noch weiter her.

Und das ist schon eine Pointe, die Matthäus gleich am Anfang bringt: *Heiden* bringen die Nachricht von der Geburt des „Königs der Juden" zum jüdischen Volk, in die Hauptstadt Jerusalem. In dem, was Matthäus sie sagen lässt, liegt für seine Zeit eine ungeheuerliche Provokation: Sie haben sich extra deswegen auf eine lange, beschwerliche Reise gemacht, um diesen König anzubeten; das heißt: Es ist ein Ereignis von weltweiter Bedeutung eingetreten – und das auserwählte Volk hat es noch nicht einmal gemerkt. Dabei war im Volk Israel die Erwartung, dass der gerechte Friedenskönig bald kommen würde, sehr lebendig. Die römische Besatzung wurde als schlimme Bedrückung empfunden. Die Hoffnung auf eine weltpolitische Wende bewegte viele Gemüter. Der Stern des Messias würde am Himmel aufgehen – davon träumten die Menschen. Und nun sollte dieser Stern tatsächlich aufgegangen sein und sie hatten es nicht gemerkt?

Das Erschrecken des Herodes hatte noch einen anderen Grund. Er stammte nicht aus dem Geschlecht, das sich auf David zurückführen konnte. Er war Edomiter. Und das hieß, wenn etwas daran war an dem, was die Magier sagten, war seine Herrschaft bedroht, denn die alten Schriften sagten, dass der zukünftige Herr über Israel aus der Davidsstadt Betlehem und aus seinem Geschlecht kommen sollte. Das bestätigen ihm seine „Weisen", die Experten in Sachen Auslegung des Wortes Gottes, mit dem Hinweis auf eine entsprechende Ankündigung des Propheten Micha.

Matthäus, Kapitel 2, Verse 7–12
[7]Da rief Herodes die Weisen heimlich zu sich und erkundete genau von ihnen, wann der Stern erschienen wäre, [8]und schickte sie nach Betlehem und sprach: Zieht hin und forscht fleißig nach dem Kindlein; und wenn ihr's findet, so sagt mir's wieder, dass auch ich komme und es anbete. [9]Als sie nun den König gehört hatten, zogen sie hin. Und siehe, der Stern, den sie im Morgenland gesehen hatten, ging vor ihnen her, bis er über dem Ort stand, wo das Kindlein war. [10]Als sie den Stern sahen, wurden sie hoch erfreut [11]und gingen in das Haus und fanden das Kindlein mit Maria, seiner Mutter, und fielen nieder und beteten es an und taten ihre Schätze auf und schenkten ihm Gold, Weihrauch und Myrrhe. [12]Und Gott befahl ihnen im Traum, nicht wieder zu Herodes zurückzukehren; und sie zogen auf einem andern Weg wieder in ihr Land.

Herodes hat erst einmal Interesse an dem genauen Zeitpunkt des Anfangs der Himmelserscheinung, die die Magier nach Jerusalem geführt hatte. Wenn man ihren wahrscheinlich weiten Weg bedenkt, ist diese Frage sogar verständlich. Sie hat aber einen schlimmen Hintergrund, der bald offenbar wird. Herodes – das wusste Matthäus aus vielen Nachrichten – galt als ein brutaler Herrscher, der alle möglichen Konkurrenten um die Macht rücksichtslos beseitigen ließ. Die fremden Sterndeuter kommen ihm gerade recht. Er will sie in seine Pläne einspannen.

Matthäus lässt die Magier unter der Leitung des Sternes. Das war für die damalige Zeit nichts Außergewöhnliches: Wenn der Himmel in die Weltgeschichte eingriff, dann konnte das auch durch Himmelszeichen begleitet werden. Der Stern führt nicht nur nach Betlehem, sondern ganz präzise zu dem Haus, „wo das Kindlein" war. Matthäus will damit sagen, dass gar kein Zweifel besteht. Sie haben den einzigen wirklichen König der Juden gefunden. Und es ist nur konsequent, dass sie ihm dann königliche Gaben schenken. Myrrhe ist das Harz eines arabischen Strauches, das ähnlich wie der Weihrauch sehr kostbar war und Wohlgeruch ausströmte. Von den drei Gaben hat man später auf die Anzahl der Magier geschlossen. Matthäus sagt davon nichts.

Die Heiden haben ihr Ziel erreicht. Matthäus lässt sie durch eine Traum-Weisung eine erneute Begegnung mit Herodes vermeiden und nach Hause zurückkehren.

Matthäus hat diese „Weihnachtsgeschichte" nicht wirklich in einen weihnachtlichen Glanz getaucht. Aber – wie Lukas durch die Botschaft der Engelchöre – so macht Matthäus durch die Anbetung der Heiden deutlich, dass das Kind, der Fürst und Hirte des Gottesvolkes (Vers 6), eine weltweite Sendung hat.

Matthäus, Kapitel 2, Verse 13–23

[13]Als sie aber hinweggezogen waren, siehe, da erschien der Engel des Herrn dem Josef im Traum und sprach: Steh auf, nimm das Kindlein und seine Mutter mit dir und flieh nach Ägypten und bleib dort, bis ich dir's sage; denn Herodes hat vor, das Kindlein zu suchen, um es umzubringen. [14]Da stand er auf und nahm das Kindlein und seine Mutter mit sich bei Nacht und entwich nach Ägypten [15]und blieb dort bis nach dem Tod des Herodes, damit erfüllt würde, was der Herr durch den Propheten gesagt hat, der da spricht (Hosea 11,1): »Aus Ägypten habe ich meinen Sohn gerufen.« [16]Als Herodes nun sah, dass er von den Weisen betrogen war, wurde er sehr zornig und schickte aus und ließ alle Kinder in Betlehem töten und in der ganzen Gegend, die zweijährig und darunter waren, nach der Zeit, die er von den Weisen genau erkundet hatte. [17]Da wurde erfüllt, was gesagt ist durch den Propheten Jeremia, der da spricht (Jeremia 31,15):

[18]»In Rama hat man ein Geschrei gehört, viel Weinen und Wehklagen; Rahel beweinte ihre Kinder und wollte sich nicht trösten lassen, denn es war aus mit ihnen.« [19]Als aber Herodes gestorben war, siehe, da erschien der Engel des Herrn dem Josef im Traum in Ägypten [20]und sprach: Steh auf, nimm das Kindlein und seine Mutter mit dir und zieh hin in das Land Israel; sie sind gestorben, die dem Kindlein nach dem Leben getrachtet haben. [21]Da stand er auf und nahm das Kindlein und seine Mutter mit sich und kam in das Land Israel. [22]Als er aber hörte, dass Archelaus in Judäa König war anstatt seines Vaters Herodes, fürchtete er sich, dorthin zu gehen. Und im Traum empfing er Befehl von Gott und zog ins galiläische Land [23]und kam und wohnte in einer Stadt mit Namen Nazaret, damit erfüllt würde, was gesagt ist durch die Propheten: Er soll Nazoräer heißen.

Matthäus ergänzt diese Erzählung nun noch um drei Szenen, die im Verlauf der Geschichte dem Weihnachtsfestkreis angefügt wurden, obwohl sie mit weihnachtlicher Stimmung gar nichts zu tun haben.

Die *erste Szene* (Verse 13–15) beschreibt die *Flucht nach Ägypten*. Nicht nur die Heiden verlassen das jüdische Land, auch der „König der Juden" muss ins heidnische Ausland fliehen. Matthäus lässt wieder durch einen

Gottesboten im Traum dem Josef die finsteren Pläne des Herodes offenbaren und veranlasst ihn zur Flucht in das benachbarte Ägypten.

Matthäus erinnert mit dieser Szene daran, dass es in der Geschichte des Volkes Israel schon einmal eine ähnliche Situation gegeben hat. Der damals von Gott zum Führer Israels auserwählte Mann, Mose, wäre beinahe einer Mordaktion des Pharao in Ägypten zum Opfer gefallen. Er wollte alle männlichen Nachkommen der Israeliten umbringen lassen, um jede Gefährdung seiner Macht auszuschließen. Mose wurde gerettet und konnte das Volk Israel aus der Knechtschaft in Ägypten führen (nachzulesen im 2. Buch Mose).

Gerade dorthin lässt Matthäus Josef, Maria und das Jesuskind fliehen und deutet dieses Geschehen noch mit einem Prophetenwort.

In der *nächsten Szene* (Verse 16–18) macht Matthäus die ganze Bedrohung des neuen Königs durch die alte Macht deutlich. Er lässt Herodes, dessen Grausamkeit sprichwörtlich gewesen ist (drei seiner Söhne hatte er hinrichten lassen), seinen Plan ausführen. Dass Herodes alle Knaben unter zwei Jahren töten lassen will, unterstreicht noch einmal die lange Reisezeit der Magier. Die Christenheit hat Jahrhunderte lang am 28. Dezember das Gedenken an die „unschuldigen Kindlein" begangen. Die Fassungslosigkeit, die solch willkürliches Morden auslöst, bringt Matthäus mit dem Zitat aus dem Propheten Jeremia zum Ausdruck.

In der *dritten Szene* (Verse 19–23) lässt Matthäus die heilige Familie dann wieder nach Israel zurückkehren. Inzwischen war ein Machtwechsel eingetreten. Das Reich des Herodes war nach seinem Tod unter drei Söhnen aufgeteilt worden. Archelaos war wegen seiner Grausamkeit gefürchtet wie sein Vater. Und wie Josef von Anfang an (Kapitel 1, Vers 20) Gottes Weisung durch einen Gottesboten im Traum erhielt, so lässt Matthäus ihn auch am Ende dieser Geschichte den rechten Weg und Ort finden.

Zum Schluss fügt Matthäus wieder ein Prophetenwort zur Bestätigung seiner Erzählung an.

Die Weihnachtsgeschichte und die Geschichten zur Weihnachtsgeschichte

Vielleicht haben Sie bei diesem Durchgang durch die biblischen Quellen der Weihnachtsgeschichte manches vermisst. Der „Stall" wurde gar nicht erwähnt, die Namen der Weisen aus dem Morgenland (Kaspar, Melchior und Balthasar), die Beschreibung ihrer Hautfarbe (war nicht einer ein Afrikaner?), ihres Alters oder die Bezeichnung ihrer Reittiere (Pferde oder Kamele oder Esel?) – all das fehlt. Lukas und Matthäus schweigen sich darüber aus. Ihnen sind ganz andere Dinge wichtig.

Im Laufe der Jahrhunderte haben sich viele Legenden um die „wunderbare Geburt des Kindes" von Betlehem gebildet. Sie haben ihren eigenen Sinn, wollen in einer bestimmten Zeit etwas Besonderes zum Ausdruck bringen und es lohnt sich, sie genau zu interpretieren.

Die Geschichten, die in diesem Buch gesammelt sind, folgen möglichst nur den Motiven und Absichten, die die Evangelisten selbst hatten. Die Absicht ist dabei herauszufinden, ob und wie sich diese Botschaft der Evangelien in unsere Zeit übersetzen lässt.

Impulse, Motive, Zusamenhänge

Komm nun wieder, schöne Zeit – von Boten und Zeichen

Walter Helmut Fritz, Tagebuch-Notiz (S. 8)

Der kurze Text enthält Sprengstoff auf mehreren Ebenen. Einmal geht es am Beispiel des Nikolaustages um das Wesen von Ritualen; sie haben ihre festgelegten Zeiten. Die können nicht beliebig verschoben werden. Sie sind eng verwoben mit einer Zeit der Erwartung, die auf sie zuläuft und auf der Höhe der Spannung ihre Erfüllung braucht. Wer solche Zusammenhänge missachtet, zerstört Kultur. – Dann geht es um die Rolle der Kinder. Sie sind – im Gegensatz zur Gedankenlosigkeit der Erwachsenen – Bewahrer dieses Zusammenhanges von Erwartung und Erfüllung. Zugleich werden die Rollen vertauscht: Das Kind hält am Ritual fest und braucht dazu nicht mehr „das Märchen", der Erwachsene gebraucht es für die Verschleierung seiner Lieblosigkeit – und wird entlarvt. Natürlich passiert so etwas nur bei den anderen („Nachbarin"). Wer diesen kurzen Text in einer Gruppe von Erwachsenen oder Kindern einsetzt, sollte viel Zeit für das Gespräch einkalkulieren.

Biblische Kontexte: Markus 10,13–16, Matthäus 18,1–5

Regine Schindler, Das Sparschwein (S. 8)

Die Geschichte wird von ihrem Ende her entschlüsselt. Die harte Realität von Fremdsein und Asyl mit all ihren kulturellen und bürokratischen Verunsicherungen und ihrer finanziellen Bedrängnis gerät in das Licht der Advents- und Weihnachtszeit. Von ihm her erweist sich das Handeln Simons als angemessen, das anfängliche Verhalten der Erwachsenen als zu sehr den Logikregeln der Welt verhaftet, die „Handeln aus Liebe" nicht kennen.

Biblische Kontexte: Die Verbindung von Kind und Licht entspricht der Struktur der Weihnachtsgeschichte in Lukas 2; vgl. Matthäus 25,40; kritisch: Johannes 1,10–13

Ilka Kirchhoff, Die Geschichte vom Heiligen Nikolaus (S. 11)

Die Mischung aus Sachtext und Erzählung einer Legende bietet einen Ausweg aus der Verlegenheit, dass wir über den Namensgeber des Nikolaustages nur wenig historisch gesichertes Wissen haben.
Das beherzte Zupacken in der Not als Vorbild steht im Mittelpunkt.

Wilhelm Scharrelmann, Sankt Nikolaus und sein Esel (S. 12)

Die Geschichte entführt Leser und Hörer in eine unwirklich anmutende Szenerie vergangener Zeiten. Das Dunkel und die Bedrohung machen auch vor dem Heiligen nicht Halt. Als er an der Gleichgültigkeit der Menschen zu scheitern droht, fällt der *Schlüsselsatz:* „Aber so einem Freudenbringer wie dem Alten muss auch das Abwegigste noch irgendwie zum Guten geraten." In dem Dialog mit der jungen Frau wird vorgeführt, dass in dem Geschehen um Weihnachten die Vorstellungen vom Raum (Bremen, Hamburg) und die Erwartungen an das Leben („Aber so große Dinge kann sie nicht erwarten.") überboten werden. Die Aktualisierung des Geschehens der Heiligen Nacht ist wie ein Traum ausgestaltet: Der Himmelsbote beugt sich vor Mutter und Kind.

Die biblischen Anspielungen sind vielfältig. Sie reichen von der Geschichte der alttestamentlichen Propheten, deren Botschaft die Menschen nicht hören wollen, bis hin zu den Geringsten (unverheiratete Mutter), die offener sind für das Evangelium als die hoch Stehenden (Lukas 14,16–24), und dem Wort des Paulus „Wir wissen aber, dass denen, die Gott lieben, alle Dinge zum Besten dienen" (Römer 8,28).

Marie Hamsun, Ottar und der Stern (S. 16)

Vom letzten Satz her erschließt sich die Geschichte. Sie ist von mehreren Motiven bestimmt, die aber alle in dem Jungen Ottar zusammengeführt werden: die Ablehnung des Fremden durch die Klasse, der nachhaltige Eindruck durch das Eintreten der Lehrerin, die erspürte Ablehnung der Gastfamilie, die „geführte" Flucht, das neue Zuhause. Eindrucksvoll wird die Wirkung von Worten (hier der Weihnachtsbotschaft) deutlich gemacht.

Licht macht die Finsternis hell – vom Kind in der Krippe

Renate Schupp, Das Bild der tausend Wünsche (S. 24)

Die Geschichte ist zweilinig angelegt. Einmal geht es um die Frage, was für ein Weihnachtsfest entscheidend wichtig ist. Sie wird von der Kontrasterfahrung einer ärmlichen Nachkriegsweihnacht her beantwortet (ohne in ein Klischee abzurutschen). Und dann wird die Notwendigkeit von Erinnern deutlich gemacht und zugleich der Zusammenhang von Bild und deutendem Wort eröffnet (gegen ein oberflächliches Symbolverständnis, das nur vom Bild her argumentiert). Dieser Zusammenhang von Frage (der Kinder) und dem Lebendighalten der Erinnerung bestimmen die Inhalte und den Kultus des jüdischen wie des christlichen Glaubens, vgl. 5 Mose 6,1–25 bes. 20. Im christlichen Gottesdienst hat das Glaubensbekenntnis eine solche Funktion.

John Gordon, Der Weihnachtsgast (S. 29)

„Aber ich glaube nicht mehr an den Weihnachtsmann" ist der Schlüsselsatz in dieser Geschichte. Sie handelt von einem Waisenjungen, der zur Weihnachtszeit von heuchlerischen Verwandten weg eine neue Familie findet. Das Moment des Unerwarteten spielt ebenso eine Rolle wie das Schenken. Der Junge schenkt weg, was ihm bis dahin ganz wichtig war. Selbst kann man sich „Weihnachten" nicht machen (der Kauf des Baumes und der Kugeln), aber es kann doch „Weihnachten" *werden*.
Eine Geschichte zum Vorlesen vor der Bescherung.

Axel Hambraeus, Die Schwefelhölzer (S. 38)

Für die Enkelin, die Familie des „fortschrittlichen Atheisten"-Sohnes und die alte Frau, die sterben will – für alle hat die Weihnachtsgeschichte ihren eigenen Sinn. Es sind unterschiedliche Motive in diese Erzählung eingewoben: Es ist ein Kind, das die Erinnerung an die Taten Gottes und den Gottessohn einfordert – auch gegen die „aufgeklärte" Welt der Erwachsenen. Es ist der *alte Mann*, der die Tradition weitergeben kann. Und es ist der letzte Sinn des Evangeliums, *im Sterben zu trösten*.
Die fast zu glatt laufende Enkelin-Großvater-Geschichte wird durch den zweiten Teil kontrastiert und ergänzt. Beide Teile nicht auseinanderreißen!

Axel Hambraeus, Die Weihnachtsgäste (S. 46)

Ein anspruchsvoller Text, der einige Kenntnisse an biblisch-christlichem Glaubensverständnis voraussetzt. In der Geschichte ist „Weihnachten" nicht nur als Rahmung eingesetzt, sondern wirkt auch als Auslöser für bestimmte Gefühle bis hin zu Klischees der üblichen Weihnachtsempfindungen. Ein Schlüsselsatz findet sich im drittletzten Absatz: „Und jetzt ist ja Weihnachten." Alles vorher, was die Witwe Vang versucht hatte, um ein „richtiges" Weihnachten zu inszenieren, hat sich als Missbrauch der Weihnachtsbotschaft erwiesen. Auch wenn es in einem noch so christlichen Gewand einher kam. Die Botschaft: Weihnachten will Menschen verändern und Lasten der Schuld im Licht des Kindes von Betlehem (letzter Absatz) wegnehmen. Es ist auch noch eine moralische Ebene eingewoben. Dem zu Unrecht erworbenen Gut und Reichtum wird das Genügen an Wenigem entgegengesetzt („Ehrlich verdienen wir unseren Unterhalt und Gott hat uns noch immer unser täglich Brot gegeben."). Auch das sichere Wohnen in der durch Schuld erworbenen Gemütlichkeit (der Ungerechten) wird mit dem Umherziehen in der Welt (der Gerechten) kontrastiert. – Am Ende ist die Schuldige die Beschenkte.

Biblische Kontexte: Lukas 2,10–14, Matthäus 6,24–34

Bertolt Brecht, Die gute Nacht (S. 57)

Gedichte zu analysieren ist schwierig, weil sie in der Regel als Ganzes gehört und verstanden sein wollen. Trotzdem ein Versuch:
Brecht erzählt eine ganz andere Weihnachtsgeschichte. Den Schlüsselsatz bildet die letzte Zeile. Die ersten sieben Zeilen bringen das Bild der Härte und Kälte, dem in der Folge Liebliches und Wärme (in Steigerungen) entgegengesetzt werden. Wie jede Zeit, besonders in der bildenden Kunst, ihr eigenes Weihnachten „gemalt" hat, so fügt auch Brecht Elemente ein, die von der biblischen Überlieferung nicht gedeckt sind und eher an Legenden erinnern: Moos, Heu, Hausknecht – im Anschluss an den Fisch die Anmerkung in Klammern, die auf das geheime Zeichen in der Verfolgungszeit hinweist – der Wind als Vertreter der Naturgewalten. Dreimal ist von Zufriedenheit die Rede, am Ende in der Wiederholung fast holprig und eben so besonders betont. Enthält der Schlusssatz die Frage: Und was hat der Christ für die Welt getan?

Impulse, Motive, Zusammenhänge

Gudrun Pausewang, Die Dinkelsbacher Weihnacht (S. 58)

Oberflächlich betrachtet könnte es um den Kontrast von Reichtum und Armut gehen, wenn Weihnachten im Skiurlaub und in der Elendshütte gegenübergestellt werden. Vom vorletzten Absatz her wird jedoch deutlich, dass es der Autorin um die Auslegung der Begriffe „Frieden auf Erden" geht. Unter der Anleitung der Großeltern lernt das Kind, wofür man dankbar werden kann. Die Eltern scheinen in der Selbstverständlichkeit des Wohlstands stecken zu bleiben, ohne seine Gaben als Frucht des Friedens zu verstehen.

Biblischer Kontext: Lukas 2,14

Tilde Michels, Wolfgang aus dem Heim (S. 66)

Weihnachten dient in dieser Geschichte mehr als Rahmung, und doch wird der Inhalt der christlichen Weihnachtsbotschaft zugleich thematisiert. Aus einer zerbrochenen Vater-Kind-Beziehung wird eine geheilte, obwohl keine „heile Welt" vorgespiegelt wird. Trotz aller bleibenden Schwierigkeiten (Fürsorgeheim, Arbeitslosigkeit) hat das Licht begonnen, in die Finsternis zu scheinen. Die Erinnerung an Vergangenes, gemeinsam Erlebtes schafft ein neues Miteinander und eröffnet Zukunft.

Biblische Kontexte: Matthäus 7,7–11; Jesaja 9,1

Josef Reding, Mister Larrybees Leuchtturm (S. 71)

Die Flucht vor dem Weihnachtsrummel bringt nicht die Antwort, auch nicht der Versuch, sich Weihnachten selbst zu machen. Es bleibt die Frage: „Was ist das nun, Weihnachten?" – Sie wird beantwortet: Es ist die biblische Botschaft, die Kraft gibt, die Einsamkeit auszuhalten. Das „Fürchtet Euch nicht!" steht im Mittelpunkt. Die Botschaft wird gebracht – von Fremden. Die Anspielung an die „Weisen aus dem Morgenland" ist in der Dreizahl vielleicht gewollt. Unerwartet kommen sie und bringen das Wichtigste mit: die Deutung des Festes.

Biblische Kontexte: Lukas 2,10, Matthäus 2,1–12. Evangelisches Gesangbuch 170, 2: Keiner kann allein Segen sich bewahren.

Dietrich Mendt, Das andere Weihnachten (S. 78)

Wie ein schwaches (behindertes) Kind eine Wandlung in dem starken Mann bewirkt, davon erzählt die Geschichte und nimmt damit ein biblisches Motiv auf, das sich durch das Alte wie durch das Neue Testament hindurchzieht. Gott nimmt sich in besonderer Weise der Schwachen an und wirkt durch die Schwachen. Wie in dem „Kind in der Krippe" Gott selbst sich zu erkennen gibt, so werden über ein Motiv aus der Malerei dem Vater die Augen geöffnet. Er erlebt in der Begegnung mit dem Kind eine Verwandlung an sich selbst. Auch sein Gottesbild wird grundlegend verändert (vorletzter Absatz). Viele Weihnachtslieder besingen die Erscheinung Gottes in dem Kind.

Biblische Kontexte: Jesaja 52,13–15.53; Philipper 2,6–11; Korinther 1,27–29; 2. Korinther 12, 9

Fürchtet euch nicht! – von Engeln und Hirten

Renate Schupp, Der Engel mit dem Gipsarm (S. 84)

Engelgestalten gehören zum festen Inventar von Weihnachten. Durch Darstellungen in der christlichen Kunst und Krippenspiele haben sich bestimmte Vorstellungen gebildet. Die Geschichte versucht, solche klischeehaften Bilder zu korrigieren, indem sie mit den biblischen Texten verglichen werden. Das Resümee: Nicht eine bestimmte Gestalt macht den Engel zum Engel, sondern seine Botschaft. Die große Zurückhaltung des Alten und des Neuen Testaments in der Beschreibung der Gottesboten wird so aufgenommen und das Wesentliche herausgestellt.

Biblischer Kontext: Lukas 2,10–14

Gerhard Schneider, Die Geschichte vom Hirten Mathias (S. 87)

Vom Lebensende des Jesus von Nazaret her werden der Anfang im Stall von Betlehem und sein Wirken in den Blick genommen. Jede Idealisierung der Hirten wird vermieden. Die Anstößigkeit des Lebens des „Messias"

Impulse, Motive, Zusammenhänge

wird in der Schlussfrage in die biblische Linie gebracht, dass Gott immer wieder unerwartet und unvorstellbar wirkt.

Biblische Kontexte: Lukas 2,1–20; Jesaja 52,13–15.53; Jeremia 33,15

Gerhard Schneider, Wir aus Betlehem (S. 90)

Das Leben Jesu – erzählt aus der Perspektive eines „einfachen Bürgers" von Betlehem. Das Ungefähre seiner Erinnerungen und Beschreibungen fordert zu Präzisierungen heraus (Schlusssatz). Zugleich versucht der Autor mit dem Kolorit seiner Ausschmückungen die Zweifel der Zeitgenossen Jesu verständlich zu machen. Eine Geschichte, die eine mündige Christengemeinde herausfordern kann.

Regine Schindler, Der kranke Engel (S. 94)

Wie Menschen einander zu „Engeln" werden können, auch Kinder, wird in dieser Geschichte erzählt. Die Sehnsucht des Jungen hat anfangs etwas Egoistisches und verkehrt sich dann ins Schenken. Die ablehnende Haltung der Mutter verwandelt sich in liebende Fürsorge. Diese Änderungen werden bewirkt in der Weihnachtszeit, die vor allem durch das Aufstellen der Krippenfiguren präsent gemacht wird. Wie können Menschen anderen zu Engeln werden?: „Wie ein Engel bist du gekommen, Michi. Ich merkte: Es gibt jemanden, der mich ganz lieb hat." (viertletzter Absatz). Parallelisiert wird die zerbrochene Engelsfigur mit dem kranken Mädchen. Am Ende ist Hilfe und Hoffnung in Sicht.

Biblische Kontexte: Matthäus 25,31–46, bes. Vers 36; Hebräer 13,1f.

Eugen Roth, Der Gang zur Christmette (S. 101)

Der Verfasser erzählt eine von den Geschichten, „die scheußlich zu erleben sind, aber gut zu erzählen, wenn man noch einmal davongekommen ist."

Es geht um leichtfertige Rede, vom Nicht-ernst-Nehmen der Rolle, die „Schutzengel" in Glaubensüberzeugungen spielen können. Der Leichtfertige wird trotzdem bewahrt, weil „der Herrgott in der Christnacht so viele Engel unterwegs gehabt hat: ein gewöhnlicher Schutzengel hätte vielleicht nicht genügt diesmal."

Biblischer Bezug: Weil die Rede von Engeln ganz eng an die Rede vom bewahrenden Gott gebunden ist (nicht nur in der Volksfrömmigkeit, sondern auch biblisch), gilt es, auch sie vor Missbrauch und Missachtung zu schützen; vgl. 2 Mose 20,7.

Leo Tolstoi, Das Gottschauen (S. 108)

Über das Motiv des Hirten kommt diese Geschichte in den Weihnachtskreis. Wie in der Weihnachtsgeschichte des Lukasevangeliums die Hirten zu den ersten Verkündern des neugeborenen Gottessohnes werden, so zeugt auch dieser Hirte von Gott in einer Weise, die alle Vernunft übersteigt. Der Kleine (Hirte) wird dem Großen (Machthaber, Weise, Priester) gegenübergestellt, der Unwürdige (Hirte) dem höchsten Würdenträger (König). Die Gleichnisreden des Hirten führen den König in die Selbsterkenntnis seiner Abhängigkeit von Gott – und so kommt er zur Gotteserkenntnis.

Biblische Kontexte: Lukas 2,15–20; 1. Korinther 1,26–29

Und das nicht nur zur Weihnachtszeit – vom Schenken und Freuen

James Krüss, Schildkrötengeschichte (S. 112)

Den Höhepunkt erreicht diese Geschichte an ihrem Ende mit der Anspielung an ein Zitat aus Matthäus 5,45: „Denn er lässt seine Sonne aufgehen über Böse und Gute und lässt regnen über Gerechte und Ungerechte."
 Der Zusammenhang ist dort das Gebot, die Feinde zu lieben (Vers 44). Der Autor erzählt im Grunde den Verlauf einer Versöhnung. Die Verfeindeten – das Kind und die „Gnädige" – beschenken sich am Ende gegenseitig. Dann kann es „Fröhliche Weihnachten" werden. Die Gnade Gottes ist

für alle reichlich da, für Gerechte und Ungerechte. Die Unterscheidung der Namen der beiden Familien nur durch einen Buchstaben macht schon am Anfang deutlich, dass die Unterschiede, die Menschen machen (Feindbilder) angesichts der Gnadenbotschaft von Weihnachten aufgehoben werden.

Biblische Kontexte: Lukas 2,10; Lukas 1,67-79; Matthäus 5,44f.

Françoise Sagan, Ein flandrischer Hirtenhund (S. 119)

Die ganze Zwanghaftigkeit von Erwartungen an das Weihnachtsfest werden vorgeführt, dazu ein untauglicher Versuch, doch noch diesen Erwartungen zu genügen (mit dem Hund aus dem Tierheim). Der Mann, Ehemann und Vater hat völlig abgewirtschaftet, moralisch (Spielschulden), finanziell und emotional. Da bringt die Autorin mit einer Anspielung an ein Psalmzitat, das in vielen Sprachen zum Sprichwort geworden ist („Den Seinen gibt's der Herr im Schlaf"), den Geschenkcharakter des Weihnachtsfestes („Gott schenkt uns seinen Sohn", Evangelisches Gesangbuch Nr. 27, Vers 1) zum Ausdruck (letzter Satz).

Biblische Kontexte: Psalm 127,2; Galater 4,4f.

Renate Sprung, Die Versuchung (S. 125)

Erzählt wird die Spannung zwischen dem Zuspruch des Evangeliums der Adventszeit und dem (sogar vom Hunger her begründeten) Egoismus. Das Schuldbekenntnis und die Tränen der Reue zeigen einen neuen Anfang an. Im Teilen erweist sich, dass für alle genug da ist. Das unerwartete Geschenk bringt zudem eine Fülle, die dem Geschenk der Advents- und Weihnachtsbotschaft entspricht. Eine besondere Rolle ist dem Hund zugedacht. Wie in der Geschichte von Bileam im Alten Testament ein „störrischer Esel" für die Erkenntnis des Willens Gottes sorgt, so hier ein „kläffender Köter".

Biblische Kontexte: Matthäus 6,31-34; 14,13-21; 15,32-39; Apostelgeschichte 2,44-47; 5,1-11. Zu Bileam: 4 Mose 22,1-35

Marie Luise Kaschnitz, Das Wunder (S. 131)

Die Geschichte ist nicht einfach konzipiert. Eigentlich gehört ein Arzt zu den besser Verdienenden. Seine Menschenfreundlichkeit – geht sie nicht zu weit, wenn die eigene Familie darunter zu leiden hat?
Wie das Weihnachtsfest mit all seinen Freuden an Menschen vorbeigehen kann, sie ausschließt, das kommt in der Perspektive des Kindes zum Ausdruck. Die Dankbarkeit für die Menschenfreundlichkeit und der besondere Geschenkcharakter der Weihnachtszeit fließen am Ende zusammen. Gegensätze von arm und reich, Kälte und Wärme, Licht und Finsternis dienen als Gestaltungselemente.
Die Rahmung der Geschichte spricht von der Funktion von Erinnerung – im Guten wie im Schwierigen.

Biblische Kontexte: Jesaja 9,1–6; Apostelgeschichte 20,33–35

Robert Farelly, Wie die Liebe Gottes durch ein Schweinskotelett zu einem Menschen kam (S. 136)

Die Liebe, die schenkt, steht im Mittelpunkt dieser Geschichte. Und es wird parallelisiert die Liebe Gottes („so gewiss wie er Jesus auf die Erde geschickt hat, um die Menschen zu lehren, dass sie sich lieben"), die Liebestaten der Heilsarmee und die Liebe des einen Obdachlosen zu dem anderen. Die Liebe, die Menschen geben, sind als Antwort auf die Liebe Gottes beschrieben.
Wer methodisch mit einer Gruppe am Text arbeiten will, kann mit dem Aufdecken dieser Struktur den Grund aller christlichen Ethik offen legen: Dankbarkeit. Dass es nicht die großen Taten der „Helfer der Menschheit" sein müssen, sondern ganz banale Taten des alltäglichen Lebens um „christlich" zu handeln – das wird mit dem „Schweinskotelett" deutlich gemacht. Und wie einfach sich das Zeugnis von der Liebe Gottes anhören kann, das wird in dem Gebet des François und dem anschließenden kurzen Dialog mit Ernest deutlich.

Biblische Kontexte: Lukas 14,15–24 (Zitat Vers 23); 1. Johannes 4,7–21

Bertold Brecht, Das Paket des lieben Gottes (S. 142)

Alle Versuche, sich ein Weihnachten selbst zu machen, schlagen fehl. Auch die Freigebigkeit schafft es nicht. Und die zweifelhaften Geschenke schon gar nicht. Es ist das Unerwartete (wie die Geburt des Kindes als die Erscheinung Gottes auf Erden), das die rechte Weichnachtsfreude bringt. Der letzte Satz steht für das Handeln Gottes durch Menschen. Feinsinnig stellt die Botschaft vom Erlass der Anklage und Schuld den Wendepunkt der Geschichte dar. Hier erfährt der Mensch Befreiung aus der Angst. Die wahre Freude ist ansteckend.

Biblische Kontexte: Römer 8,1.31–34; 5,1.8–11; 3,21

Werner Bergengruen, Kaschubisches Weihnachtslied (S. 146)

Die Verehrung des Gottessohnes wird in diesem Gedicht „besungen". Das Allerbeste ist gerade gut genug. Das Wichtigste folgt im vorletzten der acht Vierzeiler: die ganze Hingabe. Mit ihr wird in zwei Zeilen die harte Wirklichkeit kontrastiert – und wehmütig klingt das Gedicht aus.
Aber, ist der Christus nicht geboren? Und sind etwa im „Heiligen Lande", wo er zur Welt gekommen ist, alle fromm geworden? Der religiöse Überschwang kaschubischer Volksfrömmigkeit wird offengelegt – und damit die Frage an den Leser und Hörer gestellt: Was verändert sich bei dir, wenn dir der Heiland geboren ist?

Biblische Kontexte: Lukas 2,11; Philipper 2,5–11

Fritz Vincken, Zwischenfall im Hürtgenwald (S. 147)

Als „Wunder" (zweiter Absatz) wird diese Erzählung aus Kriegszeiten eingeführt. Das Wunder ereignet sich am Weihnachtsabend: Feinde lassen die Waffen ruhen. In der Zeit der Not wird geteilt und alle werden satt. Dort, wo Jesus wirklich zu Gast gebeten wird (Tischgebet der Mutter), kehrt Friede ein, werden die Waffen abgelegt und geschieht auch noch Wegweisung. Die Mutter steht für die Weihnachtsbotschaft (Friede auf Erden!): „Heute ist Heiliger Abend und hier wird nicht geschossen" und: „in dieser Heiligen Nacht denken wir nicht ans Töten." Dieses Beharren auf der Botschaft setzt Kräfte der Nächstenliebe frei: die Hungrigen sättigen, den Verwundeten verbinden, den Orientierungslosen den Weg weisen. Das biblische Zitat am Ende gibt der Erzählung eine Perspektive in die Zukunft.

Biblische Kontexte: Matthäus 2,1–12; 5,43–45; 25,31–46

Hans Fallada, Lüttenweihnachten (S. 152)

Eine Erinnerung an den Zusammenhang der ganzen Schöpfung ist diese absonderliche Weihnachtsgeschichte aus dem bäuerlichen Milieu Vorpommerns: „Wenn es für die Menschen Weihnachten gibt, so muss es das Fest auch für die Tiere geben." Der Nebel soll ein „verbotenes Fest" (Lehrer Beckmann) verbergen und führt zu einer „Art Versöhnungsfest". Förster und Kinder sind in dem verbotenen Brauch enger zusammengeschlossen, als sie es erwartet hatten. Insofern enthüllt auch das Verborgene (Nebel) ein Geschehen. Am Ende wird dann auch noch ein tieferer Sinn des „verbotenen Festes" angezeigt: Wer für die Kreatur ein Fest gestaltet, geht auch bewusster mit ihr um.

Biblischer Kontext: 1 Mose 24–28

Werner Wollenberger, Janine feiert Weihnachten (S. 159)

Die Abhängigkeit von Gewohnheiten wird in dieser Geschichte in Frage gestellt. Weil das Datum nicht das Wichtigste ist, sondern die Liebe, können Ritual und Zeit auch verschoben werden – wenn die Liebe die Menschen vereint; denn „Weihnachten ist ein Fest, das man nicht alleine feiern kann." Der Weihnachtswunsch wird erfüllt. Das Kind stirbt – und trotzdem ist dies keine hoffnungslose Geschichte.

Biblische Kontexte: Matthäus 9,12 (9–13); Römer 8,38f.; 14,9

James Krüss, Der Weihnachtsmann im Niemandsland (S. 162)

Wer die Weihnachtsbotschaft ernst nimmt, der kann etwas bewirken. Auch noch in der Oberflächlichkeit des Ärgers und der Emotion kann diese Botschaft weitergetragen werden – auch zwischen verfeindeten Parteien. Der Zusammenhang zwischen Sitte, Ritual und der ursprünglichen Botschaft ist doch nicht verloren gegangen – auch wenn nach außen hin nur Marzipan und Weihnachtsbaum sichtbar sind.

Die Geschichte ist von Kontrasten bestimmt: weihnachtliche Waffenruhe – Detonationen; Kenntnis – Unkenntnis; mangelhafte Information – aufklärende Information; Kriegsgetöse – Humor; scheinbar unsinniges Handeln – angemessenes Handeln; Nacht – Licht.

Der Schluss macht dann aus dem Helden einen Nichthelden und unterzieht die „Vermarktung" dieser Geschichte selbstironisch einer kritischen Sichtung.

Und die Finsterns hat's nicht begriffen – von Trauer und Schmerz

Herbert Rosendorfer, An der Endstation (S. 168)

In dieser Geschichte stirbt das in der heiligen Nacht geborene Kind, weil sich „keine Herberge" findet. Die Fremden bleiben Fremde. Das, was die christliche Legendenbildung vom barmherzigen Wirt zur biblischen Geschichte hinzugefügt hat, findet hier nicht statt. Das „Frohe Weihnachten" der Christen wird zum zynischen Hohn, wo sie die Gottesliebe nicht an ihre Nächsten weitergeben. Die Weihnachtslieder werden unter diesen Umständen zu einer Folie von unmenschlichem Kitsch.

Die Geschichte ist in vier Szenen aufgeteilt. Mit Kindern wie mit Erwachsenen lässt sich jede einzeln bearbeiten: mit verteilten Rollen lesen bis hin zum Rollenspiel – und es lassen sich danach alternative Verläufe erarbeiten. Denn was wäre, wenn der Straßenbahnfahrer mehr als das Schimpfwort zum Verständnis von Weihnachten weitergegeben hätte und die Polizei den Weg zur Klinik gewiesen oder einen Krankenwagen bestellt hätte oder der Arbeitgeber sein Haus geöffnet hätte? Wenn diese alle, die Weihnachten feiern, begriffen hätten, was Weihnachten bedeutet. So bekommt die kritische biblische Einschätzung eine unangenehme Aktualität. „Er kam in sein Eigentum und die Seinen nahmen ihn nicht auf."

Wer nicht mehr erklären kann, was Weihnachten bedeutet, der handelt auch nicht von der Liebe Gottes her – darum sollte an dieser Geschichte das Reden von Weihnachten eingeübt werden. So kann man über das Moralische, Anklagende hinausführen. Entlarvend ist der Satz der Ehefrau am Ende der dritten Szene: „Wenn's Türken waren, ... dann bedeutet der Heiligabend sowieso nichts für sie." Jesus hat die Fragestellung verändert. Nicht: Wer ist mein Nächster? Sondern: Wem bin ich der Nächste? (Lukas 10,36f.).

Biblische Kontexte: Johannes 1,9–11 (Zitat Vers 11); Markus 10,13–16; Römer 10,14; 1. Petrus 3, 15; Lukas 10,29–37

Die Legende vom vierten König (S. 174)

Die Geschichte gibt sich gleich am Anfang als Legende zu erkennen. Sie gestaltet das Leben einer Figur aus, die der Weihnachtsgeschichte nach Matthäus hinzugefügt wird. Das Leben dieses Mannes auf seiner Suche nach Christus, nach Gott („die Angst, nie mehr Gott finden zu dürfen, zehrte an seinem Leibe") wird in verschiedene Szenen aufgeteilt, die das theoretische Ziel der Gottsuche mit dem praktischen Tun der Nächstenliebe verbinden.

Auch da, wo dem Tun Grenzen gesetzt sind (Ketten), ist die Suche nicht zu Ende, sondern wird in ein innerliches Geschehen (inneres Licht) verlegt. Am Ende steht die Erkenntnis: „Er ist mir begegnet in all den Menschen, die hilflos und in Not waren." (drittletzter Absatz). Die biblischen Kontexte sind vielfältig und dementsprechend lassen sich auch sehr unterschiedliche Züge herausarbeiten. Vom Stern als dem inneren Licht einer Glaubensüberzeugung kann ebenso die Rede sein, wie vom so genannten Doppelgebot der Liebe (Gottes- und Nächstenliebe lassen sich nicht trennen) und der Deutung des Zusammenhanges von Weihnachten und Passion oder von der Nachfolge.

Biblische Kontexte: Matthäus 2,1–12; 22,34–40; Jesaja 52,13–15.53; Lukas 10,29–37

Kurt Marti, flucht nach ägypten (S. 179)

Das knappe Gedicht wirft die Frage nach dem Zusammenhang des Geschehens um die Weihnachtsgeschichte herum auf. Alles ist vom Kreuz her zu deuten. Weihnachten steht in einem unlöslichen Zusammenhang mit Passion und Ostern. Viele Weihnachts- und Adventslieder betonen diese Linie (vgl. Evangelisches Gesangbuch 4, bes. Vers 3; 8, bes. Vers 4; 11, bes. Vers 8; 16, bes. Verse 2 u. 5; 19, Vers 2; 27, Verse 1–6; 30, Vers 3; 36, bes. Verse 3, 4, 7 u. Ä.). So werden die Einzelgeschichten aus ihrer Isolierung gehört und die Ehrennamen Jesu erhalten erst von da her ihren Sinn: Erlöser, Retter, Heiland, Christus.

Biblische Kontexte: Matthäus 2,13–15; Galater 4,4f.; Lukas 1,76–79

Impulse, Motive, Zusammenhänge

Wolfgang Borchert, Die drei dunklen Könige (S. 179)

Eine Kontrastgeschichte zu den Klischees von einer gutbürgerlichen Heilig-Abend-Feier. Sie hat das notwendige Inventar: Den Vater, die Mutter, das Kind und die drei Besucher – und ist doch ganz anders. Mangel und Not geben den Rahmen. Der ohnmächtige Zorn des Vaters gegen die Verursacher der Lage zieht sich durch von Anfang bis Ende. Die Nacht ist sternenlos, die Gaben der drei haben keine Ähnlichkeit mit denen der Weisen aus dem Morgenland. Das Staunen über das Neugeborene, der zaghafte Lichtschein des Feuers und die Freude und Gelassenheit der Mutter bringen Helligkeit in die Geschichte. Zweimal ist vom Heiligen die Rede. Beide Male herrscht die Ambivalenz, der kritische Beiklang vor. Und dennoch ist damit in dieser Geschichte ein Ton angeschlagen, der es erlaubt, von Weihnachten zu sprechen – trotz allem (die beiden letzten Sätze).

Biblische Kontexte: Matthäus 2,1–12; 1 Mose 18,1–15

Robert Stromberger, Der Schulaufsatz (S. 182)

Wenn Kinder fragen – was haben dann die Erwachsenen für Antworten? Die Spielszene hört sich lustig an (mit verteilten Rollen lesen), aber offenbart eine Hilflosigkeit gegenüber dem Sinn des Weihnachtsfestes, die weit verbreitet ist. Dabei sind Brocken aus der Überlieferung noch vorhanden. Nur werden sie nicht mehr verstanden. Bloßes Rezitieren genügt nicht und wird als verlogen gekennzeichnet. Die Verlegenheit, die entsteht, wenn man das Fest von dem übrigen Inhalt der christlichen Botschaft isoliert, liegt zutage. Wer hilft aus der Ratlosigkeit?

Biblische Kontexte: Lukas 2,14; Matthäus 9,35–38

Otfried Preußler, Die Krone des Mohrenkönigs (S. 184)

Legenden, die das Geschehen in eine andere Landschaft verlegen, fordern immer zu der Frage heraus: Wie würdest du dich verhalten, wenn du mit dabei gewesen wärst? Und es gehört zum Charakter der Legende, dass die Menschen in der Begegnung verwandelt werden. Damit wird in der Form der Legende ein wichtiges Element der christlichen Botschaft weitergegeben: Sie führt durch die Begegnung mit dem Göttlichen oder Heiligen zur Selbsterkenntnis und ermöglicht ein Herauskommen aus schuldhaften Verhaltensmustern. So wird in diesem Sinne am Ende die „Herzenseinstellung" thematisiert, die vor Gott nicht verborgen bleiben kann.

Biblische Kontexte: Matthäus 2,1–12; Römer 8,27; Lukas 16,15; Apostelgeschichte 8,21–25

Herbert Ernst Bates, Das Weihnachtslamm (S. 193)

Eine Geschichte, die die Weihnachtsthematik auf mehreren Ebenen anspricht. Der ethisch-moralische Aufruf hat eine fast zwanghafte Zuspitzung. Er soll bezwecken, das sich keiner dem entziehen kann. Ein einseitig bedrohliches Gottesbild verstärkt den Zwangscharakter.
Die Freude des Jungen, eine wirklich schöne Gabe bringen zu können, seine Liebe zu dem Tier und sein Entschluss es herzugeben, werden in diesen Rahmen gestellt („Es war, als hätte ein anderer die Entscheidung für ihn getroffen, und er wusste, dass er sich ihr nicht entziehen konnte."). Der gute Wille scheitert am Unverstand der Erwachsenen, die doch das Spendenspektakel inszeniert hatten. Viermal heißt es: „DIES GEHT DICH AN!" Am Ende ist das „DIES" gestrichen. Mit dieser Art „Weihnachten" hat der Junge nichts mehr zu tun. „Falsch verstanden" und „Irrtum" sind die Signalwörter des Schlussteiles. Der Weg ist aus der Kirche hinausgewiesen worden („Du musst hinausgehen."), für das Lamm ist das nicht der richtige Ort (Christen, das Lamm Gottes ...). Was für ein Weihnachten wird da gefeiert?

Biblische Kontexte: Jesaja 53,7; Offenbarung 5,6–14; Amos 5,21–24

Quellenverzeichnis

Wir danken nachstehenden Verlagen und AutorInnen für freundlich erteilte Abdruckerlaubnis:

Bates, Herbert Ernest
Das Weihnachtslamm, S. 193, entnommen aus: „Westermanns Monatshefte, 1954"
*Bergengruen, Werner
Kaschubisches Weihnachtslied, S. 146, aus: „Gestern fuhr ich Fische fangen..." Hundert Gedichte. Hg. v. N. Luise Hackelsberger, © 1992 by Arche Verlag AG, Raabe + Vitali, Zürich
*Borchert, Wolfgang
Die drei dunklen Könige, S. 179, aus: Wolfgang Borchert, Das Gesamtwerk, © 1949 by Rowohlt Verlag, Reinbek
*Brecht, Bertolt
Das Paket des lieben Gottes, S. 142, aus: „Große kommentierte Berliner und Frankfurter Ausgabe", Band 19; Die gute Nacht, S. 57, aus: dto. Band 13: Gedichte 3, © Suhrkamp Verlag, Frankfurt am Main, 1993

Die Legende vom vierten König, S. 174
russische Legende

Fallada, Hans
Lüttenweihnachten, S. 152, aus: ders. „Märchen und Geschichten", aus: H. F. Ausgewählte Werke in Einzelausgaben, Bd. 9, © Aufbau-Verlag, Berlin und Weimar, 1985
Farelly, Robert
Wie die Liebe Gottes durch ein Schweinskotelett zu einem Menschen kam, S. 136, aus: ders. „Weihnachtsgeschichten aus Frankreich", © Oncken Verlag, Wuppertal und Kassel, 1968
Fritz, Walter Helmut
Tagebuch-Notiz, S. 8, © beim Autor

Gordon, John
Der Weihnachtsgast, S. 29, aus: „Weihnachten in Übersee", Arche Verlag, Zürich, © Jochen H. Schnack, Bad Dürkheim

Hamsun, Marie
Ottar und der Stern, S. 16, aus: „Die Langerudkinder", © Paul List Verlag, München
Hambraeus, Axel
Die Schwefelhölzer, S. 38; Die Weihnachtsgäste, S. 46, aus: „Die Weihnachtsgäste", © Theologischer Verlag Zürich

Kaschnitz, Marie Luise
Das Wunder, S. 131, aus: „Weihnachtserzählungen des 20. Jahrhunderts", Insel Verlag, 1994, © Literaturagentur Graf & Graf, Berlin
Kirchhoff, Ilka
Die Geschichte vom Heiligen Nikolaus, S. 11, © bei der Autorin

Krüss, James
Der Weihnachtsmann im Niemandsland, S. 162, aus: ders. „Mein Urgroßvater, die Helden und ich", © 2001 Carlsen Verlag GmbH, Hamburg; Schildkrötengeschichten, S. 112, aus: ders. „Zu Land, in der Luft und auf dem Meer", Carlsen Verlag, © James Krüss Erben

*Marti, Kurt
flucht nach ägypten, S. 179, aus: ders. „geduld und revolte. die gedichte am rand", © 1995 by Radius Verlag, Stuttgart
*Mendt, Dietrich
Das andere Weihnachten, S. 78, aus: ders. „Mache dich auf – werde Licht!", © 1995 by Radius Verlag, Stuttgart
Michels, Tilde
Wolfgang aus dem Heim, S. 66, © bei der Autorin

Pausewang, Gudrun
Die Dinkelsbacher Weihnacht, S. 58, aus: „Friedens-Geschichten", © by Ravensburger Buchverlag Otto Maier GmbH, Ravensburg
Preußler, Otfried
Die Krone des Mohrenkönigs, S. 184, aus: M. Mehling, „Frohe Weihnacht", © 1986 Droemer Knaur Verlag, München

Reding, Josef
Mister Larrybees Leuchtturm, S. 71, aus: „Kein Platz in kostbaren Krippen", © by Josef Reding, Dortmund
Rosendorfer, Herbert
An der Endstation, S. 168
*Roth, Eugen
Der Gang zur Christmette, S. 101, aus: ders. „Abenteuer in Banz. Erzählungen", Carl Hanser Verlag, © Eugen Roth Erben

Sagan, Françoise
Ein flandrischer Hirtenhund, S. 119, aus: „Weihnachtsveranstaltungen", © J. F. Steinkopf Verlag, Kiel
Scharrelmann, Wilhelm
Sankt Nikolaus und sein Esel, S. 12, entnommen aus: „Das Weihnachtsbuch", Westermann Verlag, Braunschweig, 1948
Schindler, Regine
Das Sparschwein (Titel red.), S. 8, aus: „Bald erscheint der Weihnachtsmond", © Patmos Verlag, Düsseldorf, 2. Auflage 2000; Der kranke Engel, S. 94, aus: „Simeon und die Himmelsleiter", Weihnachtsgeschichten, © Blaukreuz Verlag, Bern, 1990
Schneider, Gerhard
Die Geschichte vom Hirten Mathias, S. 87; Wir aus Betlehem, S. 90, aus: ders. „Die Katze im Stall von Bethlehem", © 1996 by Radius Verlag, Stuttgart
Schupp, Renate
Das Bild der tausend Wünsche, S. 24; Der Engel mit dem Gipsarm, S. 84, © Verlag Ernst Kaufmann, Lahr

Quellenverzeichnis

Sprung, Renate
Die Versuchung, S. 125, © bei der Autorin
Stromberger, Robert
Der Schulaufsatz, S. 182

Tolstoi, Leo
Das Gottschauen, S. 108

Vincken, Fritz
Zwischenfall im Hürtgenwald, S. 147, aus: Das Beste Reader Digest 12/86, © Verlag Das Beste GmbH, Stuttgart

Wollenberger, Werner
Janine feiert Weihnachten, S. 159, aus: „Sei uns willkommen schöner Stern", © Verlag Ernst Kaufmann, Lahr

* Auf Wunsch der Rechtsinhaber wurden diese Texte nicht nach der reformierten Rechtschreibung gedruckt.

Leider ist es uns trotz aller Bemühungen nicht gelungen, zu allen Beiträgen die Rechtsinhaber ausfindig zu machen. Für Hinweise sind Herausgeber und Verlage dankbar.

Vorlese- und Erzählbücher aus...

Martin Achtnich
Zeit ist der Mantel nur
Ein Vorlesebuch für ältere Menschen
368 Seiten
ISBN 3-7806-2525-3

Das Vorlesebuch wendet sich vor allem an ältere Menschen, deren geistiger Anspruch geblieben ist und die einen Austausch über das eigene Leben und Anregendes für Gespräche suchen.
Zwölf Kapitel spiegeln mit jeweils sechs Geschichten zu einem Thema die ganze Bandbreite des Lebens wider. Die AutorInnen, unter denen bekannte Namen sind wie J. P. Hebel, Bert Brecht, Erich Kästner, Luise Rinser, Manfred Hausmann, Ilse Aichinger u.v.a., erzählen von Alltagserfahrungen, von Begegnungen zwischen Menschen, sie berichten von den Beziehungen zwischen Jung und Alt, von Selbstbild und Fremdwahrnehmung, von Glück und Leid, von Wünschen, Sehnsüchten und Überraschungen, von Glauben und Zweifel, von Gott und der Welt.

Hanna Schaar
Jeder neue Tag ist ein Geschenk
Ein Vorlesebuch für Frauenkreise
496 Seiten mit Illustrationen
ISBN 3-7806-2167-3

Das Vorlesebuch möchte allen Frauen, die aktiv in den Gemeinden tätig sind und ohne deren Einsatzbereitschaft kirchliches Leben nicht denkbar wäre, ein Begleiter durchs Jahr sein.
Die mehr als 100 Geschichten, die hier entlang des Jahreskreises, in 12 Kapiteln thematisch geordnet sind, handeln vor allem von Frauen. Möglichkeiten, Erfahrungen aber auch Begrenzungen weiblichen Lebens werden dargestellt und bieten den Leserinnen und Zuhörerinnen Gelegenheit zum Nachdenken und zum Gespräch. Jedes der 12 Kapitel wird eingeleitet mit einer kurzen Meditation über das Thema.

Elisabeth Achtnich
Frauen, die sich trauen
Ein Vorlesebuch
260 Seiten mit 100 Fotos
ISBN 3-7806-2268-8

Zwanzig Autorinnen erzählen von bekannten und bisher kaum bekannten Frauen aus zwei Jahrtausenden, die unter verschiedenen Bedingungen ihren Glauben umgesetzt, „sich getraut" haben, ungewöhnlich zu leben und zu handeln z. B.: Synkletike und Sara, Bathildis, Mechthild von Magdeburg, Katharina Zell, Dorothea Erxleben, Josephine Butler, Elisabeth von Thadden, Gertrud Staewen, Antonie Nopitsch, u.a.
Die Erzählungen werden ergänzt durch vier Bildteile; gleichsam als Kulisse zu den Geschichten geben die Bilder Einblicke in den Alltag von Frauen der Antike, des Mittelalters, der frühen Neuzeit und der ersten Hälfte unseres Jahrhunderts.

Eva Jürgensen
Frauen und Mädchen in der Bibel
Ein Erzählbuch
248 Seiten
ISBN 3-7806-2309-9

Die Autorinnen gehen von einem feministisch-theologischen und pädagogischen Ansatz aus. Es liegt ihnen daran, den eigenen Standort in der jeweiligen Geschichte zu finden und herauszustellen. Dabei versuchen sie, sich in die Frauen hineinzuversetzen und aus deren Blickwinkel zu erzählen.
Die Verfasserinnen haben ihre Erzählaufgabe sehr verschieden gestaltet. Es handelt sich darum nicht immer um Nach-Erzählungen, sondern auch um Neu-Erzählungen, die eine gewisse Parteilichkeit für die Frau oder das Mädchen einschließen. So entstand eine große Vielfalt, die zu eigenem Nachdenken und Nachfragen anregen soll.

... dem Verlag Ernst Kaufmann

Jörg Ohlemacher studierte Theologie und promovierte während seiner Assistentenzeit an der Kirchlichen Hochschule Bethel im Fach Kirchengeschichte. Darauf folgten Vikariat und Gemeindearbeit im Bereich der Evangelischen Kirche von Hessen und Nassau. Jörg Ohlemacher arbeitete viele Jahre als Verlagslektor und war Rektor des Religionspädagogischen Instituts in Loccum. Seit 1994 hat er den Lehrstuhl für Praktische Theologie mit dem Schwerpunkt Religionspädagogik an der Ernst-Moritz-Arndt-Universität Greifswald inne.

Renate Ohlemacher hat mehr als 25 Jahre Erfahrung im Religionsunterricht. Sie arbeitete ehrenamtlich in der seelsorglichen Beratung, in Weiterbildung und im Gespräch zwischen Eltern, Ärzten und Pflegepersonal einer Kinderklinik.